Das große Buch der vegetarischen KÜCHE

Barbara Rias-Bucher

Das große Buch der
Vegetarischen Küche

Über 350 vitaminreiche
und gesunde Rezepte

Reader's Digest

DEUTSCHLAND · SCHWEIZ · ÖSTERREICH

Redaktion: Dr. Irmela Arnsperger, Meike Reinkowski
Korrektur: Siglinde Huber
Grafik: Gabriele Stammer-Nowack
Produktion: Hans-Peter Ullmann

Ressort Buch
Redaktionsdirektorin: Suzanne Koranyi-Esser
Redaktionsleiterin: Dr. Renate Mangold
Art Director: Rudi K. F. Schmidt

Operations
Leitung Produktion Buch: Joachim Spillner

Foodfotografie
Studio Teubner, Füssen

Satz und Reproduktion: Lihs GmbH, Medienhaus, Ludwigsburg
Druck und Binden: Brepols N.V., Turnhout, Belgien

Erster Nachdruck 2001
© 1997 Reader's Digest – Deutschland, Schweiz, Österreich
Verlag Das Beste GmbH – Stuttgart, Zürich, Wien
unter dem Titel Vitamin-Küche
© für die Textvorlage: 1995 Südwest Verlag GmbH & Co. KG, München

Printed in Belgium
ISBN 3 87070 955 3

Gemüse und Salate

*Gemischte Gemüse · Blattgemüse
Kräuter · Fruchtgemüse · Kohl · Wurzel-,
Knollen-, Stiel- und Blütengemüse
Zwiebel- und Lauchgemüse
Hülsenfrüchte · Pilze*

Getreide und Teigwaren

*Gemischtes Getreide
Getreidearten
Teigwaren · Reis*

Obst, Nüsse und Samen

*Gemischtes Obst
Beeren · Steinobst · Kernobst
Exotische Früchte und Südfrüchte
Nüsse und Samen*

Zu diesem Buch

Obst, Gemüse und Getreideprodukte, vor allem mit Milchprodukten und Eiern kombiniert, sind die Grundlage der gesunden Ernährung. Sie enthalten alle wichtigen Vitamine, Proteine, Kohlenhydrate, Fette und anderen Nährstoffe, die man für eine ausgewogene Kost braucht. So finden Sie in diesem Buch über 360 Vorschläge, wie diese Produkte auf neue und anregende Art verwendet werden können. Wer seinen Speisezettel hin und wieder mit Fleisch oder Fisch ergänzen möchte findet einige Hinweise oder kann nach eigenem Geschmack das Passende wählen. Dies empfiehlt sich nicht zuletzt deshalb, weil Fleisch – wie auch alle Milchprodukte – verschiedene Vitamine der B-Gruppe liefert, die in pflanzlicher Nahrung fehlen, und im Fisch Jod enthalten ist, das sonst nur durch jodiertes Salz ersetzt werden kann.

Bei den Rezepten, die nach der Hauptzutat geordnet sind, wurde auf frische, naturbelassene Nahrungsmittel besonderer Wert gelegt. Heute werden Obst- und Gemüsesorten in Hülle und Fülle angeboten und zu jeder Jahreszeit erhält man Arten, die gerade Saison haben und daher besonders aroma-

In den Rezepten wird Wert darauf gelegt, dass alle wichtigen Nährstoffe enthalten sind. Für alle, die auf die Ernährung besonders achten müssen oder möchten, stehen neben jedem Rezept die Angaben über Kalorien oder Joule, Cholesterin, Fett, Eiweiß und Kohlenhydrate.

tisch sind. Zwar sind frische und heimische Produkte vorzuziehen, doch kann man ohne große Bedenken auf Importware oder Industrieprodukte zurückgreifen, denn beispielsweise Dosenbohnen enthalten mehr Nährstoffe als selbst gekochte, und Tiefkühlkost, die erntefrisch verarbeitet wird, verliert viel weniger Vitamine als Ware, die erst in den Supermarkt transportiert werden muss und dort vielleicht länger im Regal liegt.

Wichtiger Bestandteil der Rezepte sind auch Getreideerzeugnisse, die den Körper mit pflanzlichem Eiweiß, Ballaststoffen, B-Vitaminen, Mineralstoffen und Spurenelementen versorgen. Und neben den Hauptzutaten wird noch eine ganze Palette von Ingredienzien verwendet, von altbekannten bis hin zu weniger vertrauten und exotischen. Viele dieser Produkte sind in Feinkostgeschäften und gut sortierten Supermärkten erhältlich, andere in Asien- oder Naturkostläden. Raffinierte und überraschende Mischungen lassen bestimmt in der Vitaminküche keine Eintönigkeit aufkommen.

Die Redaktion

Auf Seite 312 werden einige Zutaten, die weniger bekannt sind, erklärt und Hinweise gegeben, wo man sie kaufen kann. Danach folgt ein kleines Wörterbuch mit Küchenausdrücken, die sich in Deutschland, Österreich und der Schweiz unterscheiden.

Gemüse und Salate

Gemischte Gemüse

Blattgemüse

Kräuter

Fruchtgemüse

Kohl

Wurzel-, Knollen-,

Stiel- und Blütengemüse

Zwiebel- und Lauchgemüse

Hülsenfrüchte

Pilze

Gemüse gibt es das ganze Jahr über
in großer Auswahl. Genießen Sie
die Produkte der Saison,
beispielsweise frischen Spargel
mit Eier-Dill-Sauce, Seite 122.

Gemischte Rohkost mit Kernen

Arbeitszeit etwa
30 Minuten
1 Portion enthält:
1672 kJ/398 kcal
15 mg Cholesterin
27 g Fett
10 g Eiweiß
27 g Kohlenhydrate

Alle Nüsse und Kerne gehören zu gesunder Ernährung; sie enthalten reichlich ungesättigte Fettsäuren und pflanzliches Eiweiß.

Für 4 Portionen

300 g weißer Rettich

300 g Möhren

1 Bund Radieschen (etwa 300 g)

750 g säuerliche Äpfel (Cox Orange oder Glockenäpfel)

Saft von 1/2 Zitrone

2 EL milder Kräuteressig

1 TL Balsamessig

1 EL ungesüßter Apfelsaft

1 TL scharfer Senf

1 Prise gemahlener Koriander

Salz

weißer Pfeffer aus der Mühle

3 EL Sonnenblumenöl

2 Scheiben Vollkornbrot (etwa 80 g)

25 g Butter

100 g Nüsse, Sonnenblumen- und Kürbiskerne gemischt

2 EL frisch gehackte Kräuter

■ Den Rettich und die Möhren schälen und grob raspeln. Die Radieschen waschen, abtrocknen und in dünne Scheiben schneiden. Die Äpfel schälen oder gründlich waschen, vom Kerngehäuse befreien und ebenfalls raspeln.

■ Alle diese Zutaten mit dem Zitronensaft vermischen. Die Rohkost auf Tellern verteilen.

■ Für die Salatsauce die beiden Essigsorten mit Apfelsaft, Senf, Koriander, Salz, reichlich Pfeffer und Öl verrühren und über die Rohkost geben.

■ Das Vollkornbrot würfeln. Die Butter in der Pfanne erhitzen und die Brotwürfel mit den Nüssen und Kernen bei schwacher Hitze unter häufigem Wenden braten, bis sie knusprig sind.

■ Auf der Rohkost verteilen. Die Kräuter darüber streuen.

Rohkost mit Avocadodip

Arbeitszeit etwa
35 Minuten
1 Portion enthält:
1701 kJ/405 kcal
4 mg Cholesterin
37 g Fett
7 g Eiweiß
9 g Kohlenhydrate

Zu dem Gericht passt Toast oder Baguette.

Für 3 Portionen

1 Kohlrabi

1 kleiner weißer Rettich

1/2 Salatgurke

1 großes Bund Schnittlauch

2 reife Avocados

Saft von 1 kleinen Zitrone

100 g Magerjoghurt

1 EL Schlagsahne

Salz, Cayennepfeffer

■ Den Kohlrabi und den Rettich schälen und in etwa fingerdicke Stifte schneiden. Alle zarten Blättchen der beiden Gemüse abschneiden, waschen und fein hacken. Die Gurke ebenfalls schälen und in Stifte schneiden.

■ Das Gemüse auf Portionstellern anrichten.

■ Für den Dip den Schnittlauch waschen, trockentupfen und in feine Röllchen schneiden. Die Avocados halbieren, von den Kernen befreien, schälen und mit dem Zitronensaft in einer Schüssel fein zerdrücken. Joghurt, Sahne, Schnittlauch, gehackte Gemüseblättchen, Salz und eine kräftige Prise Cayennepfeffer untermischen. Den Dip in Schälchen verteilen und zur Rohkost servieren.

Rohkostplatte mit Räuchertofu

Für 4 Portionen

250 g Räuchertofu
1 Bund Lauchzwiebeln
1 unbehandelte Zitrone
1 Bund Basilikum
1 Aufgussbeutel Kräutertee
50 ml kochendes Wasser
2 EL milder Kräuteressig
Salz, weißer Pfeffer
1 TL körniger Senf
1 EL Schlagsahne
2 EL Olivenöl
1 EL Kürbiskerne
1 kleiner weißer Rettich
1 Kohlrabi
300 g Möhren
1 kleiner Kopf grüner Salat
1 Kästchen Gartenkresse

■ Tofu in Scheiben schneiden und auf Portionsteller legen. Die Lauchzwiebeln putzen, waschen und mit den saftigen grünen Blättern in fingerbreite Stücke teilen. Die Zitrone waschen und abtrocknen. Ein etwa 10 cm langes Stück Schale dünn abschneiden und in ganz feine Streifen schneiden; den Saft auspressen. Basilikum waschen, trockentupfen und die Blättchen abzupfen.

■ Tofu mit Zitronensaft beträufeln. Zitronenschale, Lauchzwiebeln und Basilikumblättchen darüber verteilen.

■ Für die Salatsauce Kräutertee mit Wasser übergießen und etwa 5 Minuten ziehen lassen. Mit Essig, Salz, Pfeffer, Senf, Sahne und Öl verrühren. Kürbiskerne und Basilikumstiele fein hacken und unter die Sauce mischen.

■ Rettich, Kohlrabi und Möhren schälen und grob raspeln. Zarte Rettich- und Kohlrabiblättchen abschneiden und beiseite legen. Den Salat zerpflücken, waschen, trockenschwenken und in mundgerechte Stücke zupfen.

■ Alle Salatzutaten mit der Sauce mischen. Den Salat neben dem Tofu anrichten und mit Kresse und gehackten Gemüseblättchen bestreuen.

Arbeitszeit etwa
45 Minuten
1 Portion enthält:
710 kJ/169 kcal
3 mg Cholesterin
10 g Fett
9 g Eiweiß
10 g Kohlenhydrate

Zur Rohkostplatte passt Vollkornbrot oder -brötchen mit Butter. Räuchertofu gibt es in gut sortierten Naturkostgeschäften und Asienläden.

Salat aus Wintergemüse

Arbeitszeit etwa
1 Stunde
1 Portion enthält:
857 kJ / 204 kcal
73 mg Cholesterin
16 g Fett
5 g Eiweiß
8 g Kohlenhydrate

Als Imbiss schmeckt der Salat zu Vollkornbrot mit Sonnenblumenkernen oder Leinsamen und körnigem Frischkäse.

Für 5 Portionen

3 kleine Rote Beten
$\frac{1}{2}$ unbehandelte Zitrone
1 frisches Ei
1 TL scharfer Kräutersenf
Salz, Cayennepfeffer
6 EL Sonnenblumen- oder Distelöl
150 g Joghurt
150 g Feldsalat
50 g Champignons
1 EL Himbeeressig
1 Stück Knollensellerie (etwa 250 g)
1 großes Bund Schnittlauch
1 EL Orangensaft
1 EL Walnüsse

■ Die Roten Beten waschen und in wenig Wasser gerade eben weich kochen.
■ Inzwischen die Zitrone waschen, abtrocknen und die Schale sehr dünn abreiben. Den Saft der halben Zitrone auspressen. Beides mit dem Ei, Senf, Salz und einer kräftigen Prise Cayennepfeffer verrühren, bis sich alles verbunden hat.

Öl zuerst tropfenweise, dann in dünnem Strahl unter kräftigem Rühren mit dem Schneebesen zugießen, bis eine dicke Majonäse entstanden ist. Joghurt darunter rühren.
■ Rote Beten abgießen, kurz abschrecken und schälen. Die Knollen vierteln, in dünne Scheiben schneiden und mit einem Drittel der Majonäse vermischen.
■ Den Feldsalat verlesen, gründlich waschen, trockenschwenken und auf Portionstellern verteilen. Die Pilze putzen, waschen, in Scheiben schneiden und auf den Feldsalat legen.
■ 1 EL der verbliebenen Majonäse mit dem Himbeeressig mischen und über den Feldsalat und die Pilze träufeln.
■ Sellerie schälen, waschen und fein raspeln. Schnittlauch in Röllchen schneiden. Beides mit der restlichen Majonäse und dem Orangensaft vermischen.
■ Rote Beten und Sellerie getrennt neben dem Salat und den Pilzen anrichten. Die Nüsse hacken und darüber streuen.

Gemüsesalat

Für 4 Portionen

2 kleine Rote Beten
2 kleine fest kochende Kartoffeln
4 Schwarzwurzeln
200 g Knollensellerie
5 Blätter Endiviensalat
1 Zwiebel
1/2 Bund Petersilie
1/8 l Wasser
1 EL Instantgemüsebrühe
2 EL Zitronensaft
2 EL Essig
1 TL scharfer Senf
4 EL Öl
1 EL Kapern
Salz, schwarzer Pfeffer

■ Die Roten Beten, Kartoffeln und Schwarzwurzeln waschen. In wenig Wasser weich kochen.

■ Inzwischen den Sellerie schälen und grob raspeln. Den Endiviensalat waschen, trockenschwenken und in feine Streifen schneiden. Die Zwiebel abziehen und hacken. Petersilie fein zerkleinern.

■ Für die Salatsauce Wasser mit Brühe aufkochen. Zitronensaft, Essig, Senf und Öl untermischen.

■ Das Gemüse abgießen, abschrecken, schälen und in kleine Würfel schneiden. Mit Sellerie, Endiviensalat, Zwiebel, Petersilie, Kapern und Sauce mischen und mit Salz und Pfeffer abschmecken.

*Arbeitszeit etwa
50 Minuten
1 Portion enthält:
697 kJ/166 kcal
0 mg Cholesterin
11 g Fett
4 g Eiweiß
12 g Kohlenhydrate*

Salat mit frittierten Reisnudeln

Für 3 Portionen

50 g dünne Reisnudeln
Fett oder Öl zum Frittieren
je 1 rote und grüne Paprikaschote
100 g Champignons
1 kleine Zucchini
5 Blätter Endiviensalat
je 100 g Weißkohl und Rotkohl
1 Stück Salatgurke (etwa 100 g)
2 mittelgroße Möhren
1 Bund gemischte frische oder
1 Päckchen gemischte TK-Kräuter
2 Lauchzwiebeln
3 EL Gemüsebrühe
2 EL Sojasauce
2 EL Apfelessig
2 EL Apfelsaft
Salz
Pfeffer aus der Mühle
4 EL Erdnussöl
2 EL gehackte Erdnüsse

■ Die Reisnudeln in heißem Fett knusprig frittieren, bis sie leicht gebräunt sind. Herausnehmen und auf Küchenkrepp abtropfen lassen.

■ Paprika, Pilze und Zucchini waschen und putzen. Paprika in feine Streifen, Pilze in Scheiben schneiden, Zucchini raspeln. Alles in einer Schüssel mischen.

■ Salat- und Kohlblätter waschen, trockentupfen und in ganz feine Streifen schneiden. Gurke und Möhren schälen und in feine Streifen hobeln. Kräuter und Lauchzwiebeln waschen, trockentupfen und fein hacken. Alles mit den Zutaten in der Schüssel mischen.

■ Für das Dressing die Brühe mit Sojasauce, Essig, Apfelsaft, Salz und reichlich Pfeffer verrühren. Das Öl untermischen, Dressing auf den Salat geben und unterziehen. Auf Portionstellern anrichten, Nudeln und Nüsse darüber verteilen.

*Arbeitszeit etwa
50 Minuten
1 Portion enthält:
1558 kJ/371 kcal
0 mg Cholesterin
25 g Fett
10 g Eiweiß
25 g Kohlenhydrate*

Zur Abwechslung das Dressing mit 1 TL scharfer Bohnenpaste mischen. Apfelsaft im Dressing durch Fischsauce ersetzen. Reisnudeln weglassen, Salat mit Tortillachips anrichten.

Salat mit Pilzen und Pinienkernen

Arbeitszeit etwa
40 Minuten
1 Portion enthält:
701 kJ/167 kcal
0 mg Cholesterin
15 g Fett
3 g Eiweiß
5 g Kohlenhydrate

In die Vinaigrette kann man auch gehackte Zwiebeln oder Knoblauchzehen sowie süße oder saure Sahne geben.

Für 6 Portionen

1 kleiner Lollo rosso oder Eisbergsalat
4 Radieschen
2 Tomaten
1 mittelgroße Möhre
1 fingerlanges Stück Salatgurke
100 g Austernpilze
1/2 kleine Zwiebel
8 EL Öl
1 EL Pinienkerne
2 EL Himbeeressig
Salz, weißer Pfeffer aus der Mühle
1 Prise Zucker
1 EL scharfer Senf
je 2 EL gehackte Petersilie und Schnittlauchröllchen

■ Salat waschen, trockenschwenken und zerteilen. Radieschen in Scheiben schneiden, Tomaten achteln. Möhre und Gurke schälen und raspeln. Alles mischen.
■ Die Hüte der Pilze in Streifen schneiden. Die Zwiebel abziehen und in dünne Ringe schneiden. 2 EL Öl in einer Pfanne erhitzen. Pilze, Zwiebel und Pinienkerne darin bei mittlerer, dann bei schwacher Hitze braten, bis die Pilze leicht gebräunt und die Zwiebelringe weich sind.
■ Essig zunächst mit Salz, Pfeffer, Zucker und Senf, dann mit dem restlichen Öl kräftig verrühren und unter den Salat mischen. Mit den Pilzen auf Tellern anrichten und die Kräuter darüber streuen.

Gemüsesalat mit Mozzarella

Arbeitszeit etwa
45 Minuten
1 Portion enthält:
882 kJ/210 kcal
18 mg Cholesterin
16 g Fett
10 g Eiweiß
6 g Kohlenhydrate

Für 4 Portionen

700 g Kohlrabi, Blumenkohl, Brokkoli, Paprikaschoten und Möhren gemischt
4 EL Olivenöl
1/8 l Instantgemüsebrühe
2 EL Apfelessig
1 TL scharfer Senf
Salz
schwarzer Pfeffer aus der Mühle
125 g Mozzarella
1 große Fleischtomate
1 Bund Schnittlauch

■ Gemüse putzen, waschen und zerkleinern. In 1 EL heißem Öl bei mittlerer Hitze anbraten. Brühe zugießen und aufkochen. In 5–10 Minuten bissfest garen.
■ Essig, Senf, Salz, Pfeffer und das restliche Öl verrühren. Das Gemüse damit mischen und auf Tellern verteilen.
■ Mozzarella abtropfen lassen und würfeln. Tomate waschen, abtrocknen und ebenfalls würfeln. Beide Zutaten auf dem Gemüse verteilen. Den Schnittlauch in Röllchen schneiden und darüber streuen.

Gemüse mit Knoblauchsauce

Für 4 Portionen

Knoblauchsauce:

$1/2$ Scheibe Toastbrot

2 EL Milch

4 Knoblauchzehen

Salz

2 Eigelb

3 EL Zitronensaft

$1/4$ l Olivenöl

2 EL lauwarmes Wasser

Gemüse:

250 g kleine, feste Zucchini

300 g junge Möhren

je 1 grüne, gelbe und rote Paprikaschote

250 g Salatgurke

1 kleiner weißer Rettich

4 Lauchzwiebeln

4 große Champignons

■ Das Brot entrinden und fein zerkrümeln. Mit der Milch beträufeln und stehen lassen, bis es weich ist.

■ Die Knoblauchzehen abziehen und in einer Schüssel mit einer kräftigen Prise Salz zerdrücken. Eigelbe, 1 EL Zitronensaft und Brot zugeben. Mit den Quirlen des Handrührgerätes nach und nach das Öl, 2 EL Zitronensaft und das Wasser unterrühren, bis sich alles zu einer dicken Sauce verbunden hat.

■ Zucchini waschen, abtrocknen, vom Stiel- und Blütenansatz befreien und der Länge nach in knapp fingerdicke Stifte schneiden. Möhren schälen, waschen und in Stifte schneiden. Die Paprika waschen, längs halbieren, von den Kernen und weißen Häuten befreien und in etwa fingerbreite Streifen schneiden.

■ Die Salatgurke schälen, längs halbieren, mit einem Löffel von den Kernen befreien und in etwa fingerdicke Stifte teilen. Den Rettich schälen, der Länge nach vierteln und ebenfalls in Stifte schneiden. Die Lauchzwiebeln putzen und waschen. Champignons putzen, waschen, trockentupfen und halbieren.

■ Das Gemüse auf Tellern oder einer großen Platte anrichten. Knoblauchsauce in Schälchen zum Gemüse servieren.

Arbeitszeit etwa

45 Minuten

1 Portion enthält:

2507 kJ/597 kcal

207 mg Cholesterin

55 g Fett

7 g Eiweiß

14 g Kohlenhydrate

Ein Marktstand in Budapest mit den dort beliebten farbenprächtigen Paprikaschoten

Frühlingsrollen mit China-Dip

Arbeitszeit etwa
1 Stunde
1 Portion enthält:
2919 kJ/695 kcal
0 mg Cholesterin
56 g Fett
10 g Eiweiß
30 g Kohlenhydrate

Zu dem Gericht passen geraspelter roher Weißkohl, Fenchelstreifen und Möhrenraspel.
Die Fünfgewürzemischung gibt es in Asienläden und Supermärkten zu kaufen. Das Pulver besteht meist aus Sternanis, Gewürznelken, Fenchelsamen, Zimt und Anispfeffer. Ebenfalls in Asienläden gibt es den Frühlingsrollenteig aus Weizenmehl und Wasser tiefgefroren zu kaufen. Quadratische Teigblätter lassen sich leichter füllen und rollen als runde.

Für 4 Portionen

China-Dip:
1 daumenlanges Stück frische Ingwerwurzel
1 Knoblauchzehe
Salz
4 EL trockener Sherry
1 EL Zitronensaft
2 EL Sojasauce
1 TL Honig
6 EL Sesamöl
2 EL Erdnussöl

Frühlingsrollen:
12 Blätter TK-Frühlingsrollenteig
1 dünne Stange Lauch
1 kleiner Kohlrabi
1 mittelgroße Möhre
3 Blätter Mangold oder Chinakohl
100 g Sojabohnensprossen
1/2 Bund Petersilie
2 EL Öl
2 EL Sojasauce
1 TL Fünfgewürzemischung
Salz
weißer Pfeffer aus der Mühle
1 Eiweiß
Öl oder Pflanzenfett zum Frittieren

■ Für den China-Dip den Ingwer mit einem kleinen Messer wie eine Kartoffel schälen und auf der Rohkostreibe fein reiben oder mit einem Messer ganz fein hacken. Die Knoblauchzehe abziehen und mit etwas Salz zerdrücken.

■ Beide Zutaten mit Sherry, Zitronensaft, Sojasauce, Honig und den beiden Ölsorten kräftig verrühren. Den Dip

zugedeckt bei Zimmertemperatur ziehen lassen, bis die Frühlingsrollen zubereitet sind.

■ Die Teigblätter für die Frühlingsrollen auftauen lassen.

■ Lauch putzen, waschen und mit allen saftigen grünen Blättern in etwa 4 cm lange Stücke schneiden. Die Stücke längs in feine Streifen schneiden. Kohlrabi und Möhre schälen, waschen und in etwa 4 cm lange, streichholzdünne Stifte schneiden. Mangold oder Chinakohl waschen und trockentupfen. Die dicken Blattrippen herausschneiden und in feine Streifen teilen. Die Blätter grob hacken. Die Sprossen kalt abspülen und gut abtropfen lassen. Petersilie waschen, trockentupfen und fein hacken.

■ Das Öl in einer großen Pfanne erhitzen. Das zerkleinerte Gemüse, die Sprossen und die Petersilie darin bei starker Hitze unter ständigem Rühren etwa 2 Minuten braten. Mit Sojasauce, Fünfgewürzemischung, Salz und einer kräftigen Prise Pfeffer würzen. Auf einen Teller geben und ganz erkalten lassen.

■ Den Backofen zum Warmhalten der Rollen auf 50 °C (Gas Stufe 1/2) schalten.

■ Ein Teigblatt auf der Arbeitsfläche ausbreiten und das Gemüse in einem etwa 12 cm langen Streifen etwas unterhalb der Mitte darauf verteilen. Die Ränder rundherum mit verquirltem Eiweiß bestreichen, damit sie beim Aufrollen und Backen gut zusammenhalten. Die anderen Teigblätter ebenso füllen.

■ Jedes Blatt rechts und links an den Seiten über der Füllung einschlagen. Nun auch die eine Längsseite über die Füllung klappen. Das Teigblatt möglichst fest aufrollen und am Rand gut festdrücken.

Das Fett muss beim Frittieren richtig heiß sein, damit die Frühlingsrollen knusprig werden. Braten Sie deshalb in einer Portion nur so viele Rollen, dass sie sich nicht berühren. Die Frühlingsrollen beim Warmhalten im Backofen nicht zudecken, sonst werden sie weich.

■ Das Öl in einem hohen Topf oder in einer Fritteuse erhitzen. Es ist heiß genug, wenn am Stiel eines Holzkochlöffels, den man ins Fett hält, kleine Bläschen aufsteigen.

■ Die Frühlingsrollen portionsweise darin etwa 3 Minuten ausbacken, bis sie goldbraun und knusprig sind. Dabei einmal wenden. Die gebackenen Rollen mit einem Schaumlöffel herausnehmen und auf einer dicken Lage Küchenkrepp kurz abtropfen lassen.

■ Frühlingsrollen auf eine Platte legen und im vorgeheizten Backofen warm halten, bis alle gebacken sind. Möglichst heiß mit dem Dip servieren.

Klare Gemüsebrühe

Arbeitszeit etwa
1 Stunde
Kochzeit etwa
30 Minuten
1 Portion enthält:
55 kJ/13 kcal
0 mg Cholesterin
1 g Fett
1 g Eiweiß
1 g Kohlenhydrate

Als Einlage passen
dazu Klößchen aus
150 g püriertem Tofu,
1 EL Semmelbrösel,
1 EL geriebenem
Käse, 1 Ei, 1 Eigelb,
Salz, Pfeffer und Mus-
katnuss.

Für 5 Portionen

250 g Lauch
350 g Möhren
1 Petersilienwurzel
1 Fenchelknolle
250 g Knollensellerie
1 Zwiebel
1 Knoblauchzehe
2 Bund Petersilie
3 Zweige frischer Thymian
1 Lorbeerblatt
1 TL weiße Pfefferkörner
2 Wacholderbeeren
1¼ l Wasser
Salz

■ Den Lauch putzen. Die Möhren und die Petersilienwurzel schälen. Die Fenchelknolle halbieren, den Strunk herausschneiden. Den Knollensellerie putzen und schälen. Das Gemüse waschen und fein zerkleinern.

■ Die Zwiebel und die Knoblauchzehe abziehen und hacken.

■ Petersilie und Thymian waschen. Ein Bund Petersilie mit dem Thymian und dem Lorbeerblatt zu einem Sträußchen zusammenbinden.

■ Alle diese Zutaten mit Pfefferkörnern und Wacholderbeeren in einen Topf geben. Das Wasser zugießen und einmal aufkochen. Die Brühe salzen und zugedeckt bei schwacher Hitze 30 Minuten kochen lassen.

■ Die fertige Gemüsebrühe durch ein Sieb gießen. Gemüse, Kräuter und Gewürze mit einem Löffel ausdrücken und wegwerfen. Die Brühe mit Salz abschmecken. Das zweite Bund Petersilie fein hacken und darüber streuen.

Gemüsesuppe mit Dinkelklößchen

Arbeitszeit etwa
50 Minuten
1 Portion enthält:
1894 kJ/451 kcal
171 mg Cholesterin
28 g Fett
14 g Eiweiß
33 g Kohlenhydrate

Man kann einen Pro-
bekloß in der Brühe
5 Minuten garen.
Wenn er zu weich ist,
fügt man noch 1–2 EL
Dinkel zum Kloßteig
hinzu.

Für 4 Portionen

Klößchen:
50 g Butter
50 g geriebener Käse
1 Ei
Salz
Muskatnuss
1 EL gehackte Petersilie
125 g fein gemahlener Dinkel
Suppe:
1 kg gemischtes Gemüse wie Weißkohl, Lauch (Porree), Möhren, Grünkohl, Brokkoli
½ l Gemüsebrühe
1 TL getrockneter Thymian
1 Bund Lauchzwiebeln
150 g Crème fraîche
Salz, Cayennepfeffer

■ Für die Klößchen die Butter mit dem Käse schaumig rühren. Ei, Salz, Muskat, Petersilie und Dinkel untermischen. Den Teig etwa 30 Minuten ruhen lassen.

■ Inzwischen das Gemüse waschen oder schälen, putzen und klein schneiden. Die Brühe mit Thymian aufkochen; das Gemüse etwa 10 Minuten darin garen.

■ Die Hände anfeuchten; aus dem Teig walnussgroße Klößchen formen und in die schwach kochende Suppe geben. Im offenen Topf 10 Minuten köcheln lassen.

■ Lauchzwiebeln putzen, waschen und mit den saftigen grünen Blättern in feine Ringe schneiden. Mit Crème fraîche in die Suppe geben und erhitzen, aber nicht mehr aufkochen. Suppe abschmecken.

Gemüsesuppe mit Kräuterbiskuits

Für 6 Portionen

Kräuterbiskuits:

3 Eier

60 g Butter

3 EL gemischte, fein zerkleinerte Kräuter

Salz

weißer Pfeffer

30 g Mehl

30 g Speisestärke

2 EL geriebener Parmesan

Fett und Semmelbrösel für die Springform

Suppe:

200 g Zuckerschoten

200 g Brokkoli

1 Bund Schnittlauch

1½ l Gemüsebrühe

■ Die Eier trennen. Eigelbe mit Butter schaumig rühren. Kräuter untermischen und mit Salz und Pfeffer würzen. Eiweiße steif schlagen und auf die Masse geben. Mehl mit Speisestärke und Parmesan mischen und unterziehen.

■ Eine Springform fetten und mit Semmelbröseln ausstreuen. Den Teig darin glatt streichen, auf die mittlere Schiene des kalten Backofens stellen und bei 200 °C (Umluft 180 °C, Gas Stufe 3) etwa 25 Minuten backen.

■ Die Kräuterbiskuits in der Springform erkalten lassen, dann in Rauten schneiden.

■ Zuckerschoten waschen und putzen. Brokkoli waschen und zerkleinern. Schnittlauch in Röllchen schneiden. Die Brühe aufkochen und das Gemüse darin etwa 5 Minuten bissfest garen. Die Gemüsesuppe und die Biskuits in Teller geben und den Schnittlauch darüber streuen.

Arbeitszeit etwa
1 Stunde
Backzeit etwa
25 Minuten
1 Portion enthält:
977 kJ/233 kcal
201 mg Cholesterin
15 g Fett
9 g Eiweiß
14 g Kohlenhydrate

Statt der Butter kann man auch Margarine nehmen. Als Kräuter eignen sich z. B. Petersilie, Kerbel und Brennnessel.

Süßscharfe Gemüsesuppe

Arbeitszeit etwa
30 Minuten
1 Portion enthält:
181 kJ/43 kcal
0 mg Cholesterin
1 g Fett
2 g Eiweiß
8 g Kohlenhydrate

Für 4 Portionen

1 Stück frische Ananas (etwa 250 g)
2 Tomaten
1 kleine Möhre
1 Lauchzwiebel
³/4 l Gemüsebrühe
1–2 TL scharfe Bohnenpaste
1 EL Röstzwiebeln (fertig gekauft)

■ Das Ananasstück schälen und klein würfeln. Die Tomaten abziehen und achteln, dabei die Stielansätze entfernen.

Die Möhre schälen und in dünne Stifte schneiden. Die Lauchzwiebel putzen, waschen und mit allen saftigen grünen Blättern in dünne Ringe schneiden.
■ Suppenschalen vorwärmen.
■ Die Brühe erhitzen, Bohnenpaste, Ananas und Gemüse untermischen. Alles einmal aufkochen und bei starker Hitze etwa 1 Minute kochen lassen.
■ Die Suppe in die Suppenschalen geben, mit den Röstzwiebeln bestreuen und sehr heiß servieren.

Winterlicher Gemüseeintopf

Arbeitszeit etwa
40 Minuten
1 Portion enthält:
2150 kJ/512 kcal
51 mg Cholesterin
18 g Fett
23 g Eiweiß
63 g Kohlenhydrate

Für 3 Portionen

500 g fest kochende Kartoffeln
500 g Grünkohl
1 Zwiebel
2 Knoblauchzehen
1 frische grüne oder rote Pfefferschote
1 EL Butter
¹/8 l Gemüsebrühe
1 Dose Kichererbsen (Einwaage 400 g)
100 g Crème fraîche
Salz
1 Bund Schnittlauch

■ Die Kartoffeln schälen und würfeln. Die Grünkohlblätter von den Stielen streifen, waschen und hacken. Zwiebel und

Knoblauchzehen fein hacken. Die Pfefferschote halbieren, von allen Kernen befreien, waschen und klein schneiden.
■ Die Butter erhitzen. Zwiebel, Knoblauch, Pfefferschote, Kartoffeln und Grünkohl darin bei starker Hitze 3 Minuten anbraten. Die Brühe zugießen, den Eintopf aufkochen und zugedeckt bei schwacher Hitze 10 Minuten garen.
■ Die abgetropften Kichererbsen zugeben und 5 Minuten garen. Crème fraîche unterrühren und mit Salz abschmecken. Den Schnittlauch fein zerkleinern, darüber streuen und servieren.

Nach dem ersten Frost schmeckt Grünkohl besonders gut.

Gemüsesuppe mit pochierten Eiern

Für 3 Portionen

2 große Kartoffeln
2 Zwiebeln
2 Knoblauchzehen
3 EL Olivenöl
1/2 TL Safranfäden
2 Zweige frischer oder
1 TL getrockneter Thymian
1 1/4 l Gemüsebrühe
3 Eier
Essigwasser
3 dünne Lauchstangen
200 g Stangensellerie
3 mittelgroße Tomaten
1 unbehandelte Zitrone
3 Scheiben Vollkorntoastbrot
1 großes Bund Petersilie
Salz
schwarzer Pfeffer aus der Mühle

■ Die Kartoffeln schälen, waschen und in fingerdicke Scheiben schneiden. Zwiebeln und Knoblauchzehen abziehen und hacken. Öl erhitzen, Zwiebeln und Knoblauch bei mittlerer Hitze glasig braten.

■ Kartoffeln zugeben und unter häufigem Wenden etwa 2 Minuten mitbraten. Safran darüber streuen, Thymian und Brühe zugeben. Die Suppe aufkochen und etwa 15 Minuten garen, bis die Kartoffeln fast weich sind.

■ Die Eier in Essigwasser pochieren. Einen Teller einfetten, Eier darauf legen und zugedeckt warm halten.

■ Lauch- und Selleriestangen putzen, waschen und in etwa fingerlange Stücke schneiden. Selleriegrün beiseite legen. Tomaten abziehen und grob würfeln. Die Zitrone waschen, abtrocknen, die Hälfte der Schale dünn abschneiden und hacken. Saft auspressen. Schale, Saft und Gemüse in der Suppe aufkochen und zugedeckt etwa 8 Minuten garen.

■ Die Brotscheiben kräftig toasten, diagonal halbieren und jeweils zwei Hälften in heiße Suppenteller legen. Petersilie und Sellerieblättchen fein hacken. Die Hälfte davon auf das Brot streuen.

■ Die Suppe mit Salz und Pfeffer abschmecken und auf dem Brot verteilen. Die Eier darauf setzen, mit Pfeffer würzen und mit den restlichen Kräutern bestreuen.

*Arbeitszeit etwa
40 Minuten
1 Portion enthält:
1621 kJ/386 kcal
349 mg Cholesterin
20 g Fett
18 g Eiweiß
32 g Kohlenhydrate*

*Eier pochieren:
Geeignet sind nur
ganz frische Eier, die
nicht zerfließen, wenn
sie aufgeschlagen
werden. Man kocht
Wasser mit 1 EL Essig
in einem großen flachen Topf auf, schlägt
die Eier einzeln in eine
Schöpfkelle, hält die
Kelle knapp über das
kochende Wasser und
lässt das Ei hineingleiten. Im offenen
Topf bei mittlerer bis
schwacher Hitze
4 Minuten garen.*

Gemüse mit Brandteigklößchen

Arbeitszeit etwa	
1 1/4 Stunden	
1 Portion enthält:	
2394 kJ/570 kcal	
303 mg Cholesterin	
35 g Fett	
25 g Eiweiß	
36 g Kohlenhydrate	

Für 3 Portionen

Klößchen:

150 ml Wasser

25 g Butter

1 Prise Salz

75 g Weizenvollkornmehl

2 Eier

1 Prise Backpulver

Gemüse:

1 kg gemischtes Gemüse wie grüne Bohnen, Kohlrabi, Blumenkohl und Wirsing

2 Stangen Lauch

2 große Tomaten

1 Zweig Thymian

2 Salbeiblättchen

1/2 l Gemüsebrühe

2 EL Olivenöl

1 Bund Schnittlauch

Salz, weißer Pfeffer aus der Mühle

100 g Crème fraîche

100 g Magerjoghurt

50 g geriebener Emmentaler

schneiden. Blumenkohl in Röschen teilen. Aus dem Wirsing die dicken Blattrippen und den Strunk herausschneiden; Blätter in Streifen schneiden. Lauch putzen, waschen und mit allen saftigen grünen Blättern in fingerbreite Stücke schneiden. Tomaten abziehen und würfeln. Thymian und Salbei fein zerkleinern.

■ Die Gemüsebrühe aufkochen. Bohnen zugeben und erneut aufkochen. Vom Brandteig mit zwei Teelöffeln kleine Klößchen abstechen, zu den Bohnen geben und alles im offenen Topf bei mittlerer Hitze etwa 5 Minuten kochen lassen. Die Kochstelle abschalten, Bohnen und Klößchen zugedeckt weitere 10 Minuten ziehen lassen.

■ Eine Schüssel und Teller vorwärmen.

■ Die Bohnen und Klößchen abgießen – Brühe auffangen – und zugedeckt in der Schüssel warm halten.

■ Das Öl erhitzen. Lauch, Thymian und Salbei darin bei mittlerer Hitze unter ständigem Rühren etwa 1 Minute anbraten. Kohlrabi und Blumenkohl zufügen. $^1/_8$ l Bohnenbrühe zugießen, aufkochen und zugedeckt bei mittlerer Hitze 5 Minuten garen.

■ Wirsingblätter und Tomaten dazugeben, erneut aufkochen und zugedeckt weitere 5 Minuten garen, bis das Gemüse gerade eben bissfest ist.

■ Schnittlauch waschen und in Röllchen schneiden. Gemüse mit Salz und Pfeffer würzen, mit Klößchen und Bohnen auf den Tellern anrichten und mit der Hälfte des Schnittlauchs bestreuen.

■ Die Crème fraîche mit Joghurt, Käse, dem Rest des Schnittlauchs, Salz und Pfeffer mischen. Zum Gemüse servieren.

Zur Abwechslung kann man die Klößchen schwimmend in Fett ausbacken oder wie Windbeutel im Ofen backen.
Man kann auch Gemüse der Saison nehmen, z. B. Spargel, Zuckerschoten, kleine Artischocken und Löwenzahn im Frühjahr oder Pastinaken, Stangensellerie, Topinambur und Schwarzwurzeln im Winter.

■ Für die Klößchen Wasser mit Butter und Salz aufkochen und kochen, bis die Butter zerlaufen ist. Das gesamte Mehl unter Rühren zugeben. Bei schwächster Hitze weiterrühren, bis sich der Teig zu einem Kloß formt und sich am Boden des Topfes eine weiße Schicht bildet.

■ Teig in eine Schüssel geben. 1 Ei mit den Knethaken des Handrührgerätes unter den heißen Teig mischen. Teig lauwarm abkühlen lassen, dann das zweite Ei und das Backpulver darunter mischen.

■ Gemüse putzen, waschen, schälen und zerkleinern: Bohnen in etwa 5 cm lange Stücke und Kohlrabi in fingerdicke Stifte

Gemüse auf Sesamreis

Arbeitszeit etwa
50 Minuten

1 Portion enthält:
1798 kJ/428 kcal
7 mg Cholesterin
18 g Fett
11 g Eiweiß
54 g Kohlenhydrate

Sesam stammt aus
den Ländern am
Indischen Ozean.
Die Pflanze enthält
sehr ölhaltigen und
eiweißreichen Samen.

Für 3 Portionen

1 Knoblauchzehe
2 EL Öl
150 g Langkornreis
300 ml Wasser
Salz
300 g Tomaten
1 kleine Zwiebel
300 g Lauchzwiebeln
1 Fenchelknolle (etwa 200 g)
1 TL getrockneter Oregano
schwarzer Pfeffer aus der Mühle
1 Prise Zucker
1 EL Crème fraîche
2 EL Zitronensaft
1 kleines Bund Petersilie
50 g Sesamsamen

■ Die Knoblauchzehe abziehen und hacken.

■ 1/2 EL Öl in einem Topf erhitzen. Reis und Knoblauch zufügen und unter Rühren einige Sekunden anbraten. Wasser und Salz dazugeben, einmal aufkochen und den Reis zugedeckt bei schwächster Hitze in etwa 25 Minuten körnig weich garen.

■ Inzwischen die Tomaten abziehen

und klein würfeln, Stielansätze dabei entfernen. Die Zwiebel hacken. Lauchzwiebeln putzen, waschen und in fingerbreite Stücke schneiden. Das Fenchelgrün abschneiden und beiseite legen. Die Knollen halbieren, vom Strunk befreien, waschen und quer zu den Fasern in ganz dünne Streifen schneiden.

■ Für die Sauce 1 EL Öl in einem Topf erhitzen. Die Zwiebel darin bei mittlerer Hitze glasig braten. Oregano und Tomatenwürfel zufügen und zugedeckt bei mittlerer bis schwacher Hitze etwa 3 Minuten schmoren, bis die Tomaten gerade eben weich, aber nicht zerfallen sind. Mit Salz, Pfeffer und Zucker würzen. Crème fraîche darunter mischen. Die Sauce zugedeckt warm halten.

■ Für das Zwiebelgemüse das restliche Öl in einer Pfanne erhitzen. Lauchzwiebeln und Fenchelstreifen darin bei starker Hitze unter ständigem Rühren etwa 4 Minuten braten. Gemüse mit Zitronensaft, Salz und Pfeffer würzen.

■ Fenchelgrün und Petersilie hacken und mit dem Sesam unter den Reis mischen. Mit dem Gemüse auf heißen Tellern anrichten. Sauce dazu servieren.

Lauchzwiebeln in
lockerer Gartenerde

Tofu-Gemüse-Curry

Für 3 Portionen

250 g Tofu
150 g Kokoscreme
1/4 l heißes Wasser
250 g Bulgur
1/2 l Gemüsebrühe
1 Zwiebel
1 frische grüne Pfefferschote
2 EL Erdnussöl
1 Packung TK-Erbsen und -Möhren (450 g)
Salz
1 TL Kurkumapulver (Gelbwurz)
1/4 TL gemahlener Koriander
1/4 TL Zimtpulver
3 EL Zitronensaft
1 Bund Petersilie
50 g gehackte Nüsse

■ Tofu würfeln. Kokoscreme mit dem Wasser verrühren, bis sie sich aufgelöst hat, und für die Sauce beiseite stellen.

■ Den Bulgur mit der Brühe aufkochen und zugedeckt in etwa 20 Minuten garen.

■ Die Zwiebel abziehen und fein hacken. Die Pfefferschote putzen, von den Kernen befreien, waschen und in feine Streifen schneiden.

■ Das Öl in einer Pfanne erhitzen. Zwiebel und Pfefferschote mit dem Tofu und dem tiefgefrorenen Gemüse im heißen Öl bei starker Hitze unter Wenden anbraten, bis der Tofu leicht gebräunt ist.

■ Salz, Kurkuma, Koriander, Zimt, Zitronensaft und Kokoscreme zugeben und aufkochen. Das Gemüse zugedeckt bei schwacher Hitze in etwa 5 Minuten bissfest garen.

■ Petersilie waschen, trockentupfen, fein hacken und unter das Gemüse mischen. Vor dem Servieren die Nüsse mit dem Bulgur mischen.

Arbeitszeit etwa
45 Minuten
1 Portion enthält:
3310 kJ/788 kcal
0 mg Cholesterin
41 g Fett
27 g Eiweiß
72 g Kohlenhydrate

Gemüse mit Kichererbsen

*Arbeitszeit etwa
30 Minuten
Einweichzeit
6 Stunden
Kochzeit etwa
1¹/₂ Stunden
1 Portion enthält:
798 kJ/190 kcal
15 mg Cholesterin
8 g Fett
8 g Eiweiß
19 g Kohlenhydrate*

*Zu dem Gericht passen Kartoffelschmarren (Seite 107) und Salat.
Mit Kichererbsen aus der Dose geht es schneller: Frisches Gemüse anbraten, abgetropfte Kichererbsen untermischen und etwa 5 Minuten garen.*

Für 4 Portionen

100 g Kichererbsen
300 ml Wasser
1 Knoblauchzehe
1 Zweig frischer Rosmarin
Salz
200 g Lauchzwiebeln
2 grüne Paprikaschoten
400 g Tomaten
1 EL Öl
weißer Pfeffer
Cayennepfeffer
1 Bund Basilikum
100 g saure Sahne

■ Die Kichererbsen im Wasser 6 Stunden zugedeckt einweichen.

■ Die Knoblauchzehe abziehen und fein hacken. Den Rosmarinzweig, Knoblauch und Salz zu den Kichererbsen geben, alles aufkochen und zugedeckt bei schwacher Hitze 1–1¹/₂ Stunden kochen, bis die Erbsen gerade eben weich sind. Den Rosmarin herausnehmen.

■ Die Lauchzwiebeln putzen, waschen und mit allen saftigen grünen Blättern in etwa fingerdicke Scheiben schneiden. Die Paprikaschoten vierteln, putzen, waschen und in Streifen schneiden. Die Tomaten waschen, abziehen und würfeln; dabei die Stielansätze herausschneiden.

■ Das Öl in einem Topf erhitzen. Die Lauchzwiebeln und die Paprikaschoten darin bei schwacher Hitze unter Rühren anbraten.

■ Die Tomatenwürfel und die Kichererbsen mit dem Kochsud zum Gemüse geben und kräftig aufkochen. Mit Salz, Pfeffer und etwas Cayennepfeffer abschmecken.

■ Das Basilikum vorsichtig abspülen, die Blätter von den Stielen zupfen und grob zerkleinern.

■ Das Gemüse mit den Kichererbsen auf Tellern verteilen, jeweils einen Klecks saure Sahne darauf setzen und mit dem Basilikum bestreuen.

Gemüseplatte mit Basilikumsauce

Für 4 Portionen

Sauce:

1 große Tomate

1 Bund Basilikum

200 g Crème double

200 g Magerjoghurt

Knoblauchsalz

weißer Pfeffer aus der Mühle

Gemüseplatte:

1 Bund Möhren

500 g grüne Bohnen

4 dünne Stangen Lauch (etwa 400 g)

2 Knoblauchzehen

1 unbehandelte Zitrone

6 EL Olivenöl

100 ml Gemüsebrühe

Salz, weißer Pfeffer

geriebene Muskatnuss

250 g große Champignons

1 Bund Petersilie

1 gehäufter TL Butter

■ Für die Sauce die Tomate waschen, abziehen, vierteln, vom Stielansatz befreien und in kleine Würfel schneiden. Basilikum vorsichtig abspülen und trockentupfen. Blätter abzupfen und in feine Streifen schneiden. Stiele für das Gemüse beiseite legen.

■ Crème double mit Joghurt, Knoblauchsalz und Pfeffer verrühren. Tomaten und Basilikumblätter untermischen. Die Sauce zugedeckt bei Zimmertemperatur ziehen lassen, bis das Gemüse fertig ist.

■ Möhren schälen, Bohnen und Lauch putzen; alles waschen. Die Knoblauchzehen abziehen und fein hacken.

■ Die Zitrone waschen, abtrocknen und ein großes Stück Schale abschneiden. Den Saft der halben Zitrone auspressen.

■ 5 EL Öl in einem großen Topf erhitzen. Möhren, Bohnen und Lauch unzerkleinert von allen Seiten anbraten. Knoblauch, Zitronenschale, 1 EL Saft und die Gemüsebrühe zugeben. Mit Salz, Pfeffer und Muskat würzen, aufkochen und zugedeckt bei mittlerer bis schwacher Hitze in etwa 15 Minuten bissfest garen.

■ Die Pilze putzen, waschen und mit dem restlichen Zitronensaft vermischen. Petersilie und Basilikumstiele fein hacken. Restliches Öl und Butter in der Pfanne erhitzen. Pilze mit den Basilikumstielen und der Hälfte der Petersilie darin bei starker, dann bei mittlerer Hitze etwa 4 Minuten braten, bis sie braun sind.

■ Das Gemüse und die Pilze auf einer vorgewärmten Platte anrichten und mit der restlichen Petersilie bestreuen. Die Basilikumsauce dazu servieren.

Arbeitszeit etwa
45 Minuten
1 Portion enthält:
2054 kJ/489 kcal
71 mg Cholesterin
40 g Fett
11 g Eiweiß
20 g Kohlenhydrate

Bei den meisten vegetarischen Rezepten kann man auch andere Zutaten als die angegebenen nehmen. Die verschiedenen Gemüse und Salate, Getreidekörner, Hülsenfrüchte, Obst und Kräuter können untereinander ausgetauscht werden. Man kann sich ganz nach seinem Geschmack richten oder nehmen, was man im Vorrat hat.

Gemüse mit gebratenen Äpfeln

Arbeitszeit etwa

45 Minuten

1 Portion enthält:

2327 kJ/554 kcal

106 mg Cholesterin

38 g Fett

7 g Eiweiß

42 g Kohlenhydrate

Für 2 Portionen

1 große Fenchelknolle

200 g Möhren

1 kleine Zwiebel

400 g säuerliche Äpfel (Boskoop oder Cox Orange)

Saft von 1 Zitrone

1 EL Öl

150 g Schlagsahne

Salz

Cayennepfeffer

1 TL Kümmelkörner

1 EL Butter

1 großes Bund Petersilie

■ Die Fenchelknolle der Länge nach vierteln, vom Strunk befreien, waschen und in kleine Stücke schneiden. Die Möhren schälen, waschen und würfeln. Die Zwiebel abziehen und hacken.

■ Die Äpfel waschen oder schälen, mit einem Apfelausstecher vom Kerngehäuse befreien und in fingerdicke Scheiben schneiden. Mit der Hälfte des Zitronensaftes beträufeln.

■ Öl in einem großen Topf erhitzen. Das zerkleinerte Gemüse und die Zwiebel darin bei mittlerer Hitze unter Rühren etwa 3 Minuten anbraten. Sahne, Salz,

Cayennepfeffer und Kümmel untermischen. Das Gemüse aufkochen und zugedeckt bei schwacher Hitze in etwa 10 Minuten bissfest garen.

■ Währenddessen die Butter in einer großen Pfanne erhitzen und die Apfelscheiben darin bei schwacher bis mittlerer Hitze 3 Minuten braten; den restlichen Zitronensaft dazugießen, die Äpfel wenden und weitere 2–3 Minuten schmoren.

■ Die Petersilie waschen, trockentupfen, fein hacken und unter das Gemüse mischen. Gemüse und Äpfel auf heißen Tellern anrichten.

Ein schnelles Essen, das gut mit Pellkartoffeln, Reis oder Hirse schmeckt.

Süßsaures Gemüse

Für 4 Portionen

300 g Blumenkohl
300 g Lauch (Porree)
1 rote Paprikaschote
1 Orange
1 säuerlicher Apfel
1 Stück Ananas (etwa 200 g)
1 Knoblauchzehe
1 Stück frische Ingwerwurzel
3 EL Öl
1/4 l Gemüsebrühe
4 EL milder Obstessig
1/2 EL süße Sojasauce
3 EL Tomatenketschup
Cayennepfeffer
50 g Erdnüsse
1 Bund Petersilie

■ Den Blumenkohl waschen und in Röschen teilen. Den Lauch putzen und waschen. Die Paprikaschote halbieren, von allen Kernen befreien und waschen. Beides in Streifen schneiden. Die Orange schälen und in Stücke schneiden. Den Saft dabei auffangen.

Den Apfel vierteln, schälen, vom Kerngehäuse befreien und in Schnitze teilen. Die Ananas in Stücke schneiden. Das Obst und den Orangensaft mischen.

■ Die Knoblauchzehe abziehen und fein hacken. Den Ingwer schälen und auf der Rohkostreibe raspeln.

■ Öl in einem großen Topf erhitzen. Die gehackte Knoblauchzehe bei schwacher Hitze unter Rühren braten, bis sie glasig ist. Ingwer, Blumenkohl, Lauch und Paprika untermischen. Die Brühe zugeben, das Gemüse aufkochen und zugedeckt bei schwacher Hitze 5 Minuten garen.

■ Das Obst untermischen, aufkochen und weitere 5 Minuten garen. Alles mit Essig, Sojasauce, Tomatenketschup und einer kräftigen Prise Cayennepfeffer würzen und auf heißen Tellern anrichten. Nüsse und Petersilie fein hacken und über das Gemüse streuen.

Arbeitszeit etwa 45 Minuten
1 Portion enthält:
1210 kJ/288 kcal
0 mg Cholesterin
17 g Fett
9 g Eiweiß
23 g Kohlenhydrate

Zu diesem süßsauren Gemüse passt am besten Reis. Das Gericht stammt aus Japan, wo Sesamöl und milder Reisessig verwendet werden. Beide Zutaten sind in Asienläden erhältlich.

Buntes Tofugemüse

Arbeitszeit etwa
30 Minuten

1 Portion enthält:

1218 kJ/290 kcal

35 mg Cholesterin

21 g Fett

14 g Eiweiß

10 g Kohlenhydrate

Zu dem Gericht passen Pellkartoffeln oder Reis.

Für 4 Portionen

1 Zwiebel

250 g Tofu

2 Salbeiblätter

1 EL Öl

1 EL Mehl

$^1/_4$ l Gemüsebrühe

300 g Tomaten

150 g Champignons

2 Essiggurken

2 EL Kapern

30 g geriebener Käse

100 g Crème fraîche

Salz, schwarzer Pfeffer

1 Bund Petersilie

50 g gehackte Kürbiskerne oder beliebige Nüsse

■ Die Zwiebel abziehen. Den abgetropften Tofu, Zwiebel und Salbeiblätter grob hacken. Im heißen Öl bei mittlerer Hitze unter Wenden anbraten. Mehl darüber streuen und unter Rühren kurz mitrösten.

■ Die Brühe langsam zugießen. Unter Rühren aufkochen und zugedeckt bei schwacher Hitze kochen lassen, bis die anderen Zutaten vorbereitet sind.

■ Tomaten abziehen, Pilze putzen und waschen. Gurken abtropfen lassen. Alles fein zerkleinern. Mit Kapern, Käse und Crème fraîche unter den Tofu mischen, aufkochen und bei mittlerer Hitze rühren, bis sich der Käse aufgelöst hat. Mit Salz und Pfeffer würzen. Petersilie hacken und mit den Kürbiskernen darüber streuen.

Gemüseplätzchen

Für 4 Portionen

160 g Möhren

1/2 Bund Lauchzwiebeln

1 kleine Zucchini (etwa 130 g)

1 Knoblauchzehe

1 Bund Majoran

75 g geriebener Emmentaler

2 Eier

Salz, weißer Pfeffer aus der Mühle

Öl oder Butterschmalz zum Braten

■ Möhren schälen, waschen und in feine Streifen schneiden. Lauchzwiebeln, putzen, waschen und in Ringe schneiden. Zucchini putzen, waschen und in dünne Stifte hobeln. Knoblauchzehe abziehen und fein hacken. Majoranblättchen abzupfen und klein hacken.

■ Das Gemüse mit dem Käse, den Eiern und dem Majoran vermischen. Mit Salz und Pfeffer kräftig würzen.

■ Das Fett in einer Pfanne erhitzen. Für jedes Plätzchen 2 EL Teig hineingeben und flach drücken. Bei mittlerer, dann bei schwacher Hitze zugedeckt etwa 4 Minuten backen, bis sie sich leicht lösen lassen, wenden und in der offenen Pfanne weitere 2–3 Minuten backen. Etwa 16 Plätzchen backen.

Arbeitszeit etwa

1 1/4 Stunden

1 Portion enthält:

865 kJ/206 kcal

136 mg Cholesterin

15 g Fett

11 g Eiweiß

8 g Kohlenhydrate

Auch die Zucchiniblüten werden gegessen.

Gemüseauflauf ✓

Für 4 Portionen

1 kleiner Blumenkohl

500 g Kohlrabi

500 g Lauch (Porree)

1/4 l Instantgemüsebrühe

1 kleine Zwiebel

1 kleines Bund Petersilie

40 g Butter

1 EL Mehl

1/4 l Milch

2 Eier

250 g geriebener Emmentaler

Salz

weißer Pfeffer

1 TL gemahlener Koriander

1/2 TL getrockneter Oregano

■ Den Blumenkohl in Röschen und Stiele teilen. Den Kohlrabi schälen und würfeln. Den Lauch putzen und in etwa fingerbreite Stücke schneiden.

■ Die Brühe zum Kochen bringen. Das zerkleinerte Gemüse darin aufkochen und zugedeckt bei mittlerer Hitze etwa 4 Minuten garen. Abgießen, dabei die Brühe für die Sauce auffangen.

■ Die Zwiebel abziehen und fein hacken. Die Petersilie ebenfalls fein hacken.

■ Die Hälfte der Butter erhitzen. Zwiebel und Petersilie darin kurz braten. Das Mehl darüber streuen und anrösten. Zuerst die Brühe, dann die Milch zugeben und rühren, bis die Sauce glatt ist. Die Sauce etwas abkühlen lassen. Die Eier, etwa 200 g Käse, Salz, Pfeffer, den Koriander und den Oregano untermischen.

■ In eine ofenfeste Form geben und die Sauce, dann den restlichen Käse und die restliche Butter darauf verteilen.

■ Den Auflauf auf die untere Schiene des kalten Backofens stellen. Bei 200 °C (Umluft 180 °C, Gas Stufe 3) etwa 30 Minuten backen, bis er oben leicht gebräunt ist.

Arbeitszeit etwa

45 Minuten

Backzeit etwa

30 Minuten

1 Portion enthält:

2087 kJ/497 kcal

263 mg Cholesterin

33 g Fett

30 g Eiweiß

14 g Kohlenhydrate

Salat mit Artischocken und Ei

Arbeitszeit etwa
45 Minuten
1 Portion enthält:
714 kJ/170 kcal
116 mg Cholesterin
13 g Fett
6 g Eiweiß
6 g Kohlenhydrate

Für 6 Portionen
2 Eier
1 Aufgussbeutel Kräutertee
50 ml kochendes Wasser
1 EL Apfelessig
1 TL Senf
Salz
schwarzer Pfeffer aus der Mühle
3 EL Oliven- oder Maiskeimöl
1 Kopf grüner Salat
1 Kopf Eichblattsalat
100 g Champignons
6 eingelegte Artischockenherzen
50 g Haselnüsse
1 Bund Schnittlauch

■ Die Eier etwa 8 Minuten kochen, abschrecken, schälen und fein hacken.

■ Den Teebeutel mit Wasser übergießen und 10 Minuten ziehen lassen. Mit Essig, Senf, Salz, Pfeffer und Öl verrühren.

■ Die beiden Salate putzen, waschen, trockenschwenken und in mundgerechte Stücke zupfen. Pilze putzen, waschen und in Scheibchen schneiden. Artischockenherzen abtropfen lassen und vierteln. Haselnüsse hacken. Schnittlauch in Röllchen schneiden.

■ Alle Zutaten auf Tellern anrichten und mit der Sauce beträufeln. Mit Eiern, Nüssen und Schnittlauch bestreuen.

Gemischter Salat mit Käse

Arbeitszeit etwa
30 Minuten
1 Portion enthält:
1121 kJ/267 kcal
30 mg Cholesterin
24 g Fett
7 g Eiweiß
5 g Kohlenhydrate

Für 4 Portionen
1 kleiner Kopf grüner Salat
2 Blätter Römersalat
1 Bund Radieschen
1 Bund Schnittlauch
2 EL Balsamessig
1 EL Himbeeressig
1 TL körniger Senf
Salz, schwarzer Pfeffer
6 EL Öl
200 g weicher Schafskäse

■ Die Salatblätter waschen, trockenschwenken und in mundgerechte Stücke zupfen. Die Radieschen in dünne Scheiben und den Schnittlauch in feine Röllchen schneiden. Alles in eine Schüssel geben.

■ Für die Salatsauce die beiden Essigsorten mit Senf, Salz, Pfeffer und Öl verrühren. Die Sauce auf dem Salat verteilen und alles vorsichtig mischen. Den Käse grob zerbröckeln und darüber streuen.

Salat mit gebratenen Morcheln

Für 5 Portionen

1 Päckchen getrocknete Spitzmorcheln
(etwa 20 g)

100 ml Wasser

1 Kopf grüner Salat

100 g Spinat

1 Bund Schnittlauch

1 TL Butter

2 TL Nussöl

Salz

frisch gemahlener weißer Pfeffer

4 EL Himbeeressig

1 TL scharfer Senf

4 EL Sonnenblumenöl

■ Die Morcheln im Wasser zugedeckt
3 Stunden einweichen. Die Pilze herausnehmen und auf einem Sieb kalt abspülen. Das Wasser durch eine Kaffeefilter-
tüte gießen, um Erd- oder Sandreste

herauszufiltern, und für die Salatsauce
beiseite stellen.

■ Salat und Spinat verlesen, waschen
und trockenschwenken. Den grünen Salat
in mundgerechte Stücke zupfen. Den
Schnittlauch in Röllchen schneiden. Alles
auf Tellern anrichten.

■ Butter und Nussöl in einer Pfanne erhitzen. Abgetropfte Morcheln darin bei
mittlerer Hitze unter ständigem Wenden
etwa 3 Minuten braten. Mit Salz und
Pfeffer würzen, herausnehmen und auf
den Salat legen.

■ Für die Salatsauce Pilzwasser und
Essig in die Pfanne geben. Die Pfanne
von der Kochstelle nehmen und den Brat-
fond unter Rühren lösen. Senf und
Sonnenblumenöl darunter mischen. Die
Sauce über Salat und Morcheln träufeln.
Den Salat sofort servieren.

Arbeitszeit etwa
45 Minuten
1 Portion enthält:
521 kJ / 124 kcal
3 mg Cholesterin
12 g Fett
2 g Eiweiß
2 g Kohlenhydrate

Zur Abwechslung
kann man 150 g
Lammfilet in feine
Streifen schneiden
und mit den Morcheln
braten.

Gemischter Salat mit Sprossen

Arbeitszeit etwa
45 Minuten

1 Portion enthält:
1424 kJ/339 kcal
3 mg Cholesterin
23 g Fett
10 g Eiweiß
21 g Kohlenhydrate

In Reformhäusern und Naturkostläden gibt es spezielle Keimgeräte. Auch Samen bekommt man in diesen Läden sowie in Gartencentern. Leicht keimen alle Hülsenfrüchte, Sonnenblumen- und Kürbiskerne, Getreidekörner, Alfalfa und Rettich.

Für 4 Portionen

30 g Linsen

50 g Weizenkörner, Alfalfa- und Rettichsamen gemischt

$1/8$ l Gemüsebrühe

1 TL körniger Senf

Salz, weißer Pfeffer

1 EL Schlagsahne

2 EL Himbeeressig

6 EL Maiskeimöl

100 g Feldsalat

100 g beliebiger Blattsalat

1 Orange

200 g Möhren

1 Fenchelknolle

1 Bund Schnittlauch

50 g Kürbiskerne

■ Linsen, Weizenkörner, Alfalfa- und Rettichsamen 3 Tage keimen lassen.
■ Die gekeimten Sprossen waschen und abtropfen lassen.

■ Die Gemüsebrühe aufkochen. Die Linsensprossen darin 5 Minuten kochen. Abgießen – die Brühe dabei auffangen – und in einer Schüssel mit den anderen Sprossen mischen.
■ Für die Salatsauce die Brühe mit Senf, Salz, Pfeffer, Sahne, Essig und Öl verrühren.
■ Beide Salatsorten putzen, waschen und trockenschwenken. Den Blattsalat sehr fein schneiden. Die Orange und die Möhren schälen. Die Orange in kleine Stücke, die Möhren in Stifte schneiden. Das Fenchelgrün abschneiden. Die Knolle putzen, waschen und in Streifen schneiden.
■ Alle diese Zutaten mit den Sprossen und der Salatsauce mischen. Den Salat auf Tellern verteilen.
■ Fenchelgrün und Schnittlauch waschen, trockentupfen und fein zerkleinern. Mit den Kürbiskernen über den Salat streuen.

Gemischter Salat mit Eiercroûtons

Für 4 Portionen

100 g Spinat
1 kleiner Kopf grüner Salat
1 Knoblauchzehe
1 kleines Ei
$1/8$ l Milch
2 Scheiben Toastbrot
4 EL Sonnenblumenöl
knapp 2 EL Sherry- oder Himbeeressig
1 TL Honig
Salz
weißer Pfeffer aus der Mühle
1 TL Walnussöl

■ Den Spinat verlesen, waschen, trockentupfen und grob hacken. Den Salat waschen, trockenschwenken und zerteilen.

■ Die Knoblauchzehe abziehen und ganz fein hacken. Mit dem Ei und der lauwarmen Milch verrühren. Die Brotscheiben darin mehrmals wenden, bis sie sich vollgesogen haben.

■ 2 EL Sonnenblumenöl in einer Pfanne erhitzen und die Brotscheiben auf jeder Seite etwa 3 Minuten braten, bis sie leicht gebräunt sind. Herausnehmen und diagonal teilen.

■ Für die Salatsauce Essig mit Honig, Salz, Pfeffer, dem restlichen Sonnenblumen- und dem Walnussöl verrühren. Spinat und Salat vorsichtig mit der Sauce mischen und auf Tellern verteilen. Die Eiercroûtons daneben anrichten.

Arbeitszeit etwa
40 Minuten
1 Portion enthält:
937 kJ/223 kcal
91 mg Cholesterin
17 g Fett
9 g Eiweiß
16 g Kohlenhydrate

Weiße Zwiebeln,
Paprika und Bohnen
auf dem Markt

Gemischter Salat mit Kürbiskernen

Für 2 Portionen

1 kleiner Kopf Radicchio (etwa 100 g)
75 g Feldsalat
250 g Möhren
1 Stange Sellerie (etwa 50 g)
2 EL milder Essig
1 TL scharfer Senf
1 EL Schlagsahne
Salz, weißer Pfeffer
6 EL Olivenöl
1 kleine Zwiebel
100 g Austernpilze
50 g Kürbiskerne
$1/2$ Kästchen Gartenkresse

■ Radicchio und Feldsalat putzen, waschen, trockentupfen und bei Bedarf zerkleinern. Möhren schälen, waschen und grob raspeln. Selleriestange waschen und in kleine Stücke schneiden; dabei die zarten Blätter mit verwenden.

■ Für die Salatsauce den Essig mit Senf, Sahne, Salz, Pfeffer und 3 EL Öl verrühren. Den Salat damit mischen und auf Tellern anrichten.

■ Die Zwiebel abziehen und hacken. Die Pilze putzen und grob zerkleinern. Das restliche Öl erhitzen. Zwiebel, Pilze und Kürbiskerne darin bei starker, dann bei mittlerer Hitze unter Rühren rösten, bis die Pilze gerade eben weich sind.

■ Die Pilzmischung auf dem Salat anrichten. Die Kresse abschneiden und darauf verteilen.

Arbeitszeit etwa
40 Minuten
1 Portion enthält:
2134 kJ/508 kcal
5 mg Cholesterin
44 g Fett
12 g Eiweiß
12 g Kohlenhydrate

Griechische Salatplatte

Arbeitszeit etwa	**Für 5 Portionen**	2 EL Tomatensaft
40 Minuten	250 g Zucchini	3 EL Weißweinessig
1 Portion enthält:	4 Knoblauchzehen	Salz, schwarzer Pfeffer
1991 kJ/474 kcal	1 unbehandelte Zitrone	1 Dose gefüllte Weinblätter (etwa 315 g)
54 mg Cholesterin	1 Zweig frischer Thymian	250 g griechischer Schafskäse
35 g Fett	6 EL Olivenöl	100 g schwarze Oliven
19 g Eiweiß	500 g Tomaten	250 g Magerquark
19 g Kohlenhydrate	1 Salatgurke	100 g Crème fraîche
	2 Bund Radieschen	2 EL saure Sahne
	1 Kopf Romanasalat	1 Bund Dill

■ Die Pfanne von der Kochstelle nehmen. Knoblauch, Zitronenschale, -saft und Thymian vermischen und auf den Zucchini verteilen. Zucchini zugedeckt ziehen lassen, bis die anderen Zutaten vorbereitet sind.

■ Die Tomaten waschen, abtrocknen und achteln; die Stielansätze dabei entfernen. Die Salatgurke schälen, zwei Drittel davon in Scheiben schneiden und den Rest für den Zaziki beiseite legen. Die Radieschen waschen und in Scheiben teilen. Den Romanasalat zerpflücken, waschen und trockenschwenken. Ein großes Blatt beiseite legen, die anderen Blätter quer in fingerbreite Streifen schneiden.

■ Für die Salatsauce Tomatensaft, Essig, Salz, Pfeffer und das restliche Öl verrühren. Tomaten, Gurkenscheiben, Radieschen und Romanasalat damit mischen. Auf eine Platte geben.

■ Die Weinblätter abtropfen lassen. Den Schafskäse würfeln. Beides mit den Oliven und den gerollten Zucchinischeiben auf der Platte neben dem Salat anrichten.

■ Für den Zaziki den Quark mit der Crème fraîche und der sauren Sahne verrühren. Die restlichen Knoblauchzehen zerdrücken. Den Rest der Salatgurke grob raspeln. Den Dill waschen, trockentupfen und fein hacken. Diese Zutaten mit der Quarkmischung verrühren und mit Salz und Pfeffer abschmecken.

■ Das beiseite gelegte Salatblatt ebenfalls auf die Platte legen. Den Zaziki darauf anrichten.

Zu diesem Salat passt grobes Vollkornbrot, griechisches Fladenbrot mit Sesam oder Baguette. Er eignet sich auch vorzüglich als Wintersalat. Zutaten, die man nicht bekommt, kann man durch andere ersetzen. Geeignet sind z. B. Paprikaschoten und milde Zwiebeln, in Ringe geschnitten.

■ Die Zucchini waschen, putzen und der Länge nach in Scheiben schneiden. Die Knoblauchzehen abziehen; zwei davon grob hacken.

■ Die Zitrone waschen, abtrocknen, ein etwa 10 cm langes Stück Schale dünn abschneiden und hacken. Den Saft auspressen.

■ Den Thymian waschen, trockentupfen und die Blättchen abstreifen.

■ 2 EL Öl erhitzen. Die Zucchinischeiben darin zunächst bei mittlerer, dann bei schwacher Hitze auf beiden Seiten goldbraun braten.

Wintersalat mit Eierbroten

Arbeitszeit etwa
50 Minuten
1 Portion enthält:
2113 kJ/503 kcal
403 mg Cholesterin
33 g Fett
17 g Eiweiß
29 g Kohlenhydrate

Man kann statt der Eierbrote eine Kichererbsencreme (Seite 144) zubereiten und auf Weißbrotscheiben streichen. Oder man mischt 150 g Krabben mit 2–3 EL Zitronensaft und weißem Pfeffer; 2 Rühreier auf den Broten verteilen, die Krabben darauf anrichten und mit Schnittlauchröllchen bestreuen.

Für 4 Portionen

Salat:
1 kleiner Kopf Endiviensalat
100 g Feldsalat
1 Fenchelknolle
250 g Möhren
1 Stück Weißkohl (etwa 150 g)
3 EL Tomatensaft (fertig gekauft)
1 EL Joghurt
1 TL Honig
2 EL milder Dillessig
1 TL körniger Senf
Salz, weißer Pfeffer
3 EL Oliven- oder Distelöl
1 Bund Dill

Eierbrote:
4 Eier
je 1 EL gehackte Petersilie und Schnittlauchröllchen
Salz, Cayennepfeffer
geriebene Muskatnuss
1 EL Schlagsahne
1 EL Butterschmalz
4 Scheiben Vollkornbrot
50 g Butter
25 g geriebener Parmesan

■ Endivienblätter waschen, trockenschwenken und in feine Streifen schneiden. Feldsalat gründlich waschen und trockenschwenken. Fenchelblättchen abschneiden, beiseite legen, Knolle halbieren, waschen, vom Strunk befreien und in dünne Scheiben schneiden. Möhren schälen und grob raspeln. Kohl waschen, putzen und fein hobeln. Alles mischen.

■ Tomatensaft, Joghurt, Honig, Essig, Senf, Salz, Pfeffer und Öl verrühren und mit dem Salat mischen. Auf Tellern anrichten. Dill waschen, trockentupfen, fein zerkleinern und über den Salat streuen.

■ Für die Eierbrote Eier mit Petersilie, Schnittlauch, Salz, Cayennepfeffer, Muskat und Sahne kräftig verrühren.

■ Butterschmalz in einer Pfanne erhitzen. Eier darin zugedeckt bei schwacher bis mittlerer Hitze an der Unterseite stocken lassen. Mit einer Gabel durchrühren, bis die Eier nicht mehr flüssig, aber noch weich und saftig sind.

■ Brote mit Butter bestreichen. Rühreier darauf verteilen. Mit Käse und den gehackten Fenchelblättchen bestreuen.

Gemischter Salat mit Nudeln

Für 8 Portionen

1 Aufgussbeutel Kräutertee
1 EL getrockneter Thymian
100 ml kochendes Wasser
6 EL milder Essig
2 EL scharfer Senf
Salz
schwarzer Pfeffer
8 EL Oliven- oder Maiskeimöl
150 g Vollkornhörnchennudeln
500 g Tomaten
1 kg grüne und rote Paprikaschoten
200 g Champignons
1 großer Kopf grüner Salat
200 g Spinat
je 2 Bund Dill, Petersilie und Schnittlauch
1 Bund Lauchzwiebeln
300 g Emmentaler
3 EL Sonnenblumenkerne

■ Für die Salatsauce den Teebeutel und den getrockneten Thymian mit Wasser übergießen und 10 Minuten ziehen lassen. Den Teebeutel entfernen. Den Sud mit Essig, Senf, Salz, Pfeffer und Öl verrühren.

■ Die Nudeln in einem hohen Topf mit reichlich kochendem Salzwasser bissfest garen. Abgießen, abtropfen lassen und in einer Schüssel mit der Salatsauce mischen.

■ Die Tomaten waschen, abtrocknen und würfeln. Die Paprikaschoten halbieren, von den Kernen befreien, waschen und in Streifen schneiden. Die Pilze putzen, waschen und in dünne Scheibchen teilen.

■ Salatblätter, Spinat und Kräuter waschen, trocknen und grob zerkleinern. Mit Nudeln, Tomaten, Paprikastreifen und Pilzen mischen und auf Tellern anrichten.

■ Die Lauchzwiebeln putzen, waschen und mit allen saftigen grünen Blättern in feine Ringe schneiden. Den Käse in kleine Würfel schneiden. Beide Zutaten mit den Sonnenblumenkernen über dem Salat verteilen.

Arbeitszeit etwa
50 Minuten
1 Portion enthält:
1609 kJ / 383 kcal
46 mg Cholesterin
24 g Fett
19 g Eiweiß
19 g Kohlenhydrate

Römersalat mit Eierstich

Arbeitszeit etwa
40 Minuten
Garzeit etwa
45 Minuten
1 Portion enthält:
937 kJ/223 kcal
266 mg Cholesterin
17 g Fett
9 g Eiweiß
6 g Kohlenhydrate

Eierstich kann man
aufbewahren: Er hält
sich zugedeckt im
Kühlschrank 2 Tage.

Für 4 Portionen

3 Eier
1 EL gehackte Petersilie
Salz, geriebene Muskatnuss
Cayennepfeffer
3 EL Milch
2 EL geriebener Parmesan
Fett für die Form
1 Kopf Römersalat
1 kleine Orange
1 TL Honig
1 EL Dillessig
1 TL körniger Senf
weißer Pfeffer
3 EL Öl
1 Bund Dill

■ Den Backofen auf 150 °C (Umluft 130 °C, Gas Stufe 1) vorheizen. Für den Eierstich die Eier mit Petersilie, Salz, Muskat und Cayennepfeffer kräftig verrühren. Milch und Käse untermischen.
■ Eine ofenfeste Form mit niedrigem Rand fetten. Die Eiermischung hineingießen. Die Form in ein heißes Wasserbad stellen und in den Backofen schieben. Den Eierstich etwa 45 Minuten stocken lassen. Herausnehmen und in der Form einige Minuten stehen lassen.
■ Während der Eierstich gart, die Salatblätter waschen, trockenschwenken und in Streifen schneiden. Die Orange mit einem scharfen Messer so abschälen, dass das dünne Häutchen mit entfernt wird. Die Orange in kleine Würfel schneiden; den Saft dabei auffangen. Den Honig mit dem Orangensaft, Essig, Senf, Salz, Pfeffer und Öl verrühren. Mit den Salatblättern und den Orangen mischen. Den Salat auf Portionstellern anrichten.
■ Den Eierstich mit einem spitzen kleinen Messer vom Rand der Form ablösen, stürzen, in Würfel schneiden und auf den Salat legen. Den Dill waschen, trockentupfen, fein zerkleinern und über den Salat streuen.

Eisbergsalat mit Pfirsich

Arbeitszeit etwa
30 Minuten
1 Portion enthält:
1172 kJ/279 kcal
3 mg Cholesterin
21 g Fett
9 g Eiweiß
12 g Kohlenhydrate

Borretsch passt zu
allen Salaten, kalten
Saucen, Käse- und
Quarkcreme.

Für 4 Portionen

50 g Sonnenblumenkerne, Alfalfa- und Rettichsamen gemischt
1/8 l Apfelsaft
1 Aufgussbeutel Apfeltee
Salz, weißer Pfeffer aus der Mühle
1 EL Schlagsahne
2 EL milder Apfelessig
3 EL Maiskeimöl
1 Kopf Eisbergsalat
2 reife weiße Pfirsiche
1 Hand voll Kerbel- und Borretschblättchen gemischt
50 g Kürbiskerne

■ Sonnenblumenkerne, Alfalfa- und Rettichsamen 3 Tage keimen lassen.
■ Gekeimte Sprossen waschen und gut abtropfen lassen. Apfelsaft aufkochen. Teebeutel darin 10 Minuten ziehen lassen. Beutel entfernen, Tee mit Salz, Pfeffer, Sahne, Essig und Öl verrühren.
■ Den Salat putzen, waschen, trockenschwenken und zerpflücken. Pfirsiche abziehen, halbieren, entsteinen und in kleine Stücke schneiden. Kräuter waschen, trockentupfen und grob zerkleinern.
■ Alle Zutaten mischen, auf Tellern anrichten und mit Kürbiskernen bestreuen.

Eisbergsalat mit Ei und Käsebrot

Für 2 Portionen

Salat:

4 Eier

2 EL milder Kräuteressig

1 EL Balsamessig

Salz, weißer Pfeffer

1 EL scharfer Senf

2 EL Schlagsahne

4 EL Oliven- oder Erdnussöl

50 g Vollkornbrot

50 g Nüsse (Hasel- und/oder Walnüsse)

1/2 Kopf Eisbergsalat

1 Bund Schnittlauch

Käsebrote:

4 Scheiben Vollkorntoast

1 Knoblauchzehe

50 g weiche Butter

1 TL getrockneter Thymian

1 EL Zitronensaft

50 g geriebener Bergkäse

■ Für den Salat die Eier hart kochen, abschrecken, schälen und halbieren. Aus einer Eihälfte das Eigelb herauslösen und mit den Essigsorten, Salz, Pfeffer, Senf, Sahne und 2 EL Öl verrühren. Die restlichen Eier und die Eiweißhälfte hacken.

■ Vollkornbrot würfeln, Nüsse hacken und im restlichen Öl bei schwacher bis mittlerer Hitze unter häufigem Wenden rösten, bis die Brotwürfel knusprig sind.

■ Eisbergsalat waschen, trockenschwenken, zerkleinern und auf Tellern verteilen. Mit der Sauce beträufeln. Eier, Brot und Nüsse darüber geben. Schnittlauch fein schneiden und darüber streuen.

■ Toast kräftig rösten. Knoblauch abziehen, durch die Presse drücken, mit Butter, Thymian, Saft und Käse mischen und auf die Brote streichen. Brote diagonal halbieren und zum Salat servieren.

Arbeitszeit etwa
45 Minuten
1 Portion enthält:
4553 kJ/1084 kcal
792 mg Cholesterin
84 g Fett
34 g Eiweiß
40 g Kohlenhydrate

Eisbergsalat kann schon eine Weile vor dem Servieren zubereitet werden, da die festen Blätter nicht so schnell zusammenfallen.

Löwenzahnsalat mit Schafskäse

Arbeitszeit etwa
35 Minuten
1 Portion enthält:
1701 kJ/405 kcal
4 mg Cholesterin
37 g Fett
7 g Eiweiß
9 g Kohlenhydrate

Dazu passt Vollkornbaguette oder Fladenbrot mit Sesam.

Für 4 Portionen

400 g Löwenzahn
1 Lauchzwiebel
12 schwarze Oliven
1 Knoblauchzehe
1 EL Pinienkerne
3 EL milder Kräuteressig
1 EL körniger Senf
Salz
schwarzer Pfeffer aus der Mühle
4 EL Olivenöl
200 g griechischer Schafskäse (Feta)
einige Blättchen Basilikum

■ Die Löwenzahnblätter putzen, waschen, trockentupfen und wie Endiviensalat in feine Streifen schneiden.

Die Lauchzwiebel putzen, waschen und mit allen saftigen grünen Blättern in dünne Ringe schneiden. Die Oliven halbieren und entkernen. Alle diese Zutaten auf Portionstellern anrichten.

■ Für das Dressing die Knoblauchzehe abziehen und mit den Pinienkernen fein hacken. Beides mit Essig, Senf, Salz, Pfeffer und Öl verrühren. Die Sauce über den Salat gießen.

■ Den Schafskäse zerbröckeln und über den Salat streuen. Mit Basilikum garnieren.

Rucolasalat mit Zuckerschoten

Für 3 Portionen

100 g Zuckerschoten
3 EL Olivenöl
50 g Rucola (etwa 1 Bund)
1 TL Zitronensaft
1 TL Balsamessig
Salz
weißer Pfeffer aus der Mühle
1 EL TK-Salatkräuter
1 EL Cashewnüsse

■ Die Zuckerschoten waschen und die Stiel- und Blütenansätze abschneiden. In 1 EL Öl bei schwacher bis mittlerer Hitze etwa 5 Minuten braten, bis sie gerade eben weich sind. Dabei hin und wieder wenden.

■ Inzwischen Rucola waschen und trockenschwenken. Auf Portionstellern verteilen.

■ Zitronensaft, Essig, Salz, Pfeffer, das restliche Öl und die Salatkräuter verrühren und über die Rucolablätter geben.

■ Die Cashewnüsse grob hacken und mit den warmen Zuckerschoten auf dem Salat anrichten.

Arbeitszeit etwa
30 Minuten
1 Portion enthält:
563 kJ/134 kcal
0 mg Cholesterin
11 g Fett
2 g Eiweiß
5 g Kohlenhydrate

Spinatsuppe

Für 4 Portionen

1 kg Spinat
1 große Zwiebel
1 Bund Petersilie
25 g Sonnenblumenkerne
1 EL Öl
$1/2$ l Gemüsebrühe
100 g Crème fraîche
Saft von 1 Zitrone
Salz
weißer Pfeffer aus der Mühle
$1/4$ TL gemahlener Koriander

■ Spinat verlesen, waschen, trockenschwenken und grob zerkleinern. Zwiebel abziehen und fein hacken. Petersilie und Sonnenblumenkerne fein zerkleinern.

■ Öl erhitzen. Zwiebel darin bei mittlerer Hitze unter Rühren einige Sekunden anbraten. Brühe dazugießen, einmal aufkochen und etwa 1 Minute kochen lassen.

■ Spinat und Crème fraîche untermischen und bei starker Hitze aufkochen. Suppe mit Zitronensaft, Salz, Pfeffer und Koriander abschmecken und in vorgewärmten Tellern anrichten. Die Petersilie-Kerne-Mischung auf der Suppe verteilen.

Arbeitszeit etwa
45 Minuten
1 Portion enthält:
764 kJ/182 kcal
26 mg Cholesterin
14 g Fett
9 g Eiweiß
5 g Kohlenhydrate

Spinat hat zwar weniger Eisengehalt als früher angenommen wurde, enthält aber große Mengen an Vitaminen: Provitamin A, Vitamine der B-Gruppe und Vitamin C.

*M*angoldsalat mit Couscous

Arbeitszeit etwa
45 Minuten
1 Portion enthält:
962 kJ/229 kcal
0 mg Cholesterin
13 g Fett
7 g Eiweiß
19 g Kohlenhydrate

Mit einem scharfen Messer sauber in feine Röllchen geschnitten, schmeckt Schnittlauch besonders aromatisch.

Für 4 Portionen

75 g Couscous
200 ml Instantgemüsebrühe
1 unbehandelte Zitrone
500 g Mangold
Salz
1 Prise Cayennepfeffer
4¹⁄₂ EL Erdnussöl
5 Salbeiblätter
1 Knoblauchzehe
2 EL milder Kräuteressig
500 g Tomaten
schwarzer Pfeffer aus der Mühle
1 Bund Schnittlauch
1 EL Pinienkerne

■ Couscous mit 150 ml Brühe vermischen und zugedeckt bei Zimmertemperatur 30 Minuten quellen lassen. Mit einer Gabel umrühren, bis er wieder körnig ist.

■ Die Zitrone waschen, abtrocknen, die Hälfte der Schale abreiben und den Saft auspressen. Den Mangold putzen, waschen, trockenschwenken und in feine Streifen schneiden. Mit Zitronenschale, -saft, Salz, Cayennepfeffer und 3 EL Öl in einer Schüssel mischen.

■ Salbeiblätter waschen, trockentupfen und in Streifen schneiden. Knoblauchzehe abziehen und hacken. Beide im restlichen Öl bei schwacher Hitze braten, bis sie leicht gebräunt sind. Restliche Brühe zugeben und Bratfond unter Rühren lösen. Etwas abkühlen lassen, mit Essig verrühren und zum Mangold geben.

■ Tomaten waschen, klein würfeln, Stielansätze dabei entfernen, mit Couscous locker vermischen und zum Mangold geben. Mit Salz und Pfeffer würzen.

■ Schnittlauch waschen, trockentupfen und in feine Röllchen schneiden. Mit den Pinienkernen unter den Salat mischen.

■ Mangold auf Portionstellern anrichten.

Weinblätter mit Bulgur

Für 4 Portionen

1 kleine Zwiebel
4 EL Olivenöl
100 g Bulgur
¼ l Wasser
Salz, schwarzer Pfeffer aus der Mühle
½ Bund Basilikum
10 eingelegte Tomaten
50 g Cashewnüsse
etwa 35 Weinblätter in Salzlake
1 Messerspitze Instantgemüsebrühe
2 EL Zitronensaft
1 Limette

■ Zwiebel abziehen, hacken und in 1 EL Öl bei schwacher Hitze glasig braten. Bulgur kurz mitbraten. 200 ml Wasser, Salz und Pfeffer zugeben, aufkochen und zugedeckt bei schwacher Hitze 20 Minuten garen.

■ Basilikum hacken; Tomaten abtropfen lassen und fein zerkleinern. Cashewnüsse hacken und in 1 EL Öl bei schwacher Hitze unter Rühren goldbraun rösten. Alles mit dem gegarten Bulgur mischen.

■ Die Weinblätter kalt abspülen. Ein Blatt auf der Arbeitsfläche ausbreiten und mit 1 gehäuften TL Füllung belegen. Das Blatt an den Seiten umschlagen und aufrollen. Die restlichen Blätter ebenso verarbeiten. Blätter, die beim Füllen reißen, hacken und unter die Füllung mischen.

■ Restliches Öl und Wasser mit Brühe und Zitronensaft aufkochen. Die gefüllten Weinblätter nebeneinander hineinlegen, zugedeckt bei schwacher Hitze 20 Minuten ziehen, dann im Sud abkühlen lassen.

*Gesamtzeit etwa
2 Stunden
1 Portion enthält:
1655 kJ/394 kcal
0 mg Cholesterin
29 g Fett
7 g Eiweiß
24 g Kohlenhydrate*

*Die Weinblätter kann man lauwarm oder kalt essen.
Gut dazu passt türkisches Fladenbrot.*

Kräuterdrink

Arbeitszeit etwa
5 Minuten
1 Portion enthält:
265 kJ/63 kcal
6 mg Cholesterin
1 g Fett
6 g Eiweiß
8 g Kohlenhydrate

Für 2 Portionen

300 g Buttermilch

¼ l kohlensäurearmes Mineralwasser

1 Bund gemischte Kräuter
z. B. Petersilie, Dill, Garten- und Brunnenkresse, Borretsch und Zitronenmelisse

2 TL Zitronensaft

Salz

weißer Pfeffer aus der Mühle

■ Die Buttermilch mit Mineralwasser verrühren und mit dem Schneebesen kräftig
durchschlagen.

■ Alle Kräuter waschen, trockentupfen
und fein hacken. Mit dem Zitronensaft in
den Drink rühren.

■ Mit Salz und Pfeffer abschmecken und
nach Belieben mit einem frischen Kräu-
terzweig garnieren.

Kräutersalat

Arbeitszeit etwa
30 Minuten
1 Portion enthält:
689 kJ/164 kcal
4 mg Cholesterin
15 g Fett
3 g Eiweiß
4 g Kohlenhydrate

Für 3 Portionen

100 g gemischte Kräuter
z. B. Petersilie, Gartenkresse, Kerbel, Dill,
Löwenzahn, Sauerampfer, Schnittlauch,
Minze und Zitronenmelisse

100 g beliebige Salatblätter

1 EL milder Obstessig

1 TL Senf

Salz

1 EL Schlagsahne

3 EL Olivenöl

1 TL Erdnussöl

schwarzer Pfeffer aus der Mühle

1 EL Sonnenblumenkerne

■ Die Kräuter und die Salatblätter waschen, sehr gut trockenschwenken, grob
zerkleinern und in eine Schüssel geben.

■ Essig mit Senf, Salz, Sahne und den
beiden Ölsorten verrühren und über die
Salatzutaten geben. Alles mischen.

■ Den Salat auf Portionstellern anrichten. Mit Pfeffer bestreuen.

■ Die Sonnenblumenkerne in einer
Pfanne ohne Fettzugabe bei schwacher
bis mittlerer Hitze goldbraun rösten und
über den Salat streuen.

Kräuterschnitten

Für 4 Portionen

1 Hand voll gemischte Kräuter oder Petersilie
50 g Butter
4 Eier
Salz
100 g Mehl
50 g Speisestärke
2 EL geriebener Käse
Fett und Semmelbrösel für das Blech

■ Alle Kräuter waschen, gut trockentupfen und fein hacken.

■ Die Butter schmelzen, aber nicht bräunen.

■ Die Eier trennen. Die Eiweiße mit Salz steif schlagen. Abwechselnd Eigelbe, Kräuter und teelöffelweise die flüssige Butter untermischen.

■ Mehl mit Speisestärke und Käse mischen, auf die Masse streuen und mit einem Schneebesen unterheben.

■ Die Fettpfanne des Backofens oder ein Backblech mit hohem Rand fetten und mit Semmelbröseln ausstreuen. Den Teig darin glatt streichen.

■ Das Blech auf die mittlere Schiene des kalten Backofens schieben. Den Teig bei 180 °C (Umluft 160 °C, Gas Stufe 2–3) etwa 25 Minuten backen, bis er wie ein Kuchenboden oben leicht gebräunt, durchgebacken und locker ist.

■ Auf dem Blech kurz ruhen lassen, in Rauten schneiden und warm anrichten.

Arbeitszeit etwa
20 Minuten
Backzeit etwa
25 Minuten
1 Portion enthält:
1596 kJ/380 kcal
385 mg Cholesterin
21 g Fett
12 g Eiweiß
31 g Kohlenhydrate

In einer sonnigen Ecke auf einem Balkon oder einer Terrasse gedeihen Kräuter prächtig.

Petersiliensuppe mit Pilzen

Arbeitszeit etwa
35 Minuten
1 Portion enthält:
932 kJ/222 kcal
76 mg Cholesterin
20 g Fett
3 g Eiweiß
5 g Kohlenhydrate

Für 4 Portionen

150 g Champignons
1 EL Zitronensaft
1 Zwiebel
2 Bund Petersilie
1 EL Butter
1 EL Mehl
3/4 l Wasser
1 TL Gemüsebrüheextrakt
200 g Schlagsahne
weißer Pfeffer
geriebene Muskatnuss

■ Die Champignons putzen, waschen, in Scheiben schneiden und mit Zitronensaft vermischen. Die Zwiebel abziehen und hacken. Die Petersilienstiele abschneiden und fein zerkleinern. Die Blätter ebenfalls fein hacken und auf einem Teller beiseite stellen.

■ Die Butter erhitzen, aber nicht bräunen. Zwiebel, Petersilienstiele und Mehl zufügen und bei schwacher Hitze unter Rühren einige Sekunden rösten. Das Wasser langsam zugießen, aufkochen und rühren, bis die Suppe glatt ist. Den Extrakt zugeben. Zugedeckt bei schwacher Hitze 5 Minuten kochen.

■ Die Champignons, die Hälfte der Petersilie und die Sahne zugeben. Die Suppe erhitzen, aber nicht mehr aufkochen, und etwa 3 Minuten ziehen lassen. Mit Pfeffer und Muskat würzen, mit der restlichen Petersilie bestreuen und servieren.

Ausgebackene Salbeiblätter

Arbeitszeit etwa
1 Stunde
1 Portion enthält:
773 kJ/184 kcal
91 mg Cholesterin
8 g Fett
5 g Eiweiß
21 g Kohlenhydrate

Die würzigen Kräuterblätter schmecken als Beilage zu Salaten oder als Imbiss zu Bier und Wein.

Für 6 Portionen

2 Eier
2 EL trockener Weißwein
1 EL Öl
3 EL Wasser
125 g Mehl
Salz
2 EL Zucker
3 Bund Salbei
Butterschmalz, Öl oder Kokosfett zum Frittieren

■ Ein ganzes Ei, ein Eigelb, den Wein, das Öl und Wasser kräftig verrühren. Mehl, Salz und Zucker dazugeben und alles gut verkneten.

■ Das restliche Eiweiß steif schlagen und vorsichtig unter den Teig mischen.

■ Die Salbeiblätter mit den Stielen waschen und trockentupfen.

■ Das Fett in einem hohen Topf oder einer Fritteuse erhitzen. Die Salbeiblätter an den Stielen festhalten, in den Teig tauchen und portionsweise ins heiße Fett gleiten lassen. Die Blätter etwa 2 Minuten backen, bis sie goldbraun sind.

■ Mit einem Schaumlöffel herausnehmen und auf Küchenkrepp abtropfen lassen.

Brunnenkressesuppe

Für 4 Portionen

250 g Brunnenkresse

³/₄ l Gemüsebrühe

75 g Doppelrahmfrischkäse

2 EL Schlagsahne

Salz

weißer Pfeffer

■ Die Brunnenkresse verlesen, sehr vorsichtig waschen und trockentupfen. Die Blättchen von den Stielen zupfen und einige davon zum Garnieren beiseite legen; die Stiele ganz fein hacken.

■ Blättchen und Stiele mit der Brühe in einen Topf geben und zum Kochen bringen. Den Frischkäse in kleinen Portionen in die Suppe geben und unter Rühren darin auflösen.

■ Die Suppe mit der Sahne, Salz und Pfeffer abschmecken. Mit den restlichen Brunnenkresseblättchen bestreuen und servieren.

Arbeitszeit etwa

20 Minuten

1 Portion enthält:

433 kJ/103 kcal

25 mg Cholesterin

8 g Fett

4 g Eiweiß

2 g Kohlenhydrate

Brunnenkresse mit Tofu

Für 2 Portionen

75 g Brunnenkresse

Saft von ¹/₂ Zitrone

Salz

Cayennepfeffer

3 EL Olivenöl

100 g Tofu

■ Die Brunnenkresse verlesen, sehr vorsichtig waschen, trockentupfen und fein zerkleinern.

■ In einer Schüssel den Zitronensaft, Salz, Cayennepfeffer und 1 EL Öl verrühren und mit der Brunnenkresse mischen.

■ Tofu trockentupfen. Das restliche Öl in einer Pfanne erhitzen und den Tofu darin bei mittlerer Hitze auf jeder Seite etwa 4 Minuten braten, bis er leicht gebräunt ist. In dünne Scheiben schneiden und mit dem Salat auf Portionstellern anrichten.

Arbeitszeit etwa

25 Minuten

1 Portion enthält:

794 kJ/189 kcal

0 mg Cholesterin

17 g Fett

4 g Eiweiß

4 g Kohlenhydrate

Tomatencocktail

Arbeitszeit etwa
30 Minuten
1 Portion enthält:
428 kJ/102 kcal
0 mg Cholesterin
2 g Fett
3 g Eiweiß
18 g Kohlenhydrate

Für 4 Portionen

1 kg Tomaten
1 kleine Zwiebel
1 kleine grüne Pfefferschote
3 Orangen
1 Zitrone
1 TL Oliven- oder Erdnussöl
1 TL Zucker
Salz
2 EL Tomatenketschup

■ Tomaten waschen, halbieren und die Stielansätze herausschneiden. Zwiebel abziehen, Pfefferschote halbieren, von den Kernen befreien und waschen.

■ Die Orangen und die Zitrone auspressen. Den Saft mit Tomaten, Zwiebel, Pfefferschote und Öl im Mixer fein pürieren.

■ Mit Zucker, Salz und Tomatenketschup abschmecken und in eisgekühlten Gläsern anrichten.

Tomatensalat mit Bohnen

Arbeitszeit etwa
30 Minuten
1 Portion enthält:
659 kJ/157 kcal
0 mg Cholesterin
10 g Fett
4 g Eiweiß
10 g Kohlenhydrate

Für 3 Portionen

250 g grüne Bohnen
1/2 Bund Bohnenkraut
1 kleine Zwiebel
3 EL Olivenöl
Salz
schwarzer Pfeffer aus der Mühle
500 g Fleischtomaten
3 EL Balsamessig

■ In einer großen Pfanne 1 EL Öl erhitzen. Bohnen, die Hälfte des Bohnenkrautes und Zwiebel hineingeben. Alles mit Salz und Pfeffer würzen. Bei mittlerer bis schwacher Hitze etwa 15 Minuten braten, bis die Bohnen gerade eben weich sind; dabei mehrmals wenden.

■ Die Tomaten waschen und in Scheiben schneiden. Auf Portionstellern anrichten und mit Salz und Pfeffer würzen.

■ Das restliche Öl mit Essig vermischen. Die gebratenen Bohnen auf den Tomaten verteilen und mit der Essig-Öl-Mischung beträufeln. Das restliche Bohnenkraut darüber streuen.

Grüne Bohnen wie auch alle anderen Hülsenfrüchte darf man nicht roh essen; sie enthalten Blausäure, die erst durch Garen unschädlich wird.

■ Die Bohnen putzen, waschen, abtropfen lassen und in etwa fingerlange Stücke schneiden. Das Bohnenkraut ganz fein zerkleinern. Die Zwiebel abziehen und fein hacken.

Tomatensalat mit Lauchzwiebeln

Für 4 Portionen

500 g Fleischtomaten

1 Bund Lauchzwiebeln

1/2 Bund Basilikum

1/2 TL getrockneter Oregano

1 EL Essig

3 EL Olivenöl

Salz

schwarzer Pfeffer aus der Mühle

■ Die Tomaten waschen, würfeln und die Stielansätze dabei entfernen.

■ Die Lauchzwiebeln putzen, waschen und mit den saftigen grünen Blättern in dünne Ringe schneiden.

■ Das Basilikum waschen, die Blätter abzupfen, trockentupfen und grob hacken.

■ Alle diese Zutaten mit Oregano, Essig und Öl mischen. Den Salat mit Salz und Pfeffer würzen.

Arbeitszeit etwa

30 Minuten

1 Portion enthält:

416 kJ/99 kcal

0 mg Cholesterin

8 g Fett

2 g Eiweiß

5 g Kohlenhydrate

Dazu passt geröstetes Weißbrot mit Knoblauchbutter.

*W*ürzig gefüllte Tomaten auf Rohkost

Arbeitszeit etwa
1 Stunde

1 Portion enthält:
1743 kJ/415 kcal
35 mg Cholesterin
26 g Fett
17 g Eiweiß
27 g Kohlenhydrate

Für 4 Portionen

Tomaten:
1 kleine Zwiebel
1 Knoblauchzehe
1 kleines Bund Petersilie
1 kleines Bund Basilikum
2 Zweige Thymian
1 EL Kürbiskerne
4 Fleischtomaten
50 g Emmentaler
200 g Tofu
50 g weicher Schafskäse
2 EL Milch

1 EL weiche Butter
2 EL saure Sahne
weißer Pfeffer

Rohkost:
250 g Zucchini
1 kleiner Kohlrabi
1 Salatgurke (etwa 500 g)
1 Bund Radieschen
3 EL milder Apfelessig
Salz, weißer Pfeffer aus der Mühle
4 EL Öl
2 Scheiben grobes Vollkornbrot
1 Bund Schnittlauch

■ Die Zwiebel und die Knoblauchzehe abziehen und hacken. Die Petersilie und das Basilikum fein zerkleinern. Die Thymianblättchen von den Stielen streifen. Die Kürbiskerne hacken.

■ Die Tomaten waschen und abtrocknen. Von jeder einen Deckel abschneiden und fein zerkleinern. Das Fruchtfleisch mit einem Löffel herausholen und hacken.

■ Den Emmentaler reiben. Den Tofu abtropfen lassen, mit Schafskäse und Milch pürieren. Mit Butter, Emmentaler und saurer Sahne verrühren. Zwiebel, Knoblauch, zerkleinerte Kräuter, Kürbiskerne und zerkleinertes Tomatenfleisch untermischen. Mit Pfeffer würzen und in die Tomaten füllen.

■ Für die Rohkost die Zucchini waschen und putzen. Den Kohlrabi und die Gurke schälen. Das Gemüse grob raspeln. Die Radieschen waschen und in dünne Scheiben schneiden.

■ Essig mit Salz, Pfeffer und 3 EL Öl verrühren und unter die Zucchini, Kohlrabi, Gurke und Radieschen mischen.

■ Die Rohkost auf Tellern verteilen und die Tomaten darauf setzen.

■ Das Vollkornbrot zerbröseln und im restlichen Öl bei schwacher bis mittlerer Hitze unter ständigem Rühren knusprig braten.

■ Den Schnittlauch fein zerkleinern und mit dem gerösteten Brot über die Tomaten streuen.

Tofu enthält viel Eiweiß, wenig Fett und kein Cholesterin. Er ist mild und neutral, verträgt sich also gut mit kräftigen Zutaten wie Gemüse, Obst, Salat, Hülsenfrüchten, Käse und Nüssen. Man sollte ihn kräftig würzen, z. B. mit Koriandergrün, Thymian, Salbei, Rosmarin und Oregano oder mit exotischen Gewürzen wie Kreuzkümmel, Ingwer und Sojasauce.

Gefüllte Fleischtomaten

Für 4 Portionen

2 große Fleischtomaten
200 g schwarze Oliven
1 Knoblauchzehe
1/2 Bund Schnittlauch
1/2 TL getrocknete Kräuter der Provence
2–3 TL Zitronensaft
Salz, Cayennepfeffer

■ Die Tomaten waschen, abtrocknen und quer halbieren. Das Fruchtfleisch und die Kerne mit einem Teelöffel herausholen, fein hacken und in eine Schüssel geben.

■ Die Oliven halbieren und entsteinen. Die Knoblauchzehe abziehen, den Schnittlauch waschen und trockentupfen. Alles fein zerkleinern und mit den anderen Kräutern zum Tomatenfleisch geben.

■ Alle Zutaten mischen. Mit Zitronensaft, Salz und Pfeffer würzen und in die Tomaten füllen.

■ Die Tomaten bei Zimmertemperatur 20 Minuten ziehen lassen.

Arbeitszeit etwa 40 Minuten
Gesamtzeit etwa 1 Stunde
1 Portion enthält:
798 kJ/190 kcal
0 mg Cholesterin
17 g Fett
3 g Eiweiß
6 g Kohlenhydrate

Kalte Tomatencreme

Arbeitszeit etwa
30 Minuten
Kochzeit etwa
1 Stunde
Kühlzeit 2 Stunden
1 Portion enthält:
1289 kJ/307 kcal
65 mg Cholesterin
23 g Fett
7 g Eiweiß
18 g Kohlenhydrate

Dazu passen geröstete Weißbrotwürfel oder Knoblauchbrot.

Für 4 Portionen

2 kg reife Tomaten
1 kleine Zwiebel
1 Bund Basilikum
$1/8$ l Wasser
1 TL getrockneter Oregano
schwarzer Pfeffer aus der Mühle
200 g Crème double
2 EL Tomatenmark
1 Prise Zucker
Salz

■ Die Tomaten waschen und halbieren, dabei die Stielansätze entfernen. Die Zwiebel abziehen und grob hacken. Das Basilikum waschen und trockentupfen.

■ Tomaten und Zwiebel mit Wasser, Oregano, reichlich Pfeffer und der Hälfte des Basilikums in einem Topf unter Rühren aufkochen und zugedeckt bei schwacher Hitze etwa 1 Stunde kochen lassen.

■ Suppe lauwarm abkühlen lassen und durch ein feines Sieb drücken oder pürieren. 2 Stunden zugedeckt kühlen.

■ Die Blättchen vom restlichen Basilikum abzupfen und in feine Streifen schneiden.

■ Esslöffelweise die Crème double mit dem Schneebesen in die Suppe rühren. Tomatenmark, Zucker und Salz untermischen. Die Suppe mit den Basilikumstreifen bestreuen und sofort servieren.

Tomatensuppe mit Knoblauchcroûtons

Für 4 Portionen

1 kg Tomaten
1 Zwiebel
3 Knoblauchzehen
2 Bund Suppengrün
1 Bund gemischte Kräuter
(Thymian, Majoran, Oregano, Petersilie)
1/4 l Wasser
1 EL Instantgemüsebrühe
3 EL Öl
2 Scheiben Vollkornbrot
100 g Crème fraîche
Salz, Pfeffer
1 Prise Zucker
1 großes Bund Schnittlauch

■ Die Tomaten abziehen und halbieren, dabei die Stielansätze entfernen.

■ Zwiebel und zwei Knoblauchzehen abziehen. Suppengrün und Kräuter waschen. Diese Zutaten grob zerkleinern.

■ Tomaten, Zwiebel, Knoblauch, Suppengrün und Kräuter mit Wasser und Brühe aufkochen und zugedeckt bei schwacher Hitze 40 Minuten kochen lassen.

■ Für die Knoblauchcroûtons die restliche Knoblauchzehe abziehen und fein hacken. Das Öl erhitzen. Das Brot würfeln und im Öl bei mittlerer Hitze knusprig braten. Knoblauch einige Sekunden mit dem Brot rösten, aber nicht bräunen.

■ Teller vorwärmen. Die Suppe pürieren oder durch ein Sieb streichen. Mit der Crème fraîche wieder in den Topf geben und unter Rühren erhitzen. Mit Salz, Pfeffer und Zucker abschmecken und in die Teller füllen.

■ Schnittlauch in feine Röllchen schneiden und mit den Knoblauchcroûtons auf den Suppenportionen anrichten.

Arbeitszeit etwa
30 Minuten
Kochzeit etwa
40 Minuten
1 Portion enthält:
1268 kJ/302 kcal
26 mg Cholesterin
17 g Fett
10 g Eiweiß
27 g Kohlenhydrate

Tomatenernte in Griechenland

Tomatengemüse

Für 4 Portionen

1 kg Tomaten
2 große Zwiebeln
3 Knoblauchzehen
4 Zweige Rosmarin
4 EL Olivenöl
Salz, schwarzer Pfeffer aus der Mühle
1 TL Balsamessig

■ Die Tomaten abziehen und vierteln, dabei die Stielansätze entfernen. Die Zwiebeln und die Knoblauchzehen abziehen. Die Zwiebeln in dünne Scheiben schneiden. Die Rosmarinblättchen abzupfen und hacken. Den Knoblauch ebenfalls hacken.

■ Das Öl erhitzen. Zwiebeln und Rosmarinblättchen darin bei schwacher Hitze braten, bis die Zwiebeln weich und glasig sind.

■ Tomaten und Knoblauch zufügen und bei mittlerer Hitze etwa 5 Minuten schmoren. Das Gemüse mit Salz, einer kräftigen Prise Pfeffer und Balsamessig abschmecken.

Arbeitszeit etwa
45 Minuten
1 Portion enthält:
605 kJ/144 kcal
0 mg Cholesterin
10 g Fett
3 g Eiweiß
9 g Kohlenhydrate

Dazu passen Spätzle, Nudeln oder Klößchen aus 60 g weicher Butter, 2 Eiern, 60 g geriebenem Käse, Salz, Pfeffer und Muskat.

Tomatenfladen

Arbeitszeit etwa	**Für 3 Portionen**
1 Stunde	Teig:
Backzeit etwa	300 g Mehl
40 Minuten	2 Eier
1 Portion enthält:	1 EL Öl
2083 kJ/496 kcal	Salz
337 mg Cholesterin	2–4 EL Wasser
24 g Fett	Belag:
20 g Eiweiß	1 kg vollreife Tomaten
47 g Kohlenhydrate	je 1 Bund Schnittlauch und Basilikum
	6 Zweige frischer Thymian
	3 Eier
	1/8 l Milch
	200 g Crème fraîche
	75 g geriebener Parmesan
	Salz, weißer Pfeffer, Cayennepfeffer
	geriebene Muskatnuss
	Mehl zum Ausrollen, Fett für das Blech

■ Mehl mit Eiern, Öl, Salz und 2 EL Wasser zu einem geschmeidigen Teig kneten. Falls er zu trocken ist, tropfenweise das restliche Wasser unterkneten. Zu einem Kloß formen, in Pergamentpapier wickeln und 1 Stunde ruhen lassen.

■ Tomaten abziehen und in Scheiben schneiden; die Stielansätze dabei entfernen. Kräuter fein zerkleinern und mit Eiern, Milch, Crème fraîche und Käse mischen. Mit Salz, Pfeffer, einer Prise Cayennepfeffer und Muskatnuss würzen.

■ Den Teig in 3 Stücke teilen, auf wenig Mehl zu dünnen Fladen ausrollen und auf ein gefettetes Backblech legen. Die Tomatenscheiben darauf verteilen und die Eiermilch darüber gießen. Die Fladen auf die mittlere Schiene des kalten Backofens schieben und bei 200 °C (Umluft 180 °C, Gas Stufe 3) 30–40 Minuten backen, bis sie goldbraun sind.

Überbackene Tomaten mit Zucchini

Für 4 Portionen

750 g Tomaten
250 g Zucchini
1 Bund Majoran
4 EL Olivenöl
Salz
schwarzer Pfeffer aus der Mühle
Parmesan
1 Knoblauchzehe
1 EL Semmelbrösel

■ Die Tomaten abziehen, halbieren und von allen Kernen befreien. Die Zucchini waschen, vom Blüten- und Stielansatz befreien und in dünne Streifen schneiden. Den Majoran vorsichtig waschen, trockentupfen und die Blättchen abzupfen.

■ 2 EL Öl in einer Pfanne erhitzen. Die Tomatenhälften mit der Schnittfläche nach unten andünsten. Aus der Pfanne nehmen. Die Zucchinistreifen und die Hälfte der Majoranblättchen ebenfalls andünsten.

■ Den Backofen auf 220 °C (Umluft 200 °C, Gas Stufe 5) vorheizen.

■ Eine flache ofenfeste Form einfetten. Die Tomaten mit der Wölbung nach oben hineinsetzen und die Zucchinistreifen mit dem Majoran darauf verteilen. Mit Salz und Pfeffer bestreuen.

■ Den Käse ganz fein reiben. Die Knoblauchzehe abziehen, zerdrücken und mit dem Käse und den Semmelbröseln mischen. Auf dem Gemüse verteilen und mit dem restlichen Öl beträufeln.

■ Die Form auf die mittlere Schiene des vorgeheizten Backofens schieben und etwa 15 Minuten überbacken. Den restlichen Majoran darüber streuen und noch 5 Minuten im Ofen lassen. Warm oder kalt servieren.

Arbeitszeit etwa
30 Minuten
Backzeit etwa
20 Minuten
1 Portion enthält:
1222 kJ/291 kcal
21 mg Cholesterin
22 g Fett
14 g Eiweiß
10 g Kohlenhydrate

Gurkensalat mit Melone

Arbeitszeit etwa
20 Minuten
1 Portion enthält:
437 kJ/104 kcal
0 mg Cholesterin
3 g Fett
2 g Eiweiß
17 g Kohlenhydrate

Für 4 Portionen

1 Gurke (etwa 400 g)
1/2 Honig- oder Ogenmelone
1 Limette
2 EL Orangensaft
1 TL Honig
1 Prise Salz
weißer Pfeffer aus der Mühle
1 TL Öl
1 EL Pinienkerne

Die Melonen sind reif, wenn sie einen intensiven Duft ausströmen.

■ Die Gurke schälen, der Länge nach halbieren und die Kerne mit einem Löffel herauskratzen. Die Hälften in dünne Scheiben schneiden. Von der halben Melone die Kerne entfernen und das Fruchtfleisch mit einem Kugelausstecher oder einem Teelöffel herausstechen.

■ Die Limette mit einem kleinen scharfen Messer so abschälen, dass auch die weiße Haut entfernt wird, und in kleine Würfel schneiden.

■ Alle diese Zutaten in einer Schüssel mischen. Orangensaft mit Honig, Salz, Pfeffer und Öl verrühren und darunter mischen.

■ Den Salat auf Portionstellern anrichten und mit Pinienkernen bestreuen.

Gurken mit Buchweizenkruste

Arbeitszeit etwa
35 Minuten
Backzeit etwa
40 Minuten
1 Portion enthält:
1814 kJ/432 kcal
56 mg Cholesterin
25 g Fett
12 g Eiweiß
39 g Kohlenhydrate

Für 3 Portionen

100 g Buchweizenschrot
1/4 l Gemüsebrühe
100 g Schlagsahne
100 g weicher Schafskäse
1 Zwiebel
1 Knoblauchzehe
1 kleine unbehandelte Zitrone
1 TL getrockneter Oregano
Salz
schwarzer Pfeffer aus der Mühle
750 g kleine Schmorgurken
2 EL Öl
1 Dose geschälte Tomaten
(Einwaage 240 g)

Zur Abwechslung können unter die Kruste auch Reste von gegartem Bulgur, Couscous oder Weizengrütze gemischt werden.

■ Den Buchweizenschrot mit Gemüsebrühe und Sahne mischen und quellen lassen, bis die anderen Zutaten vorbereitet sind.

■ Den Schafskäse zerbröckeln, die Zwiebel und die Knoblauchzehe abziehen und fein hacken.

■ Die Zitrone waschen, abtrocknen und ein großes Stück Schale dünn abschneiden und fein zerkleinern; den Saft auspressen.

■ Käse, Zwiebel, Knoblauch, Zitronenschale und -saft mit Oregano, wenig Salz und einer kräftigen Prise Pfeffer unter den Buchweizen mischen.

■ Die Gurken schälen, der Länge nach halbieren und die Kerne herauskratzen. Die Gurkenhälften nebeneinander in die Mitte einer flachen Gratinform legen. Die Buchweizenmischung und das Öl darüber verteilen.

■ Die Tomaten abtropfen lassen, zerdrücken, in der Form um die Gurken herum verteilen. Mit Salz und Pfeffer würzen.

■ Die Form auf die mittlere Schiene des kalten Backofens stellen. Bei 200 °C (Umluft 180 °C, Gas Stufe 3) etwa 40 Minuten backen, bis der Buchweizenbelag knusprig ist.

Zucchinisalat mit Tomaten und Pilzen

Für 4 Portionen

50 ml kalte Gemüsebrühe
1 TL Senf
1 EL milder Obstessig
Cayennepfeffer
3 EL Maiskeimöl
300 g Zucchini
2 mittelgroße Tomaten
100 g Champignons
1 Bund Schnittlauch
eventuell einige Kerbelblättchen
1 EL ungesalzene Pistazien

■ Für die Salatsauce die Gemüsebrühe mit dem Senf, dem Essig, einer kräftigen Prise Cayennepfeffer und dem Maiskeimöl verrühren.

■ Die Zucchini waschen und abtrocknen, dann von den Stiel- und Blütenansätzen befreien und grob raspeln.

■ Die Tomaten waschen, abtrocknen und würfeln, dabei die Stielansätze entfernen. Die Champignons putzen, waschen und blättrig schneiden.

■ Den Schnittlauch und die Kerbelblättchen waschen, trockentupfen und fein zerkleinern.

■ Das Gemüse und die Kräuter mit der Salatsauce vermischen und auf Portionstellern verteilen. Zum Schluss die Pistazien grob hacken und über den Salat streuen.

Arbeitszeit etwa
40 Minuten
1 Portion enthält:
475 kJ / 113 kcal
0 mg Cholesterin
9 g Fett
3 g Eiweiß
4 g Kohlenhydrate

Zucchiniterrine

Arbeitszeit etwa
1¹/₄ Stunden

Garzeit etwa
1 Stunde

1 Portion enthält:
1348 kJ/321 kcal
230 mg Cholesterin
24 g Fett
12 g Eiweiß
12 g Kohlenhydrate

*Dazu passt Toast
mit Butter und dick
eingekochte, kalte
Tomatensauce.*

Für 6 Portionen

1 großes Bund Petersilie

2 Möhren

1 Lauchzwiebel

2 EL Öl

Butter und Pergamentpapier für die Form

1 kg Zucchini

2 Schalotten

2 Knoblauchzehen

1 kleine rote Pfefferschote

1 Zitrone

¹/₂ TL gemahlene Muskatblüte

Salz

weißer Pfeffer aus der Mühle

250 g Sahnequark

3 Eier

200 g Schlagsahne

2 gestrichene EL Speisestärke

■ Die Petersilie waschen, trockentupfen und fein hacken. Die Möhren schälen, waschen und in kleine Würfel schneiden. Die Lauchzwiebel putzen, waschen und mit allen saftigen grünen Blättern in dünne Ringe schneiden.

■ Das Öl in einer Pfanne erhitzen. Petersilie, Möhren und Lauchzwiebel darin unter häufigem Wenden bei schwacher bis mittlerer Hitze etwa 3 Minuten schmoren, bis die Zwiebel intensiv grün ist. Abkühlen lassen.

■ Eine Kastenform mit 30 cm Länge fetten, mit Pergamentpapier auslegen und dieses ebenfalls fetten.

■ Zucchini waschen, putzen und grob zerkleinern. Die Schalotten und die Knoblauchzehen abziehen und fein hacken.

Die Pfefferschote halbieren und alle Kerne entfernen. Die Schotenhälften waschen, trockentupfen und ganz fein hacken. Die Zitrone waschen, abtrocknen, die Schale dünn abschneiden und ebenfalls fein zerkleinern. Den Saft auspressen und beiseite stellen.

■ Zucchini in reichlich Wasser knapp 5 Minuten sprudelnd kochen. In ein Sieb gießen, gut abtropfen lassen und im Mixer oder Blitzhacker pürieren.

■ Zucchinipüree mit Schalotten, Knoblauch, Pfefferschote, Zitronenschale und 3 EL Zitronensaft mischen. Mit Muskatblüte, je einer kräftigen Prise Salz, Pfeffer und dem Quark verrühren.

■ Die Eier trennen. Eigelbe unter das Gemüsepüree rühren. Eiweiße und Sahne

getrennt steif schlagen. Die Hälfte des Eischnees und 2 EL Sahne gut unter das Püree mischen. Den Rest darauf setzen. Die Speisestärke darüber sieben.

■ Alles mit einem Spatel mischen. Die Hälfte des Zucchinipürees in der Form glatt streichen. Die Möhrenmischung auf dem Püree verteilen, mit Salz und einer kräftigen Prise Pfeffer würzen. Den Rest des Pürees darauf glatt streichen.

■ Ein Blatt Pergamentpapier so zuschneiden, dass es die Terrine gerade eben bedeckt und nicht am Rand der Form übersteht. Das Papier ebenfalls fetten, auf die Terrine legen und ganz leicht andrücken.

■ Die Form in der Fettpfanne auf die untere Schiene des kalten Backofens stel-len. Die Fettpfanne mit so viel heißem Wasser füllen, dass die Form etwa zur Hälfte im Wasser steht.

■ Die Terrine im Backofen bei 180 °C (Umluft 160 °C, Gas Stufe 2–3) etwa 1 Stunde garen.

■ Für die Garprobe ein Holzstäbchen in die Mitte der Terrine stechen. Wenn nichts daran haften bleibt, ist sie gar. Die Gemüseterrine herausnehmen, in der Form abkühlen und vor dem Aufschneiden etwa 24 Stunden im Kühlschrank ruhen lassen.

■ Zum Servieren auf eine Platte stürzen. Das Pergamentpapier abziehen. Die Terrine mit einem scharfen Messer in Scheiben schneiden, mit Pfeffer bestreuen und anrichten.

Frisch ist die Terrine so weich, dass sie sich nicht schneiden lässt. Deshalb muss man sie am Vortag zubereiten und bis zum Servieren kühl stellen.

Zucchinigratin

Arbeitszeit etwa	
30 Minuten	
Backzeit etwa	
30 Minuten	
1 Portion enthält:	
2394 kJ/570 kcal	
107 mg Cholesterin	
46 g Fett	
23 g Eiweiß	
12 g Kohlenhydrate	

Für 3 Portionen

750 g kleine Zucchini
1 Bund Lauchzwiebeln (etwa 250 g)
75 g Haselnüsse
3 Zweige frischer Rosmarin
Salz, weißer Pfeffer aus der Mühle
1/8 l Milch
125 g Schlagsahne
150 g geriebener mittelalter Gouda
1 EL Butter

Dazu passen Pell-kartoffeln und Salat.

■ Die Zucchini und die Lauchzwiebeln putzen, waschen und abtrocknen. Die Zucchini in Scheiben, die Lauchzwiebeln mit allen saftigen grünen Blättern in fingerlange Stücke schneiden. Beide Zutaten in eine flache Gratinform geben.

■ Die Nüsse hacken. Den Rosmarin waschen und die Blätter abzupfen. Gemüse mit Nüssen, Rosmarin, Salz und Pfeffer bestreuen. Milch mit Sahne verquirlen und darüber gießen. Gouda darüber streuen. Butter in Stücken darauf geben.

■ Das Gratin auf die mittlere Schiene des kalten Backofens stellen und bei 200 °C (Umluft 180 °C, Gas Stufe 3) etwa 30 Minuten backen, bis der Käse leicht gebräunt ist.

Kürbispüree

Für 4 Portionen

500 g Kürbis

3 Knoblauchzehen

Salz

1 Zwiebel

1 grüne Pfefferschote

6 EL Olivenöl

2 EL Tomatenstücke aus der Dose

Saft von 1/2 Zitrone

1 kleines Bund Petersilie

schwarzer Pfeffer aus der Mühle

1 Prise Zucker

■ Kürbis schälen, von den Kernen befreien und würfeln. Knoblauchzehen abziehen und mit Salz zerdrücken. Zwiebel abziehen und fein hacken. Pfefferschote halbieren und von den Kernen befreien. Schote waschen und fein zerkleinern.

■ Öl in einer Pfanne erhitzen. Zwiebel darin bei schwacher Hitze glasig dünsten. Kürbis, Knoblauch, Pfefferschote, Tomatenstücke und Zitronensaft zugeben und zugedeckt bei mittlerer bis schwacher Hitze etwa 20 Minuten garen, bis der Kürbis sehr weich ist.

■ Die Petersilie waschen, trockentupfen und fein hacken.

■ Die Kürbismischung mit dem Mixstab pürieren oder mit dem Kartoffelstampfer so fein wie möglich zerdrücken. Die Petersilie untermischen, das Püree mit Salz, Pfeffer und Zucker abschmecken und abkühlen lassen.

Arbeitszeit etwa
35 Minuten
1 Portion enthält:
722 kJ / 172 kcal
0 mg Cholesterin
15 g Fett
2 g Eiweiß
6 g Kohlenhydrate

Das Püree hält sich verschlossen im Kühlschrank etwa 3 Tage. Zur Abwechslung kann man statt Kürbis auch Zucchini nehmen.

Kürbissalat mit Obst

Für 4 Portionen

1 Aufgussbeutel Apfeltee

50 ml kochendes Wasser

400 g Kürbis

2 mittelgroße Äpfel (Cox Orange, James Grieve oder Ingrid Marie)

2 EL milder Apfelessig

300 g weiße und blaue Weintrauben

1/2 Bund Petersilie

1 EL Apfelsaft

Salz, weißer Pfeffer

50 g Crème fraîche

2 EL Öl

50 g gehackte Walnüsse

■ Den Teebeutel mit dem kochenden Wasser übergießen und zugedeckt 15 Minuten ziehen lassen.

■ Inzwischen den Kürbis von den Kernen befreien, schälen, waschen und grob raspeln. Die Äpfel schälen oder gründlich waschen, vom Kerngehäuse befreien und raspeln. Mit Kürbis und Essig vermischen.

■ Die Weintrauben waschen, trockentupfen, abzupfen, halbieren und nach Belieben entkernen. Die Petersilie hacken. Beide Zutaten unter den Salat mischen.

■ Den Teebeutel entfernen. Den Apfeltee mit Saft, Salz, Pfeffer, Crème fraîche und Öl verrühren und über den Salat geben. Die Nüsse darüber streuen.

Arbeitszeit etwa
30 Minuten
1 Portion enthält:
1201 kJ / 286 kcal
13 mg Cholesterin
17 g Fett
4 g Eiweiß
27 g Kohlenhydrate

Kürbisernte im Burgenland

Kürbisfrikadellen

Arbeitszeit etwa	Für 4 Portionen
1¹/₂ Stunden	1 Zwiebel
Gesamtzeit etwa	4 EL Öl
2 Stunden	125 g Hafergrütze
1 Portion enthält:	200 ml kaltes Wasser
1176 kJ/280 kcal	1 Stück Kürbis (etwa 260 g)
175 mg Cholesterin	¹/₂ Bund Petersilie
15 g Fett	2 Eier
9 g Eiweiß	Salz, weißer Pfeffer
24 g Kohlenhydrate	geriebene Muskatnuss

Zu den Frikadellen schmecken Kartoffelsalat und grüner Salat.

■ Die Zwiebel abziehen, fein hacken und in ¹/₂ EL Öl bei schwacher Hitze glasig braten. Die Hafergrütze unter Rühren kurz mitbraten; Wasser zugießen, aufkochen und die Grütze zugedeckt bei schwacher Hitze 10 Minuten garen. Den Brei 1 Stunde quellen und dabei abkühlen lassen.

■ Das Kürbisstück schälen, von den Kernen befreien und fein reiben. Die Petersilie waschen, trockentupfen und fein hacken. Beide Zutaten mit Eiern, Salz und je einer kräftigen Prise Pfeffer und Muskatnuss unter den Brei mischen.

■ Das restliche Öl in der Pfanne erhitzen. Vom Teig mit einem Esslöffel 12 Frikadellen abstechen und portionsweise bei mittlerer bis schwacher Hitze auf der Unterseite etwa 10 Minuten braten, bis sie sich leicht vom Boden lösen. Wenden und weitere 6–8 Minuten braten.

Kürbiscurry

Arbeitszeit etwa	Für 4 Portionen
30 Minuten	500 g Kürbis
1 Portion enthält:	Salz
1222 kJ/291 kcal	7 EL Öl
23 mg Cholesterin	1 kleine getrocknete Chilischote
29 g Fett	1 kleine Banane
2 g Eiweiß	1 TL nicht zu scharfes Currypulver
12 g Kohlenhydrate	100 g Crème fraîche
	1 Zweig Koriandergrün

Zu dem Gemüse passt Reis oder Chinanudeln.

■ Den Kürbis schälen, von den Kernen befreien und das Fruchtfleisch in kleine Würfel schneiden.

■ Ein Drittel der Kürbiswürfel in Salzwasser etwa 15 Minuten weich kochen, abtropfen und abkühlen lassen.

■ Inzwischen das Öl in einer Pfanne erhitzen. Die restlichen Kürbiswürfel portionsweise darin unter ständigem Wenden bei mittlerer Hitze braten, bis sie gerade eben weich sind.

■ Die Chilischote fein zerkrümeln. Den abgetropften Kürbis und die Banane im Mixer pürieren. In die Pfanne geben, mit Currypulver, Chilischote und Crème fraîche unter die Kürbiswürfel mischen. Mit Salz abschmecken und kurz aufkochen. Die Korianderblätter abzupfen und darüber streuen. Warm oder kalt servieren.

Kürbiskuchen

Für 12 Stücke

Teig:

200 g Weizenvollkornmehl

50 g Zuckerrohrgranulat

1 Prise Salz

100 g Butter

1 Ei

Füllung:

500 g Kürbisfleisch

3 EL Zitronensaft

3 EL ungesüßter Apfelsaft

2 Eier

75 g Zuckerrohrgranulat

1 Prise Salz

je 1 TL Ingwer- und Zimtpulver

1/2 TL Piment

je 1 kräftige Prise Kardamompulver und geriebene Muskatnuss

200 g Crème fraîche

200 g Schlagsahne

■ Für den Teig alle Zutaten verkneten. Eine Springform mit 26 cm Ø damit auslegen und einen etwa 3 cm hohen Rand formen. Den Teigboden mehrmals mit einer Gabel einstechen und 1 Stunde kühl stellen.

■ Das Kürbisfleisch in kleine Stücke schneiden und mit Zitronen- und Apfelsaft aufkochen. Zugedeckt bei schwächster Hitze dünsten, bis es weich und die Flüssigkeit aufgesogen ist. Dann lauwarm abkühlen lassen und pürieren.

■ Die Eier mit Zuckerrohrgranulat, Salz, Gewürzen, Crème fraîche und Sahne verrühren und das Kürbispüree untermischen.

■ Den Teigboden auf die mittlere Schiene des kalten Backofens stellen und bei 200 °C (Umluft 180 °C, Gas Stufe 3) etwa 15 Minuten vorbacken.

■ Die Füllung darauf glatt streichen. Den Kuchen wieder in den Ofen stellen und weitere 50–60 Minuten backen.

Arbeitszeit etwa
45 Minuten
Backzeit etwa
1 1/4 Stunden
1 Stück enthält:
1252 kJ/298 kcal
143 mg Cholesterin
19 g Fett
5 g Eiweiß
24 g Kohlenhydrate

Der Kürbiskuchen schmeckt lauwarm oder gerade eben abgekühlt am besten.

*B*rote mit Käse und Paprikapüree

**Arbeitszeit etwa
25 Minuten
Backzeit etwa
20 Minuten
1 Portion enthält:
1142 kJ/272 kcal
30 mg Cholesterin
13 g Fett
12 g Eiweiß
26 g Kohlenhydrate**

Paprikaschoten sind hervorragende Vitamin-C-Spender und enthalten reichlich Betakarotin, das im Körper bei Bedarf in Vitamin A umgewandelt wird.

Für 6 Portionen

1 kg rote Paprikaschoten
1 Zwiebel
2 Knoblauchzehen
1 kleine rote Pfefferschote
1 Bund Petersilie
2 Zweige Oregano
1 EL Sonnenblumenöl
Salz
6 große Scheiben Vollkornbrot
6 Salatblätter
300 g weicher Schafskäse
schwarzer Pfeffer aus der Mühle
2 EL gehackte Kürbiskerne

■ Paprikaschoten vierteln, von den Kernen befreien und mit der Schale nach oben auf ein Backblech legen. Auf die mittlere Schiene des kalten Backofens schieben und bei 220 °C (Umluft 200 °C, Gas Stufe 4) etwa 20 Minuten backen, bis die Haut große Blasen wirft.

■ Herausnehmen, mit zwei feuchten Küchentüchern bedecken und einige Minuten stehen lassen. Dann die Haut der Paprikaschoten abziehen.

■ Zwiebel und Knoblauchzehen abziehen. Pfefferschote halbieren, von den Kernen befreien und waschen. Kräuter waschen. Alle diese Zutaten zusammen mit den Paprikaschoten pürieren. Mit dem Öl mischen und mit Salz würzen.

■ Brote mit Salatblättern belegen. Püree darauf verteilen. Den Schafskäse zerkrümeln und Pfeffer und Kürbiskerne darüber streuen.

Paprikasalat

Für 4 Portionen

1 Bund Schnittlauch
je 1 rote, grüne und gelbe Paprikaschote
3 EL Essig
1 TL scharfer Senf
Salz
schwarzer Pfeffer
6 EL Öl

■ Schnittlauch waschen. Paprikaschoten vom Stielansatz und den Kernen befreien und waschen. Paprika in feine Ringe, Schnittlauch in feine Röllchen schneiden.
■ Essig, Senf, Salz, Pfeffer und Öl verrühren, über die Paprikaschoten und den Schnittlauch geben, mischen und zugedeckt 10 Minuten ziehen lassen.

Arbeitszeit etwa
30 Minuten
1 Portion enthält:
701 kJ / 167 kcal
0 mg Cholesterin
16 g Fett
2 g Eiweiß
4 g Kohlenhydrate

Auberginensalat mit Tomaten

Für 4 Portionen

1 kg Auberginen
10 Salbeiblättchen
$1/8$ l Olivenöl
Salz
1 unbehandelte Zitrone
1 Knoblauchzehe
$1/8$ l Instantgemüsebrühe
2 EL milder Rotweinessig
250 g Tomaten
schwarzer Pfeffer aus der Mühle

■ Die Auberginen waschen, abtrocknen, putzen und würfeln. Den Salbei in Streifen schneiden.

■ Beide Zutaten portionsweise im heißen Öl bei schwacher bis mittlerer Hitze etwa 10 Minuten braten, bis die Auberginen weich und leicht gebräunt sind. In eine Schüssel geben und mit Salz würzen.
■ Die Zitrone waschen, abtrocknen und die Schale abreiben. Den Saft auspressen. Die Knoblauchzehe abziehen und fein hacken. Alles mit der Gemüsebrühe in das Öl geben und einmal aufkochen. Den Essig untermischen. Sud über die Auberginen gießen.
■ Die Tomaten würfeln, mit den Auberginen mischen und mit Pfeffer würzen.

Gesamtzeit etwa
1 Stunde
1 Portion enthält:
1226 kJ / 292 kcal
0 mg Cholesterin
26 g Fett
4 g Eiweiß
10 g Kohlenhydrate

Tomaten und Paprikaschoten in einem der gut sortierten riesigen Supermärkte in den USA

*A*uberginentaschen

Arbeitszeit etwa	**Für 4 Portionen**
1 1/4 Stunden	3 lange, schlanke Auberginen (etwa 800 g)
1 Portion enthält:	1/8 l Öl
1718 kJ/409 kcal	125 g Mozzarella
18 mg Cholesterin	4 schwarze Oliven
33 g Fett	1 kleine Zwiebel
12 g Eiweiß	1 Knoblauchzehe
14 g Kohlenhydrate	2 TL getrockneter Oregano
	Salz
	weißer Pfeffer
	1 Packung Tomatenfruchtfleisch in Stücken (500 g)
	1 Prise Zucker
	Sambal Oelek
	1/2 Bund gemischte Kräuter

■ Die Auberginen waschen und der Länge nach in etwa 5 mm dicke Scheiben schneiden. Acht lange Scheiben zum Füllen beiseite legen, den Rest fein hacken. Die Scheiben auf einer Seite mit insgesamt 3 EL Öl bestreichen.

■ Für die Füllung den Mozzarella abtropfen lassen und in kleine Würfel schneiden. Die Oliven entsteinen und fein zerkleinern. Zwiebel und Knoblauchzehe abziehen und hacken. Alles mit 1 TL Oregano, Salz und Pfeffer mischen.

■ Jeweils zwei Auberginenscheiben kreuzweise übereinander legen. Die Füllung in die Mitte setzen, die

Auberginen zusammenklappen und mit Küchengarn verschnüren.

■ Das restliche Öl in einem Schmortopf erhitzen. Die Taschen darin bei schwacher Hitze rundherum etwa 5 Minuten anbraten und wieder herausnehmen.

■ Das gehackte Auberginenfleisch in der Pfanne etwa 2 Minuten anbraten. Tomaten, den restlichen Oregano, Zucker, Salz, Pfeffer und Sambal Oelek nach Geschmack untermischen und aufkochen.

■ Die Taschen in die Sauce legen, erneut aufkochen und zugedeckt bei schwacher Hitze 10 Minuten garen. Das Küchengarn entfernen. Kräuter fein hacken, über die Taschen streuen und servieren.

Dazu passt Reis oder Baguette und Salat. Früher waren Auberginen bitter, heute enthalten sie nur noch so viele Bitterstoffe, dass sie aromatisch schmecken.

Gebratene Auberginen

Für 4 Portionen

2 schlanke Auberginen (etwa 800 g)
8 EL Olivenöl
1 kg Tomaten
1 große Zwiebel
1 Knoblauchzehe
1 TL getrockneter Thymian
Salz
schwarzer Pfeffer aus der Mühle
1 Prise Zucker

■ Die Auberginen waschen, abtrocknen, von den Stielansätzen befreien und in Würfel schneiden. Portionsweise in insgesamt 4 EL Öl bei schwacher Hitze gerade eben weich braten.

■ Während die Auberginen braten, die Tomaten abziehen und würfeln. Dabei die Stielansätze entfernen. Die Zwiebel und die Knoblauchzehe abziehen, hacken und im restlichen Öl bei schwacher Hitze glasig braten.

■ Tomaten und Thymian zugeben und zugedeckt bei mittlerer, dann bei schwacher Hitze etwa 10 Minuten schmoren. Bei starker Hitze nach Belieben dick einkochen lassen.

■ Die gebratenen Auberginen untermischen. Mit Salz, frisch gemahlenem Pfeffer und Zucker abschmecken und lauwarm abkühlen lassen.

Arbeitszeit etwa 1 Stunde
1 Portion enthält:
1117 kJ/266 kcal
0 mg Cholesterin
21 g Fett
4 g Eiweiß
14 g Kohlenhydrate

Dazu passt Baguette oder Fladenbrot.

Sauerkrautsaft mit Apfel

Arbeitszeit etwa
10 Minuten

1 Portion enthält:
554 kJ/132 kcal
0 mg Cholesterin
1 g Fett
4 g Eiweiß
26 g Kohlenhydrate

Für 2 Portionen
1 Apfel
3/8 l Sauerkrautsaft
1 Zweig frischer Majoran
Salz
1 Prise Zucker
weißer Pfeffer aus der Mühle

■ Den Apfel vierteln, vom Kerngehäuse befreien und schälen. Mit dem Sauerkrautsaft im Mixer pürieren.

■ Einige Blättchen Majoran abzupfen, klein hacken und unter den Saft mischen. Mit Salz, Zucker und Pfeffer würzen.

Sauerkrautsalat mit Orangen

Arbeitszeit etwa
30 Minuten

1 Portion enthält:
1012 kJ/241 kcal
1 mg Cholesterin
13 g Fett
8 g Eiweiß
21 g Kohlenhydrate

Für 4 Portionen
500 g Sauerkraut
2 Orangen
1 Bund Schnittlauch
50 g Korinthen
100 g Dickmilch
1 EL milder Apfelessig
1 Prise gemahlener Kümmel
Salz
1/2 EL grüne Pfefferkörner
(frisch oder eingelegt)
1 EL Öl
75 g ungesalzene Pistazien

■ Das Sauerkraut abtropfen lassen und mit einer Gabel zerpflücken. Die Orangen schälen, filetieren und in Stücke schnei-

den; den Saft dabei auffangen. Den Schnittlauch waschen, trockentupfen und in feine Röllchen schneiden. Die Korinthen in etwas Wasser einweichen.

■ Für die Salatsauce die Dickmilch mit dem aufgefangenen Orangensaft, Apfelessig, Kümmel und Salz verrühren.

■ Das Sauerkraut mit den Orangenstücken, dem Schnittlauch, der Salatsauce, den Pfefferkörnern und den abgetropften Korinthen mischen und auf Portionstellern verteilen.

■ Das Öl in einer Pfanne erhitzen. Die Pistazien darin bei mittlerer Hitze unter ständigem Wenden rösten, bis sie zart duften, dann über dem Salat verteilen.

Sauerkrautsuppe mit Spätzle

Für 4 Portionen

100 g Mehl
Salz
3 Eier
bei Bedarf kaltes Wasser
1 EL Öl
1 große Zwiebel
500 g Sauerkraut
1 TL gemahlener Kümmel
1 l Gemüsebrühe
2 Lorbeerblätter
2 Gewürznelken
1 TL weiße Pfefferkörner
1 Bund Petersilie
schwarzer Pfeffer
200 g Crème fraîche
2–3 EL Apfel- oder anderer Obstessig

■ Mehl mit Salz und Eiern zu einem zäh-flüssigen, glatten Teig verrühren. Bei Bedarf tropfenweise kaltes Wasser dazu-geben. Den Teig zugedeckt etwa 30 Minu-ten ruhen lassen.

■ Öl erhitzen. Die Zwiebel abziehen, fein hacken und im Öl glasig dünsten. Sauerkraut, Kümmel, Brühe, Lorbeer-blätter, Nelken und Pfefferkörner zugeben, aufkochen und dann zuge-deckt bei schwacher Hitze 20 Minuten garen.

■ Inzwischen reichlich Wasser mit Salz aufkochen. Den Spätzleteig portions-weise durch einen Spätzlehobel drücken oder mit einem Messer vom Brett in das kochende Wasser schaben. Die Spätzle kochen, bis sie an die Oberfläche steigen, dann noch etwa 1 Mi-nute garen. Mit einem Schaum-löffel herausnehmen und in die Suppe geben.

■ Die Petersilie hacken. Crème fraîche unter die Suppe mischen, mit Essig, Salz und Pfeffer wür-zen und mit der gehackten Peter-silie bestreuen.

Arbeitszeit etwa
1 Stunde
1 Portion enthält:
1575 kJ/375 kcal
314 mg Cholesterin
24 g Fett
13 g Eiweiß
24 g Kohlenhydrate

Ein mit Weißkohl voll geladener Erntewagen im Elsass

Sauerkrautklöße

Arbeitszeit etwa
40 Minuten
1 Portion enthält:
836 kJ / 199 kcal
0 mg Cholesterin
0 g Fett
4 g Eiweiß
45 g Kohlenhydrate

Für 4 Portionen

1 Packung Kartoffelklöße halb und halb (für 1/2 l)

200 g Sauerkraut

1 Zwiebel

1 EL Semmelbrösel

2 EL gemischte TK-Kräuter

■ Den Kartoffelklößeteig nach der Packungsanweisung zubereiten und quellen lassen.

■ Inzwischen das Sauerkraut bei Bedarf abtropfen lassen und grob zerschneiden. Die Zwiebel abziehen und fein hacken.

■ Den Kartoffelklößeteig in eine Schüssel geben, mit Sauerkraut, Zwiebel, Semmelbröseln und Kräutern vermischen und acht Klöße formen.

■ Die Klöße in einen großen Topf mit reichlich kochendem Salzwasser geben, kräftig aufkochen und halb zugedeckt bei schwacher bis mittlerer Hitze 20 Minuten knapp unter dem Siedepunkt ziehen lassen.

Ananassauerkraut

Arbeitszeit etwa
15 Minuten
Gesamtzeit etwa
50 Minuten
1 Portion enthält:
554 kJ / 132 kcal
0 mg Cholesterin
4 g Fett
4 g Eiweiß
13 g Kohlenhydrate

*Das Ananassauer-
kraut schmeckt als
Beilage zu Wild und
zu Kartoffelpuffern.*

Für 4 Portionen

2 Schalotten

500 g Sauerkraut

1 EL Sesam- oder Maiskeimöl

Salz, schwarzer Pfeffer aus der Mühle

4 Wacholderbeeren

2 frische oder getrocknete Lorbeerblätter

1/8 l Prosecco oder trockener Weißwein

500 g frische Ananas

1 Bund Suppengrün

1 EL Petersilie

■ Die Schalotten abziehen und fein hacken. Das Sauerkraut abtropfen lassen und grob zerschneiden.

■ Öl erhitzen. Schalotten darin bei schwacher Hitze glasig braten. Sauerkraut, Salz, reichlich Pfeffer, Wacholderbeeren, Lorbeer, Prosecco oder Wein zugeben. Aufkochen und zugedeckt bei schwacher Hitze 30 Minuten garen.

■ Die Ananas in Scheiben schneiden, die Schale großzügig abschneiden und den Kern entfernen. Das Fruchtfleisch in Stücke schneiden. Das Suppengrün waschen, putzen und fein schneiden. Beide Zutaten unter das Kraut mischen.

■ Zugedeckt zunächst bei mittlerer, dann schwacher Hitze weitere 15 Minuten garen. Petersilie hacken, darüber streuen und noch einen Schuss Prosecco zufügen.

Thymianweißkohl

Für 4 Portionen

1 mittelgroßer Kopf Weißkohl (etwa 750 g)
150 g Schalotten
150 g Möhren
1 Stück Sellerie (100 g)
3 EL Olivenöl
50 g Mandelblättchen
1/2 Bund Thymian
1/2 l Gemüsebrühe
Salz
weißer Pfeffer aus der Mühle
Cayennepfeffer

■ Den Weißkohl achteln, waschen und den Strunk herausschneiden. Den Kohl in fingerbreite Streifen schneiden. Die Schalotten abziehen und vierteln. Die Möhren und den Sellerie schälen und in Würfel schneiden.

■ Öl erhitzen. Mandel- und Thymianblättchen darin anrösten. 2 EL beiseite stellen. Gemüse mit Brühe und Mandel-Thymian-Mischung in einen Topf geben und zugedeckt bei schwacher Hitze etwa 10 Minuten garen.

■ Das Gemüse mit Salz, Pfeffer und Cayennepfeffer abschmecken. Die restliche Mandel-Thymian-Mischung darüber streuen.

Arbeitszeit etwa
30 Minuten
1 Portion enthält:
999 kJ/238 kcal
0 mg Cholesterin
19 g Fett
6 g Eiweiß
12 g Kohlenhydrate

Thymianweißkohl passt zu Pellkartoffeln oder Semmelklößen und Tomatensauce. Er kann auch als Beilage zu Kalbs- oder Schweinekoteletts serviert werden.

Kohlrouladen mit Hafergrütze

Arbeitszeit etwa	**Für 6 Portionen**
1¹/₂ Stunden	4 EL Öl
Schmorzeit etwa	100 g Hafergrütze
30 Minuten	¹/₂ l Gemüsebrühe
1 Portion enthält:	600 g Tomaten
1121 kJ/267 kcal	1 Zwiebel
76 mg Cholesterin	je 1 Bund Schnittlauch und Petersilie
14 g Fett	150 g Magerquark
11 g Eiweiß	1 EL Sojasauce
22 g Kohlenhydrate	1 EL getrockneter Oregano
	1 Ei
	Salz, schwarzer Pfeffer
	1 Weißkohl (etwa 1 kg)
	100 g Crème fraîche

■ Für die Füllung der Rouladen 1 EL Öl erhitzen. Die Hafergrütze darin unter Rühren anrösten. Etwa ein Drittel der Brühe zugießen, die Grütze aufkochen und zugedeckt bei schwacher Hitze 15 Minuten garen. Weitere 15 Minuten auf der abgeschalteten Kochplatte zugedeckt quellen lassen.

■ Die Tomaten abziehen und in kleine Würfel schneiden, dabei die Stielansätze entfernen. Die Zwiebel abziehen und hacken. Den Schnittlauch fein zerkleinern. Die Petersilie hacken, die Hälfte davon zur Hafergrütze geben, den Rest zum

bis die äußeren Blätter so weich sind, dass man sie ablösen und aufrollen kann. Kohl herausnehmen, zwölf Blätter ablösen.

■ Den Weißkohlkopf wieder in das kochende Wasser geben und weitere 5 Minuten garen. Herausnehmen, abtropfen lassen, halbieren und die Strunkreste herausschneiden. Den Kohl fein zerkleinern und unter die Grütze mischen.

■ Die dicken Rippen der abgelösten Kohlblätter flach schneiden. Sechs größere Blätter nebeneinander auf der Arbeitsfläche ausbreiten und die anderen Kohlblätter darauf legen.

■ Die Haferfüllung auf den Kohlblättern verteilen, die Blätter an den Seiten einschlagen, wie Rouladen aufrollen und mit Küchengarn umwickeln.

■ 3 EL Öl erhitzen und die Kohlrouladen darin bei mittlerer Hitze rundherum anbraten. Die restliche Gemüsebrühe und die restlichen Tomaten dazugeben. Die Kohlrouladen zugedeckt bei schwacher Hitze etwa 30 Minuten schmoren.

■ Eine tiefe Platte und Teller vorwärmen. Die Rouladen auf der Platte warm halten. Die Crème fraîche in die Schmorflüssigkeit rühren und die Sauce bei starker Hitze cremig einkochen lassen.

■ Die Kohlrouladen mit der Sauce auf den Tellern anrichten und mit der restlichen Petersilie bestreuen.

Zu den Kohlrouladen passen Pellkartoffeln. Das Traditionsgericht mit Hackfleisch und Reis bereitet man genauso zu wie die vegetarische Variante. Saftig werden die Rouladen durch Tomaten und Crème fraîche, würzig durch Hafergrütze, Sojasauce und Kräuter.

Bestreuen der Rouladen auf einem Teller beiseite stellen.

■ Die Grütze mit einem Drittel der Tomaten sowie Quark, Sojasauce, Oregano, Ei, Salz und Pfeffer mischen.

■ 2 l Wasser zum Kochen bringen.

■ Den Weißkohl putzen, die welken äußeren Blätter entfernen und den Strunk herausschneiden. Den Kopf in sprudelnd kochendem Wasser 5–6 Minuten garen,

Wirsingsalat mit Nüssen

Arbeitszeit etwa	**Für 4 Portionen**
30 Minuten	1 Kopf Wirsing (etwa 750 g)
Ruhezeit 20 Minuten	1 Knoblauchzehe
1 Portion enthält:	1 Bund Petersilie
1315 kJ/313 kcal	100 g Haselnüsse
0 mg Cholesterin	1/8 l Wasser
26 g Fett	1 TL Gemüsebrüheextrakt
8 g Eiweiß	1 TL scharfer Senf
9 g Kohlenhydrate	3 EL Weißweinessig
	4 EL Öl
	Salz, schwarzer Pfeffer aus der Mühle

■ Den Wirsing putzen, waschen, vierteln und in feine Streifen schneiden. Die Knoblauchzehe abziehen, mit der Petersilie und den Nüssen hacken. Alle diese Zutaten in einer Schüssel mischen.

■ Wasser mit Gemüsebrüheextrakt aufkochen. Senf, Essig und Öl in die Brühe rühren. Sauce mit dem Wirsing mischen. Zugedeckt 20 Minuten ziehen lassen. Vor dem Servieren mit Salz und einer kräftigen Prise Pfeffer abschmecken.

Wirsingstrudel

Arbeitszeit etwa	**Für 6 Portionen**
1 1/2 Stunden	Teig:
Backzeit etwa	300 g Dinkelvollkornmehl
40 Minuten	Salz
1 Portion enthält:	8 EL Öl
3242 kJ/772 kcal	150 ml lauwarmes Wasser
79 mg Cholesterin	Füllung:
51 g Fett	1 Kopf Wirsing (etwa 1,2 kg)
20 g Eiweiß	200 g mehlig kochende Kartoffeln
54 g Kohlenhydrate	1 Bund Petersilie
	75 g Nüsse (Haselnüsse, Walnüsse, Erdnüsse, Cashewnüsse gemischt)
	1 Zwiebel
	1 Knoblauchzehe
	150 g geriebener Emmentaler
	200 g Schlagsahne
	1 TL gemahlener Koriander
	Salz
	weißer Pfeffer
	geriebene Muskatnuss
	Cayennepfeffer
	50 g Butter
	Mehl für die Arbeitsfläche
	2 EL Öl

■ Für den Teig alle Zutaten zuerst in einer Schüssel vermischen, dann auf der Arbeitsfläche zu einem glatten, elastischen Teig kneten.

■ Einen Topf mit heißem Wasser ausspülen. Den Teig zu einem Kloß formen, in Pergamentpapier wickeln und in den Topf legen. Darin zugedeckt ruhen lassen, bis die Füllung zubereitet ist.

■ Für die Füllung den Wirsing achteln und den Strunk herausschneiden. Kohlachtel waschen, abtrocknen und fein hobeln. Die Kartoffeln schälen, waschen und würfeln. Die Petersilie vorsichtig abspülen. Alle diese Zutaten und die

Markt im Herbst: Wirsing, Weißkohl und Rotkohl

Nüsse portionsweise im Blitzhacker fein zerkleinern.

■ Die Zwiebel und die Knoblauchzehe abziehen und hacken. Mit Käse, Sahne und den zerkleinerten Zutaten mischen. Die Füllung mit Koriander, je einer kräftigen Prise Salz, Pfeffer, Muskat und Cayennepfeffer würzen.

■ Eine flache ofenfeste Form mit der Hälfte der Butter fetten. Den Teig in drei Stücke schneiden. Auf wenig Mehl ausrollen und dann die Platten mit den Fingern vorsichtig so dünn wie möglich ausziehen.

■ Teigplatten mit Öl bestreichen und mit der Füllung belegen. Dabei rundherum am Rand etwa 2 cm frei lassen, damit die Füllung beim Aufrollen nicht herausquillt.

■ Die beiden Schmalseiten, dann die Längsseiten der Teigplatten über der Füllung falten. Die Strudel aufrollen und nebeneinander in die Form legen.

■ Auf die mittlere Schiene des kalten Backofens stellen und bei 200 °C (Umluft 180 °C, Gas Stufe 3) etwa 40 Minuten backen. Während des Backens die Strudel zwei- bis dreimal mit der restlichen Butter und der Flüssigkeit bestreichen, die sich am Boden der Form sammelt, damit sie braun und knusprig werden.

Wenn man den Strudel schneller zubereiten will, kann man für die Füllung 600 g TK-Rahmwirsing oder -grünkohl und 600 g TK-Vollkornblätterteig verwenden.

*G*efüllter Wirsing ✓

Gesamtzeit etwa	**Für 4 Portionen**	100 g saure Sahne
1¹/₂ Stunden	2 Köpfe Frühwirsing (etwa 1 kg)	Salz
1 Portion enthält:	3 Weizenbrötchen	Cayennepfeffer
1940 kJ/462 kcal	2 Zwiebeln	geriebene Muskatnuss
416 mg Cholesterin	1 Knoblauchzehe	200 g Crème fraîche
28 g Fett	1 großes Stück Zitronenschale	4 EL Gemüsebrühe
20 g Eiweiß	1 Bund Petersilie	2 EL Tomatenmark
31 g Kohlenhydrate	4 Eier	weißer Pfeffer

■ In einem großen Topf reichlich Wasser zum Kochen bringen. Die äußeren Blätter der Wirsingköpfe ablösen, in das sprudelnd kochende Wasser legen und zugedeckt bei mittlerer Hitze etwa 3 Minuten garen, bis sie sich mit einem spitzen Messer leicht einstechen lassen.

■ Abgießen und etwas abkühlen lassen. Die Blätter auseinander biegen und die Herzen herausschneiden. Die Wirsingköpfe in eine ofenfeste Form mit hohem Rand setzen.

■ Für die Füllung die Weizenbrötchen in lauwarmem Wasser einweichen und gut ausdrücken. Die Wirsingherzen, eine Zwiebel, den Knoblauch, die Zitronenschale und die Petersilie fein zerkleinern.

■ Alle Zutaten mit den Eiern und der sauren Sahne mischen. Die Füllung kräftig mit Salz, Cayennepfeffer und Muskatnuss würzen und zwischen die Wirsingblätter geben. Die Köpfe rundherum mit Küchengarn umbinden.

■ Die Crème fraîche mit der Gemüsebrühe und dem Tomatenmark verrühren und um die Wirsingköpfe verteilen. Kräftig mit Salz und Pfeffer würzen.

■ Die Form auf die untere Schiene des kalten Backofens stellen. Den Wirsing bei 200 °C (Umluft 180 °C, Gas Stufe 3) etwa 30 Minuten schmoren.

■ Zum Servieren wie einen Kuchen aufschneiden und auf heißen Tellern anrichten. Die Tomatensauce darauf verteilen.

Zur Abwechslung kann man 50 g Langkornreis mit ¹/₄ l Gemüsebrühe etwa 10 Minuten kochen. Dann 100 g Austernpilze zerkleinern, mit einer großen, gehackten Zwiebel rösten. 1 Bund Petersilie hacken, mit Reis, Pilzen, 1 Ei, 100 g geriebenem Bergkäse und 100 g Crème double mischen, würzen und in den vorbereiteten Kohl füllen.

Rosenkohlgratin

Für 4 Portionen

600 g Rosenkohl
¹/₈ l Gemüsebrühe
250 g geriebener Käse
1 EL Butter
geriebene Muskatnuss
schwarzer Pfeffer aus der Mühle

■ Den Rosenkohl putzen, waschen und in der Brühe 5 Minuten garen. Abgießen – dabei die Brühe auffangen – und den Rosenkohl in eine flache Gratinform geben.

■ Den Backofen auf 220 °C (Umluft 200 °C, Gas Stufe 4) vorheizen.

■ Die Brühe mit etwa 50 g Käse und der Butter zu einer dicken Sauce verrühren. Mit Muskatnuss und Pfeffer würzen und über den Rosenkohl geben.

■ Den restlichen Käse über das Gemüse streuen. Auf die mittlere Schiene des heißen Backofens schieben und etwa 15 Minuten gratinieren, bis der Käse geschmolzen und leicht gebräunt ist.

Arbeitszeit etwa
45 Minuten
1 Portion enthält:
1344 kJ/320 kcal
83 mg Cholesterin
23 g Fett
21 g Eiweiß
5 g Kohlenhydrate

Rosenkohl mit Ei

Arbeitszeit etwa	
30 Minuten	
1 Portion enthält:	
2323 kJ/553 kcal	
373 mg Cholesterin	
37 g Fett	
25 g Eiweiß	
28 g Kohlenhydrate	

Für 2 Portionen

$1/8$ l Gemüsebrühe

800 g Rosenkohl

2 Eier

1 Bund Petersilie

4 EL Olivenöl

1 EL Butter

50 g Semmelbrösel

1 unbehandelte Zitrone

geriebene Muskatnuss

Salz

weißer Pfeffer aus der Mühle

■ Die Gemüsebrühe im Topf zum Kochen bringen. Den Rosenkohl putzen, waschen und in die Brühe geben. Zugedeckt bei mittlerer, dann bei schwacher Hitze in 5–10 Minuten bissfest garen.

■ Inzwischen die Eier in etwa 8 Minuten hart kochen, abschrecken, schälen und hacken.

■ Die Petersilie waschen, trockentupfen und fein zerkleinern.

■ Öl und Butter in einer großen Pfanne erhitzen, Semmelbrösel darin bei mittlerer Hitze unter Rühren hellbraun rösten.

■ Die Zitrone waschen, abtrocknen und etwa $1/4$ TL Schale abreiben. Die Hälfte der Petersilie, eine kräftige Prise Muskatnuss und die Zitronenschale unter die Semmelbrösel mischen.

■ Den Rosenkohl in tiefen Tellern anrichten. Die restliche Petersilie, Eier und Semmelbrösel darüber verteilen. Mit etwas Salz und mit Pfeffer bestreuen und servieren.

Blumenkohlsalat in Kräutersauce

Für 4 Portionen

200 g Crème fraîche

2 EL Kräuteressig

1 TL Senf

Salz, weißer Pfeffer aus der Mühle

1 TL Öl

1 Blumenkohl (etwa 600 g)

2 Lauchzwiebeln

1 Knoblauchzehe

2 Hand voll frische Kräuter wie Kerbel, Schnittlauch, Dill und Zitronenmelisse

■ Für die Sauce Crème fraîche, Essig, Senf, Salz, Pfeffer und Öl vermischen.

■ Blumenkohl putzen, waschen, in Röschen und Strunk teilen und fein zerkleinern. Lauchzwiebeln putzen, waschen, trockentupfen und fein hacken. Knoblauch abziehen. Kräuter waschen und trockentupfen. Beides fein zerkleinern.

■ Diese Zutaten mit der Sauce vermischen. Den Salat zugedeckt bei Zimmertemperatur 15 Minuten ziehen lassen.

Arbeitszeit etwa

45 Minuten

1 Portion enthält:

832 kJ / 198 kcal

53 mg Cholesterin

17 g Fett

5 g Eiweiß

6 g Kohlenhydrate

Blumenkohlsuppe mit Petersilie

Für 4 Portionen

1 Blumenkohl (etwa 600 g)

1 kleine Zwiebel

1 EL Öl

1 TL Safranfäden

1 gestrichener EL Mehl

1/4 l Wasser

1 unbehandelte Zitrone

1/2 l Milch

125 g Schlagsahne

1 Eigelb

Salz, Cayennepfeffer

geriebene Muskatnuss

1/4 Bund Petersilie

■ Den Blumenkohl putzen, waschen und in Röschen, Strunk und Blätter teilen. Die Zwiebel abziehen und fein hacken.

■ Öl in einem Topf erhitzen. Safran und Mehl darin bei schwacher Hitze unter ständigem Rühren einige Sekunden rösten. Wasser langsam zugießen, aufkochen und rühren, bis die Suppe glatt ist.

■ Die Zitrone waschen und abtrocknen. Von der halben Zitrone die Schale abreiben und den Saft auspressen. Saft und alle Teile des Blumenkohls zur Suppe geben, aufkochen und zugedeckt bei schwacher Hitze 5–10 Minuten garen, bis der Blumenkohl eben bissfest ist.

■ Milch mit Sahne und Eigelb verquirlen, in die Suppe geben, unter Rühren erhitzen, aber nicht aufkochen. Mit Salz, Cayennepfeffer und Muskat würzen und in Tellern anrichten. Petersilie hacken und mit der Zitronenschale darüber streuen.

Arbeitszeit etwa

40 Minuten

1 Portion enthält:

1113 kJ / 265 kcal

152 mg Cholesterin

19 g Fett

9 g Eiweiß

13 g Kohlenhydrate

Kohlrabipiroggen

Arbeitszeit etwa
1¹/₂ Stunden

Backzeit etwa
1¹/₂ Stunden

1 Portion enthält:
3818 kJ / 909 kcal
280 mg Cholesterin
48 g Fett
35 g Eiweiß
79 g Kohlenhydrate

Piroggen sind kleine oder große unterschiedlich gefüllte Teigtaschen. Sie stammen aus der russischen Küche.

Für 6 Portionen

Teig:

500 g Weizenmehl Type 1050

1 Päckchen Hefe (42 g)

¹/₈ l lauwarmes Wasser

¹/₈ l Öl

1 Eigelb

Salz

Füllung:

1 kg Kohlrabi

150 g weicher Schafskäse

2 Bund Petersilie

2 Bund Schnittlauch

150 g geriebener Emmentaler
oder Bergkäse

3 EL Crème fraîche

2 Eier

4 EL Sesamsamen

Salz, 1 Prise Cayennepfeffer

geriebene Muskatnuss

Mehl zum Ausrollen

1 EL Schlagsahne

■ Für den Teig das Mehl in eine Schüssel geben und in die Mitte eine Mulde drücken. Die Hefe zerkrümeln, in die Mulde geben, mit 2 EL lauwarmem Wasser und etwas Mehl vom Rand mischen. Diesen Vorteig zugedeckt an einem warmen Ort 15 Minuten gehen lassen.

■ Das restliche lauwarme Wasser, Öl, Eigelb und Salz zugeben und alles vermischen. Den Teig kneten, bis er Blasen bildet. Zugedeckt bei Zimmertemperatur etwa 1 Stunde gehen lassen, bis sich das Teigvolumen verdoppelt hat.

■ Inzwischen für die Füllung die Kohlrabi schälen und raspeln. Den Schafskäse fein zerbröckeln. Petersilie und Schnittlauch waschen und fein schneiden.

■ Alle diese Zutaten mit Käse, Crème fraîche, einem Ei und den Sesamsamen mischen und mit Salz, Cayennepfeffer und Muskatnuss abschmecken.

■ Die Arbeitsfläche mit Mehl bestreuen. Den Teig noch einmal durchkneten und in 6 Portionen teilen. Jede zu einer runden, etwa messerrückendicken Platte ausrollen. Weitere 15 Minuten gehen lassen.

■ Das zweite Ei trennen. Das Eigelb mit Sahne verquirlen und zum Bestreichen der Piroggen beiseite stellen.

■ Jede Teigplatte jeweils zur Hälfte mit der Kohlrabifüllung belegen. Am Rand

einen etwa 1 cm breiten Streifen frei lassen und mit dem Eiweiß bestreichen. Die
Teigplatten zusammenklappen, die Ränder gut zusammendrücken und die Piroggen mit einem Zahnstocher mehrmals
einstechen.

■ Zwei Backbleche einfetten, die
Piroggen darauf legen und mit der
Eigelb-Sahne-Mischung bestreichen.

■ Das erste Blech Piroggen auf die

mittlere Schiene des kalten Backofens
schieben und bei 200 °C (Umluft 180 °C,
Gas Stufe 3) etwa 50 Minuten
backen. Das zweite Blech
etwa 40 Minuten
backen.

Grünkohlsuppe

Arbeitszeit etwa	**Für 4 Portionen**
30 Minuten	1 kg Grünkohl
1 Portion enthält:	1 große Zwiebel
735 kJ / 175 kcal	1 Knoblauchzehe
119 mg Cholesterin	1 EL Öl
11 g Fett	$^1/_4$ l Gemüsebrühe
12 g Eiweiß	$^3/_8$ l Milch
7 g Kohlenhydrate	1 Eigelb
	2 EL geriebener Emmentaler
	Salz
	Cayennepfeffer
	geriebene Muskatnuss

■ Grünkohlblätter vom Strunk streifen, waschen, trockenschwenken und grob hacken. Zwiebel und Knoblauchzehe abziehen und fein hacken.

■ Das Öl in einem Topf erhitzen. Zwiebel und Knoblauch darin bei schwacher Hitze glasig braten. Grünkohl und Brühe zugeben, aufkochen und bei schwacher Hitze 5 Minuten kochen lassen.

■ Milch, Eigelb und Käse verquirlen, in die Suppe geben und kräftig durchrühren. Mit Salz, Pfeffer und Muskat würzen.

Chinakohlsalat mit Weintrauben

Arbeitszeit etwa	**Für 4 Portionen**
30 Minuten	1 kleiner Chinakohl (etwa 300 g)
1 Portion enthält:	300 g kernlose Weintrauben
718 kJ / 171 kcal	2 EL Zitronensaft
0 mg Cholesterin	1 TL Honig
12 g Fett	1 Prise Salz, Cayennepfeffer
2 g Eiweiß	4 EL Erdnussöl
14 g Kohlenhydrate	1 EL Kürbiskerne

■ Den Chinakohl putzen, waschen, trocknen und in feine Streifen schneiden.

■ Die Trauben waschen, trockentupfen, abzupfen und halbieren.

■ Den Zitronensaft mit Honig, Salz, Cayennepfeffer und 3 EL Öl vermischen.

■ Das restliche Öl in einer Pfanne erhitzen. Kürbiskerne darin bei schwacher Hitze etwa 3 Minuten rösten. Dabei immer wieder umrühren.

■ Chinakohl, Trauben und Salatsauce mischen. Mit den Kürbiskernen bestreuen und anrichten.

Paksoisalat mit Möhren

Für 5 Portionen

750 g Paksoi

250 g kleine Zwiebeln

6 EL Olivenöl

Salz

1 Knoblauchzehe

1 unbehandelte Orange

$1/8$ l Instantgemüsebrühe

2 EL Weißweinessig

500 g Möhren

2 Bund Schnittlauch

schwarzer Pfeffer aus der Mühle

■ Die Paksoiblätter waschen, trockenschwenken und in Streifen schneiden.

■ Die Zwiebeln abziehen.

■ Das Öl erhitzen und die Zwiebeln portionsweise gerade eben weich braten.

Den Paksoi ebenfalls portionsweise im Bratöl bei mittlerer Hitze anbraten. Mit den Zwiebeln in eine tiefe Platte legen und mit Salz bestreuen.

■ Die Knoblauchzehe abziehen und zerdrücken. Die Orange waschen, abtrocknen, die Schale abreiben und den Saft auspressen. Mit dem Knoblauch und der Brühe in das Öl geben und einmal aufkochen. Den Essig untermischen und über Paksoi und Zwiebeln gießen. Zugedeckt 30 Minuten ziehen lassen.

■ Vor dem Servieren die Möhren schälen, waschen und raspeln, Schnittlauch in feine Röllchen schneiden. Beides auf das Gemüse geben. Mit reichlich Pfeffer bestreuen.

Arbeitszeit etwa
30 Minuten
Gesamtzeit etwa
1 Stunde
1 Portion enthält:
739 kJ / 176 kcal
0 mg Cholesterin
13 g Fett
5 g Eiweiß
10 g Kohlenhydrate

Paksoi auf dem Feld;
er stammt aus Asien.

Paksoi mit gewürztem Tofu

Für 3 Portionen

300 g Tofu

1 kleine grüne Pfefferschote

1 TL Safranfäden

$1/2$ EL Currypulver

2 EL Zitronensaft

4 EL Erdnussöl

750 g Paksoi

1 Zwiebel

1 Knoblauchzehe

Salz, weißer Pfeffer

2 EL Petersilien- oder Korianderblätter

■ Tofu abtropfen lassen und in kleine Würfel schneiden. Pfefferschote putzen, von Kernen befreien und hacken. Safran zerreiben. Alles in einer Schüssel mit Currypulver, Zitronensaft und 3 EL Öl vermischen und ziehen lassen.

■ Paksoiblätter waschen, trockenschwenken und in Streifen schneiden. Zwiebel und Knoblauchzehe abziehen und fein hacken.

■ Das restliche Öl in der Pfanne erhitzen. Zwiebel und Knoblauch darin bei mittlerer Hitze unter Rühren glasig braten. Paksoi zugeben und zugedeckt bei mittlerer Hitze 5 Minuten garen. Mit Salz und Pfeffer würzen und unter Rühren weitere 2–3 Minuten garen, bis er gerade eben weich ist. Zugedeckt warm halten.

■ Die Pfanne wieder erhitzen. Den Tofu mit der Marinade zufügen und bei mittlerer Hitze unter ständigem Rühren etwa 5 Minuten rösten, bis er leicht gebräunt ist. Auf dem Paksoi anrichten.

■ Petersilien- oder Korianderblätter fein hacken und darüber streuen.

Arbeitszeit etwa
45 Minuten
1 Portion enthält:
1075 kJ / 256 kcal
0 mg Cholesterin
18 g Fett
12 g Eiweiß
11 g Kohlenhydrate

Als Beilage eignet sich Couscous, Hirse oder Reis.
Das Gericht kann man statt mit Paksoi auch mit Mangold zubereiten.

Pastinakensalat mit Obst

Arbeitszeit etwa
45 Minuten
1 Portion enthält:
1121 kJ/267 kcal
10 mg Cholesterin
12 g Fett
5 g Eiweiß
34 g Kohlenhydrate

Zur Abwechslung kann man statt der Pastinaken Möhren und/oder Knollensellerie nehmen. Als Salatsauce eine Vinaigrette aus 2 EL Essig, 1 TL Senf, Salz, Pfeffer und 6 EL Olivenöl rühren. Mit fein gehackten Kräutern mischen.

Für 4 Portionen

60 ml Wasser
1 EL Anissamen
1 Aufgussbeutel Kräutertee
1 kleine unbehandelte Zitrone
1 EL scharfer Senf
1 TL Honig
1 EL ungesüßter Apfelsaft
2 EL Crème fraîche
1 EL Distelöl
Salz
weißer Pfeffer aus der Mühle
1 Orange
2 Trockenpflaumen
2 getrocknete Bananen
2 getrocknete Datteln
600 g Pastinaken
2 säuerliche Äpfel
50 g Cashewnüsse

■ Für die Salatsauce das Wasser kochen. Den Anissamen und den Teebeutel in eine Tasse geben, mit dem kochenden Wasser übergießen und zugedeckt 10 Minuten ziehen lassen.

■ Den Teebeutel entfernen und den Sud durch ein Sieb in eine Schüssel gießen. Die Zitrone waschen, abtrocknen, etwas Schale abreiben und den Saft auspressen. Den Sud mit Senf, Honig, Zitronensaft, Zitronenschale, Apfelsaft, Crème fraîche und Öl verrühren. Mit Salz und Pfeffer würzen.

■ Die Orange schälen und in Stücke schneiden. Die Trockenpflaumen vom Stein befreien. Die Bananen, die Datteln und die Pflaumen zerkleinern. Die Pastinaken wie Kartoffeln schälen und in dünne Scheiben schneiden. Die Äpfel schälen oder gründlich waschen, vierteln, vom Kerngehäuse befreien und grob raspeln.

■ Alle diese Zutaten in eine Schüssel geben und mit der Salatsauce mischen. Die Cashewnüsse grob zerkleinern und auf den Salat streuen.

Pastinakenpuffer mit Currykartoffeln

Für 4 Portionen

Pastinakenpuffer:

1 Vollkornbrötchen (etwa 40 g)

500 g Pastinaken

500 g Lauch (Porree)

75 g Weizenvollkornmehl

100 g Magerquark

1 Ei

Salz

Cayennepfeffer

etwa 6 EL Öl zum Braten

Currykartoffeln:

1 kg fest kochende Kartoffeln

1 Zwiebel, 1 Knoblauchzehe

1 grüne Pfefferschote

1 EL Erdnussöl

1 EL Currypulver

150 g Kokoscreme

1/8 l Wasser

1 TL Gemüsebrühe

1 großes Bund Schnittlauch

1 EL Gomasio oder gehackte Mandeln

■ Das Brötchen in einer Schüssel mit lauwarmem Wasser übergießen und ziehen lassen, bis es ganz weich ist.

■ Die Pastinaken schälen, waschen und fein raspeln. Den Lauch waschen und mit den grünen Blättern fein zerkleinern.

■ Das Brötchen gut ausdrücken und mit einer Gabel zerpflücken. Mit Gemüse, Mehl, Quark, Ei, Salz und Cayennepfeffer vermischen, bis der Teig wie Frikadellenteig gut bindet. Mit angefeuchteten Händen zwölf Puffer formen.

■ Das Öl erhitzen und die Puffer portionsweise darin auf jeder Seite etwa 5 Minuten braten. Herausnehmen und im Backofen bei 50 °C (Gas Stufe 1/2) warm halten. Teller vorwärmen.

■ Die Kartoffeln schälen, waschen und würfeln. Zwiebel und Knoblauchzehe abziehen und fein hacken. Die Pfefferschote halbieren, von allen Kernen befreien, waschen und in feine Streifen schneiden.

■ In einem Topf 1 EL Erdnussöl erhitzen. Kartoffeln, Zwiebel, Knoblauch und Pfefferschote darin bei mittlerer Hitze unter Rühren 2 Minuten braten. Das Currypulver untermischen. Kokoscreme, Wasser und Gemüsebrühe dazugeben, unter Rühren aufkochen und die Kartoffeln zugedeckt bei schwacher Hitze in etwa 15 Minuten weich garen.

■ Schnittlauch in feine Röllchen schneiden und unter die Kartoffeln mischen. Gomasio oder Mandeln darüber streuen. Mit den Puffern auf den Tellern anrichten.

Arbeitszeit etwa
1 Stunde
Kochzeit etwa
15 Minuten
1 Portion enthält:
2978 kJ/709 kcal
88 mg Cholesterin
44 g Fett
17 g Eiweiß
56 g Kohlenhydrate

Gomasio, eine Mischung aus geschälten Sesamsamen und Meersalz, ist in Asienläden, Reformhäusern und Naturkostläden erhältlich. Es hat einen feinen Nussgeschmack und passt zu allen Gerichten mit Gemüse, Kartoffeln und Getreide.

Steckrübensalat mit Orangen

Arbeitszeit etwa	**Für 4 Portionen**
45 Minuten	1 kleine Steckrübe (etwa 700 g)
1 Portion enthält:	1 Orange
1940 kJ/462 kcal	1 unbehandelte Orange
62 mg Cholesterin	100 g Walnüsse
36 g Fett	2 EL Zitronensaft
8 g Eiweiß	100 g Crème double
24 g Kohlenhydrate	200 g saure Sahne
	½ Päckchen TK-Salatkräuter
	Salz, weißer Pfeffer

■ Die Steckrübe schälen und fein raspeln. Die Orange schälen und in Stücke schneiden; den Saft dabei auffangen. Die unbehandelte Orange waschen und abtrocknen; etwa ein Viertel der Schale dünn abschneiden und fein hacken. Die Orange schälen und ebenfalls in Stücke schneiden. Die Nüsse grob hacken.

■ Steckrübe, Orangenstücke mit dem aufgefangenen Saft, Orangenschale und Nüsse in eine Schüssel geben. Zitronensaft, Crème double, saure Sahne und Kräuter hinzufügen. Alles mischen, mit wenig Salz und einer kräftigen Prise Pfeffer abschmecken und vor dem Servieren etwa 10 Minuten ziehen lassen.

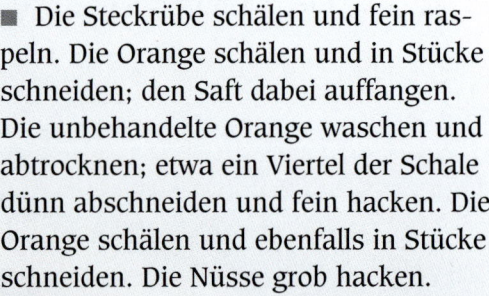

Steckrübe mit Kartoffelküchlein

Für 4 Portionen

800 g mehlig kochende Kartoffeln

100 g Mehl

1 kleines Ei

Salz, weißer Pfeffer

geriebene Muskatnuss

4 EL Öl

1 Steckrübe (etwa 1 kg)

1 große Zwiebel, 1 Knoblauchzehe

1 getrocknete rote Pfefferschote

1/8 l Gemüsebrühe

100 g Crème double

1 Eigelb

2 EL Schnittlauchröllchen

■ Kartoffeln waschen und in wenig Wasser bei mittlerer Hitze weich kochen. Abgießen, schälen, zerdrücken, abkühlen lassen und mit Mehl, Ei, Salz, je einer guten Prise Pfeffer und Muskat verkneten.

■ Aus dem Teig 12 flache Küchlein formen und portionsweise in 3 EL heißem Öl bei mittlerer bis schwacher Hitze etwa 10 Minuten braten, bis sich an der Unterseite eine Kruste bildet. Wenden und weitere 5 Minuten braten. Herausnehmen und im Backofen warm halten.

■ Die Steckrübe schälen, waschen und würfeln. Zwiebel und Knoblauchzehe abziehen und fein hacken. Pfefferschote von den Kernen befreien und fein zerkleinern.

■ 1 EL Öl in einem Topf erhitzen. Steckrübenwürfel, Zwiebel, Knoblauch und Pfefferschote darin bei mittlerer Hitze anbraten. Die Brühe zugießen, Rübenwürfel aufkochen und zugedeckt bei schwacher Hitze in etwa 7 Minuten bissfest garen. Mit Salz und Pfeffer würzen.

■ Die Rübenwürfel herausnehmen und im Backofen warm halten. Die Flüssigkeit im Topf lassen.

■ Crème double mit Eigelb verrühren, zur Garflüssigkeit in den Topf geben und zur Sauce aufschlagen. Mit Muskatnuss abschmecken und über die Rübenwürfel verteilen. Schnittlauch darüber streuen.

Arbeitszeit etwa
1 1/4 Stunden
1 Portion enthält:
2306 kJ/549 kcal
223 mg Cholesterin
25 g Fett
13 g Eiweiß
65 g Kohlenhydrate

Steckrüben sollte man immer kräftig würzen und beim Zubereiten nicht mit Öl oder Fett sparen. Sie waren wegen ihres hohen Gehalts an Traubenzucker früher wichtige Energiespender für die ärmere Bevölkerung. Heute schätzt man sie als kalorienarmes, aber vitamin- und mineralstoffreiches Wintergemüse.

Rübenkartoffelpuffer

Für 6 Portionen

2 Zwiebeln

2 Knoblauchzehen

1 Steckrübe (etwa 1 kg)

500 g mehlig kochende Kartoffeln, z. B. Aula, Datura oder Irmgard

Saft von 1 Zitrone

75 g Mehl

2 Eier

1 EL getrockneter Majoran

Salz

schwarzer Pfeffer

1 Prise Paprikapulver

etwa 8 EL Öl zum Backen

■ Zwiebeln und Knoblauchzehen abziehen und hacken. Steckrübe und Kartoffeln schälen, waschen und fein raspeln.

■ Alle Zutaten mit Zitronensaft, Mehl, Eiern, Majoran und je einer kräftigen Prise Salz, Pfeffer und Paprika mischen.

■ In einer Pfanne 2 EL Öl erhitzen. Pro Puffer 2 EL Teig hineingeben. Die Puffer bei mittlerer Hitze etwa 3 Minuten backen, bis sie sich vom Pfannenboden lösen lassen, wenden und auf der zweiten Seite weitere 3–4 Minuten braten. Im Backofen warm halten und den Rest des Teiges im restlichen Öl ebenso backen.

Arbeitszeit etwa
1 1/2 Stunden
1 Portion enthält:
1281 kJ/305 kcal
116 mg Cholesterin
16 g Fett
7 g Eiweiß
31 g Kohlenhydrate

Rote-Bete-Saft mit Sellerie

Arbeitszeit etwa	**Für 2 Portionen**
15 Minuten	2 kleine Selleriestangen
1 Portion enthält:	$^1/_4$ l Rote-Bete-Saft
475 kJ / 113 kcal	100 g Sahnejoghurt
19 mg Cholesterin	Salz
5 g Fett	weißer Pfeffer
4 g Eiweiß	1 Prise gemahlener Koriander
13 g Kohlenhydrate	3 Schnittlauchröhrchen

■ Selleriestangen putzen und waschen. Die Blätter abzupfen und zerkleinern.

■ Sellerie mit Rote-Bete-Saft und Joghurt im Mixer pürieren. Mit Salz, Pfeffer und Koriander würzen und in gekühlte Portionsgläser geben. Schnittlauch in feine Röllchen schneiden und mit den Sellerieblättern über den Saft streuen.

Carpaccio von Roten Beten

Arbeitszeit etwa	**Für 4 Portionen**
30 Minuten	1 EL Himbeeressig
Ruhezeit etwa	1 Tl. scharfer Senf
30 Minuten	Salz
1 Portion enthält:	3 EL Öl
500 kJ / 119 kcal	1 kleine Zwiebel
0 mg Cholesterin	100 g eingelegtes Essiggemüse, Tomatenpaprika oder Essiggurken
8 g Fett	1 kleines Bund Schnittlauch
2 g Eiweiß	500 g kleine Rote Beten
10 g Kohlenhydrate	schwarzer Pfeffer aus der Mühle

■ Für das Dressing Himbeeressig, Senf, Salz und 2 EL Öl verrühren. Die Zwiebel abziehen. Das eingelegte Gemüse und die Zwiebel fein hacken und mit der Sauce mischen.

■ Den Schnittlauch in feine Röllchen schneiden. Die Blätter der Roten Beten abschneiden, waschen und hacken. Mit dem Schnittlauch mischen.

■ Die Roten Beten waschen, schälen und auf dem Gurkenhobel in dünne Scheiben hobeln. Kranzförmig auf Tellern anrichten. Die Gemüsemischung darauf verteilen, Schnittlauch und Rote-Bete-Blätter darüber streuen.

■ Mit Pfeffer würzen und mit dem restlichen Öl beträufeln. 30 Minuten bei Zimmertemperatur ziehen lassen.

Rote-Bete-Salat

Für 4 Portionen

1 Aufgussbeutel Kräutertee

50 ml kochendes Wasser

1 kleine unbehandelte Zitrone

1 EL scharfer Senf

1 TL Honig

2 EL weißer Fruchtsaft

1 EL Crème double

Salz

schwarzer Pfeffer aus der Mühle

1 TL Öl

2 kleine Rote Beten

1 säuerlicher Apfel (Boskoop
oder Cox Orange)

1 Orange

je 2 getrocknete Bananen, Datteln
und Pflaumen

50 g Walnüsse

■ Den Teebeutel mit dem Wasser übergießen und zugedeckt 10 Minuten ziehen
lassen. Ausdrücken und wegwerfen; den
Tee in eine Schüssel gießen.

■ Die Zitrone waschen, abtrocknen, etwas Schale abreiben und den Saft auspressen. Tee mit Senf, Honig, Zitronenschale, Zitronensaft, Fruchtsaft, Crème
double, Salz, Pfeffer und Öl verrühren.

■ Die Roten Beten schälen und raspeln.
Den Apfel schälen, vierteln, vom Kerngehäuse befreien und ebenfalls raspeln.
Die Orange schälen und in Stücke schneiden. Die Bananen, die entkernten Datteln
und die entsteinten Pflaumen zerkleinern.

■ Alle diese Zutaten mit der Salatsauce
mischen. Die Nüsse grob hacken und
über den Salat streuen.

Arbeitszeit etwa
45 Minuten
1 Portion enthält:
1025 kJ/244 kcal
6 mg Cholesterin
12 g Fett
4 g Eiweiß
29 g Kohlenhydrate

Zu dem Salat passen
Vollkornbrötchen mit
Butter oder Frisch-
käse.
Das getrocknete und
frische Obst gibt dem
Salat seinen süß-
sauren Geschmack.

Schwarzwurzelsalat

Arbeitszeit etwa
30 Minuten
Kochzeit etwa
20 Minuten
1 Portion enthält:
1348 kJ/321 kcal
0 mg Cholesterin
20 g Fett
4 g Eiweiß
30 g Kohlenhydrate

Zur Abwechslung kann man statt der Ananas auch zwei frische Pfirsiche in den Salat geben.

Für 4 Portionen

750 g Schwarzwurzeln

1 frische Ananas

1 kleiner Kopfsalat

30 g Haselnüsse

Saft einer Zitrone

2 EL Zucker

Salz, schwarzer Pfeffer aus der Mühle

5 EL Öl

1 EL Obstessig

■ Die Schwarzwurzeln waschen, bis das ablaufende Wasser klar bleibt. 2 l Wasser in einem hohen Topf zum Kochen bringen. Schwarzwurzeln darin aufkochen und zugedeckt bei schwacher Hitze in etwa 20 Minuten bissfest garen. Schwarzwurzeln abgießen, abschrecken und wie Kartoffeln schälen. In etwa fingerlange Stücke schneiden.

■ Ananas schälen, in Scheiben schneiden, den harten Kern herauslösen. Scheiben in Stücke schneiden.

■ Salat waschen, die Blätter in Streifen schneiden. Zutaten in eine Schüssel geben. Nüsse ohne Fett in einer Pfanne rundherum kurz rösten. Zitronensaft, Zucker, Salz und Pfeffer verrühren und Öl zufügen. Alles vorsichtig mischen und mit Essig abschmecken.

Schwarzwurzeln in Currysauce

Für 6 Portionen

1,2 kg Schwarzwurzeln

2 Zwiebeln

1 Knoblauchzehe

1 kleine rote Pfefferschote

je 1 TL Senfkörner, Bockshornklee, gemahlene Kurkuma (Gelbwurz), gemahlener Kreuzkümmel (Kumin) und Koriander

1/2 TL Safranfäden

je 1/4 TL gemahlene Nelken, Zimt- und Ingwerpulver

2 unbehandelte Zitronen

2 EL Öl

50 g Mehl

1 EL Gemüsebrüheextrakt

1/4 l Milch

30 g Crème fraîche

2 Eier

Salz

1 Bund Petersilie

■ Die Schwarzwurzeln waschen, bis das ablaufende Wasser ganz klar bleibt, und in 2 1/2 l Wasser 20 Minuten garen. Dann abgießen, das Kochwasser auffangen und 1/2 l für die Sauce abmessen. Die Schwarzwurzeln abschrecken, schälen und in etwa 5 cm lange Stücke schneiden.

■ Die Zwiebeln und die Knoblauchzehe abziehen und hacken. Die Pfefferschote putzen, von den Kernen befreien, waschen und in Streifen schneiden.

■ Alle Gewürze mischen und in einem Mörser sehr fein zerkleinern. Eine Zitrone waschen, abtrocknen und etwa die Hälfte der Schale dünn abreiben. Beide Zitronen auspressen.

■ Das Öl in einem großen Topf erhitzen. Die gehackten Zwiebeln und die Knoblauchzehe, die Pfefferschote, die Gewürzmischung, das Mehl und die Schwarzwurzeln darin bei mittlerer Hitze unter Rühren etwa 3 Minuten braten. Das abgemessene Kochwasser langsam zugießen und unter Rühren aufkochen. Die Gemüsebrühe zugeben.

■ Die Milch mit der Crème fraîche, den Eiern und einigen Esslöffeln heißer Sauce verquirlen und unter Rühren zum Gemüse geben. Erhitzen, aber nicht aufkochen, und 5 Minuten ziehen lassen. Mit Salz abschmecken. Die Petersilie fein hacken und darüber streuen.

Arbeitszeit etwa
1 1/4 Stunden
1 Portion enthält:
727 kJ/173 kcal
126 mg Cholesterin
10 g Fett
8 g Eiweiß
10 g Kohlenhydrate

Frisch geerntete Schwarzwurzeln mit ihren grünen Blättern

Radieschensalat mit Käse

Arbeitszeit etwa
20 Minuten

1 Portion enthält:
1436 kJ/342 kcal
57 mg Cholesterin
26 g Fett
16 g Eiweiß
7 g Kohlenhydrate

Für 4 Portionen

4 Bund Radieschen

1 Zwiebel

2 EL milder Kräuteressig

4 EL Öl

Salz

1 TL Kräutersenf

1 Bund Dill

einige Borretsch- oder Pfefferminzblätter

200 g mittelalter Gouda

1 EL Sesamsamen

■ Von den Radieschen die Blätter abschneiden. Die zarten Blätter waschen, trockentupfen und klein hacken. Die Radieschen waschen und in Scheiben schneiden. Die Zwiebel abziehen und fein hacken. Mit Radieschen, Essig, Öl, Salz und Senf vermischen.

■ Die Kräuter fein hacken. Den Käse klein würfeln. Die gehackten Blätter und Kräuter, den Käse und die Sesamsamen über den Salat streuen.

Radieschenblättersuppe

Arbeitszeit etwa
30 Minuten

1 Portion enthält:
1277 kJ/304 kcal
79 mg Cholesterin
26 g Fett
6 g Eiweiß
11 g Kohlenhydrate

Gemüseblätter sind wichtige Magnesiumspender.

Für 4 Portionen

3 Bund Radieschenblätter

1 Zwiebel

1 EL Öl

2 TL Mehl

3/4 l Gemüsebrühe

300 g Crème fraîche

Salz

weißer Pfeffer

■ Die Radieschenblätter waschen und abtropfen lassen. Die Zwiebel abziehen, mit den Radieschenblättern in den Mixer geben und pürieren. Das Püree in ein Sieb geben und den Saft auffangen.

■ Das Öl in einem Topf erhitzen. Das Radieschen-Zwiebel-Püree darin unter Rühren etwa 2 Minuten andünsten. Das Mehl darüber streuen und kurz anrösten.

■ Den aufgefangenen Saft, die Gemüsebrühe und die Crème fraîche zugeben. Die Suppe unter Rühren aufkochen und bei schwacher Hitze 5 Minuten garen. Mit Salz und Pfeffer würzen.

Apfelrettichbrote

Für 4 Portionen

2 schwarze Rettiche oder 3 rote Rettiche

1 weißer Rettich

2 mittelgroße, nicht zu saure Äpfel

Salz, schwarzer Pfeffer aus der Mühle

1 Zitrone

4 EL Öl

¹/₂ Bund Petersilie

■ Die Rettiche dünn schälen, waschen und grob raspeln. Die Äpfel waschen, schälen und fein raspeln.

■ Beides in eine Schüssel geben, mit Salz und Pfeffer würzen. Die Zitrone auspressen. Den Saft und das Öl untermischen.

■ Petersilie hacken und darüber streuen. Den Apfelrettich auf Brote streichen.

Arbeitszeit etwa

20 Minuten

1 Portion enthält:

840 kJ/200 kcal

0 mg Cholesterin

13 g Fett

5 g Eiweiß

15 g Kohlenhydrate

Rettich-Ananas-Salat

Für 4 Portionen

4 EL Apfelsaft

1 EL Zitronensaft

2 EL Crème double

1 TL Honig

Salz

weißer Pfeffer aus der Mühle

2 EL Olivenöl

1 weißer Rettich

250 g frische Ananas

1 EL Erdnüsse

1 Bund Schnittlauch

■ Für das Dressing Apfelsaft, Zitronensaft, Crème double, Honig, wenig Salz, Pfeffer und Öl verrühren.

■ Den Rettich schälen und fein reiben. Die Ananas in Scheiben schneiden, die Schale großzügig abschneiden, den harten Kern entfernen und die Fruchtscheiben in Stücke schneiden. Alles mit der Salatsauce vermischen.

■ Die Erdnüsse und den Schnittlauch fein zerkleinern und beides über den Salat streuen.

Arbeitszeit etwa

20 Minuten

1 Portion enthält:

584 kJ/139 kcal

13 mg Cholesterin

11 g Fett

2 g Eiweiß

8 g Kohlenhydrate

Rettichgemüse mit Nüssen

Arbeitszeit etwa

20 Minuten

1 Portion enthält:

962 kJ/229 kcal

34 mg Cholesterin

20 g Fett

4 g Eiweiß

6 g Kohlenhydrate

Für 4 Portionen

2 schwarze Winterrettiche (je 400 g)

2 kleine Zwiebeln

1 EL Öl

Salz

weißer Pfeffer aus der Mühle

125 g Schlagsahne

50 g Nüsse

1/2 Bund Petersilie

Das Gemüse schmeckt zu Pellkartoffeln oder Eierkuchen.

■ Die Rettiche schälen, waschen und halbieren. Die Hälften zuerst in knapp fingerdicke Scheiben, dann in Stifte schneiden. Die Zwiebeln abziehen und fein hacken.

■ Das Öl erhitzen. Die Zwiebeln darin bei schwacher Hitze glasig dünsten. Die Rettichstifte zugeben und kurz mitbraten. Mit Salz und Pfeffer würzen. Die Sahne über die Rettiche gießen und einmal aufkochen. Das Gemüse zugedeckt bei schwacher Hitze etwa 5 Minuten garen, bis die Rettiche gerade eben bissfest sind.

■ Nüsse und Petersilie hacken. Das Gemüse damit mischen und servieren.

Bayerischer Meerrettich

Für 4 Portionen

2 Weizenbrötchen vom Vortag
$^1/_8$ l Milch
1 Bund Petersilie
1 große Stange Meerrettich
2 EL Zitronensaft
1 säuerlicher Apfel
30 g Butter
1 EL Vollkornmehl
$^1/_4$ l Gemüsebrühe
50 ml Schlagsahne
$^1/_4$ TL Zucker
Salz

■ Die Brötchen in dünne Scheiben schneiden und mit der heißen Milch übergießen.

■ Petersilie waschen, trockentupfen und fein hacken. Die Meerrettichstange schälen, waschen und fein reiben. Mit dem Zitronensaft vermischen, damit sie sich nicht verfärbt.

■ Den Apfel vierteln, schälen, vom Kerngehäuse befreien und fein reiben. Mit dem Meerrettich mischen.

■ Die Butter in einem Topf erhitzen. Mehl und Brötchen zugeben und bei mittlerer Hitze unter Rühren etwa 1 Minute schmoren. Die Brühe unterrühren, aufkochen und zugedeckt bei schwacher Hitze 5 Minuten garen.

■ Die Meerrettich-Apfel-Mischung, Sahne, Zucker und Petersilie untermischen. Mit Salz abschmecken.

*Arbeitszeit etwa
50 Minuten
1 Portion enthält:
1025 kJ/244 kcal
35 mg Cholesterin
12 g Fett
6 g Eiweiß
29 g Kohlenhydrate*

Diese bayerische Spezialität passt gut zu Pellkartoffeln, Bratkartoffeln oder Kartoffelrösti.

Marinierte Kartoffeln mit Koriander

Arbeitszeit etwa
40 Minuten
Ruhezeit etwa
30 Minuten
1 Portion enthält:
428 kJ/102 kcal
0 mg Cholesterin
3 g Fett
3 g Eiweiß
16 g Kohlenhydrate

Die marinierten Kartoffeln kann man auf einer Vorspeisenplatte mit Tomatensalat, Weinblättern mit Bulgur und eingelegten Pilzen servieren.

Für 4 Portionen

500 g fest kochende Kartoffeln
1/8 l Wasser
1 gehäufter TL Instantgemüsebrühe
1 kleine rote Pfefferschote
2 Korianderkörner
6 schwarze Oliven
1 Lauchzwiebel
1 unbehandelte Zitrone
1 Hand voll Koriander- oder Petersilienblätter
Salz

■ Die Kartoffeln schälen, waschen und würfeln. Mit dem Wasser aufkochen. Die Gemüsebrühe, die unzerkleinerte Pfefferschote und die Korianderkörner zugeben.

Die Kartoffeln zugedeckt bei schwacher Hitze in etwa 10 Minuten weich kochen.
■ Inzwischen die Oliven halbieren und entsteinen. Die Lauchzwiebel putzen, waschen und mit allen saftigen grünen Blättern in dünne Ringe schneiden. Von der Zitrone eine etwa 5 mm dicke Scheibe abschneiden und in kleine Stücke schneiden. Koriander- oder Petersilienblätter waschen und trockentupfen. Mit einem Messer grob zerkleinern.
■ Die Kartoffeln in der Brühe lauwarm abkühlen lassen. Oliven, Zwiebel, Zitronenstückchen, Koriander oder Petersilie und etwas Salz untermischen und zugedeckt 30 Minuten ziehen lassen.

Kartoffelsalat mit dicken Bohnen

Arbeitszeit etwa
45 Minuten
1 Portion enthält:
2066 kJ/492 kcal
9 mg Cholesterin
27 g Fett
14 g Eiweiß
45 g Kohlenhydrate

Für 4 Portionen

1 kg fest kochende Kartoffeln
1 TK-Packung dicke Bohnen (300 g)
1/4 l Wasser
1 EL Instantgemüsebrühe
4 EL milder Essig
1 EL körniger Senf
Salz, weißer Pfeffer
4 EL Öl
1 Zwiebel
1 Knoblauchzehe
1 Bund Bohnenkraut
100 g saure Sahne
75 g Walnüsse
1/2 Kästchen Gartenkresse

■ Die Kartoffeln waschen und in wenig Wasser weich garen. Dicke Bohnen mit Wasser und Gemüsebrühe in etwa 20 Minuten gerade eben weich garen. Mit Essig, Senf, Salz, Pfeffer und Öl verrühren.
■ Zwiebel und Knoblauchzehe abziehen und hacken. Kartoffeln schälen, würfeln, mit Bohnen, Zwiebel und Knoblauch mischen und lauwarm abkühlen lassen.
■ Bohnenkraut waschen, trockentupfen und fein hacken. Salat auf Tellern verteilen und mit Bohnenkraut bestreuen. Etwas saure Sahne auf jede Portion setzen. Nüsse hacken, Kresseblättchen abschneiden und beides darüber streuen.

Kartoffelsuppe mit Gemüse

Für 4 Portionen

300 g mehlig kochende Kartoffeln

1 kleine Zwiebel

1 TL Butter

1 TL getrockneter Majoran

$1/2$ l Gemüsebrühe

1 Stück Knollensellerie (etwa 150 g)

2 kleine Möhren

1 Lauchzwiebel

1 EL Öl

$1/8$ l Milch

50 g Schlagsahne

$1/4$ TL gemahlener Kümmel

Salz

weißer Pfeffer aus der Mühle

■ Die Kartoffeln schälen, waschen und würfeln. Die Zwiebel abziehen und fein hacken. Beide Zutaten in der heißen Butter bei mittlerer Hitze unter Rühren anbraten.

■ Majoran und Brühe zugeben, aufkochen und die Suppe zugedeckt etwa 15 Minuten garen, bis die Kartoffeln weich sind.

■ Inzwischen den Sellerie und die Möhren schälen, waschen und sehr klein würfeln. Die Lauchzwiebel putzen, waschen und in etwa 5 mm breite Ringe schneiden.

■ Das Öl in einer Pfanne erhitzen. Gemüsewürfel und Zwiebelringe darin bei mittlerer, dann bei schwacher Hitze unter häufigem Wenden braten, bis das Gemüse bissfest ist.

■ Die Kartoffeln in der Brühe pürieren. Milch und Sahne zugießen und die Suppe bis knapp unter den Siedepunkt erhitzen, aber nicht mehr aufkochen. Mit Kümmel, Salz und Pfeffer abschmecken und in heißen Tellern verteilen. Das gebratene Gemüse darauf anrichten.

Arbeitszeit etwa
35 Minuten
1 Portion enthält:
701 kJ/167 kcal
21 mg Cholesterin
10 g Fett
4 g Eiweiß
15 g Kohlenhydrate

Zur Abwechslung:
Brotwürfel mit dem
Gemüse braten;
die Sahne durch
1 Eigelb ersetzen;
das Gemüse weg-
lassen und/oder
die Suppe mit gehack-
ten Kräutern und
geriebenem Käse
bestreuen.

Sahnekartoffeln mit Tomaten

Arbeitszeit etwa	**Für 4 Portionen**
45 Minuten	600 g fest kochende Kartoffeln
1 Portion enthält:	1 Zwiebel
928 kJ/221 kcal	1/2 Bund Majoran
26 mg Cholesterin	2 EL Öl
13 g Fett	etwa 1/8 l Wasser
4 g Eiweiß	3 mittelgroße Tomaten
22 g Kohlenhydrate	100 g Crème fraîche
	Salz, schwarzer Pfeffer aus der Mühle

Dazu passt Salat oder Gemüseplätzchen (Seite 31).

■ Die Kartoffeln schälen, waschen und in Würfel schneiden.

■ Die Zwiebel abziehen und hacken, die Majoranblätter abzupfen und fein zerkleinern.

■ Das Öl in einem Topf erhitzen. Kartoffeln, Zwiebel und Majoran darin bei mittlerer Hitze unter Rühren anbraten. Wasser zugeben, aufkochen und zugedeckt bei schwacher Hitze etwa 15 Minuten garen, bis die Kartoffeln weich sind.

■ Die Tomaten abziehen und würfeln. Mit Crème fraîche, Salz und Pfeffer unter die Kartoffeln mischen und etwa 3 Minuten kräftig kochen lassen, bis die Tomaten heiß sind.

Stampfkartoffeln mit Möhren

Für 4 Portionen

1 kg mehlig kochende Kartoffeln

500 g Möhren

$^1/_8$ l Wasser

Salz

1 kleine Zwiebel

100 g Butter

50 g Semmelbrösel

$^1/_2$ Bund Petersilie

$^3/_8$ l Milch

■ Die Kartoffeln und die Möhren schälen, waschen und würfeln. Im Wasser mit Salz aufkochen und bei schwacher Hitze in etwa 15 Minuten weich kochen.

■ Inzwischen die Zwiebel abziehen und hacken. 1 EL Butter erhitzen und Zwiebel darin bei schwacher Hitze glasig braten. Die Semmelbrösel zugeben und bei mittlerer Hitze goldgelb rösten. Die Petersilie waschen, trockentupfen und fein hacken.

■ Kartoffeln und Möhren mit dem Kochwasser zerdrücken. Die Milch untermischen. Die Kartoffeln umrühren und kurz erhitzen. Die Petersilie mit der restlichen Butter darüber verteilen.

Arbeitszeit etwa
45 Minuten
1 Portion enthält:
1953 kJ/465 kcal
71 mg Cholesterin
25 g Fett
10 g Eiweiß
49 g Kohlenhydrate

Zur Abwechslung kann man Buttermilch statt Milch und Lauchzwiebeln statt der Zwiebel nehmen.

Kartoffelgulasch mit Lauch

Für 2 Portionen

500 g fest kochende Kartoffeln

300 g dünne Lauchstangen

1 EL Öl

$^1/_8$ l Wasser

$^1/_4$ l Milch

Salz

schwarzer Pfeffer

1 TL getrockneter Thymian

100 g Schlagsahne

50 g geriebener Emmentaler

$^1/_2$ Bund Petersilie

■ Kartoffeln schälen, waschen und würfeln. Lauch putzen, waschen und mit den grünen Blättern fingerbreit schneiden.

■ Öl in einem Topf erhitzen. Kartoffeln und Lauch darin unter Rühren bei starker Hitze anbraten. Wasser, Milch, Salz, Pfeffer und Thymian zugeben, aufkochen und zugedeckt bei schwacher Hitze etwa 15 Minuten garen, bis die Kartoffeln weich sind. Sahne und Käse untermischen. Petersilie waschen, trockentupfen, fein hacken und darüber streuen.

Arbeitszeit etwa
35 Minuten
1 Portion enthält:
2318 kJ/552 kcal
92 mg Cholesterin
33 g Fett
19 g Eiweiß
42 g Kohlenhydrate

Dazu passt Tomatensalat.

Buntes Kartoffelgemüse mit Eiern

Arbeitszeit etwa
45 Minuten

1 Portion enthält:
1533 kJ/365 kcal
375 mg Cholesterin
18 g Fett
18 g Eiweiß
32 g Kohlenhydrate

Für 4 Portionen

600 g Kartoffeln
1 große Zwiebel
2 Knoblauchzehen
1 EL Olivenöl
1/4 l Gemüsebrühe
200 g Champignons
2 EL Zitronensaft
1 Packung TK-Erbsen (300 g)
100 g Crème fraîche
Salz
weißer Pfeffer aus der Mühle
1 Prise gemahlener Koriander
4 Eier
2 kleine Möhren
1/2 Bund Majoran oder Petersilie

■ Die Kartoffeln schälen, waschen und würfeln. Die Zwiebel und die Knoblauchzehen abziehen, hacken und im heißen Öl bei mittlerer Hitze glasig braten. Kartoffeln und Brühe zugeben, aufkochen und zugedeckt bei schwacher Hitze 15 Minuten garen.

■ Inzwischen die Champignons putzen, waschen und in dünne Scheiben schneiden. Mit dem Zitronensaft, den gefrorenen Erbsen und der Crème fraîche unter die Kartoffeln mischen. Mit Salz, Pfeffer und Koriander würzen, erneut aufkochen und zugedeckt bei schwacher Hitze weitere 5 Minuten garen.

■ Die Eier in etwa 5 Minuten halb weich kochen, dann abschrecken und schälen.

■ Die Möhren schälen, waschen und raspeln. Den Majoran oder die Petersilie waschen, trockentupfen und fein hacken.

■ Teller vorwärmen. Das Kartoffelgemüse darauf verteilen und mit Möhren und Majoran oder Petersilie bestreuen. Die Eier halbieren, daneben anrichten und mit Salz und Pfeffer würzen.

Kartoffeln mit Zwiebelsauce

Für 4 Portionen

1 kg fest kochende Kartoffeln
1 große Gemüsezwiebel
50 g Butter
5 EL Olivenöl
100 ml trockener Weißwein
200 g Crème fraîche
1 EL scharfer Kräutersenf
1 TL Fenchelsamen
1/2 TL getrockneter Majoran
Salz
schwarzer Pfeffer aus der Mühle
1/2 Bund Petersilie

■ Die Kartoffeln waschen und in wenig Wasser weich kochen (je nach Größe der Kartoffeln 20–40 Minuten).

■ Inzwischen Zwiebel abziehen, halbieren und in feine Ringe schneiden. 1 EL Butter und 2 EL Öl erhitzen. Die Zwiebelringe darin bei schwacher bis mittlerer Hitze in etwa 5 Minuten glasig braten.

■ Den Wein zugießen und bei starker Hitze dick einkochen. Dann die Crème fraîche, den Senf, die Fenchelsamen und den Majoran zugeben und etwa 3 Minuten kochen lassen, bis die Sauce dickflüssig ist. Mit Salz und Pfeffer würzen.

■ Teller vorwärmen. Die Petersilie fein hacken. Die Kartoffeln abgießen, etwas ausdampfen lassen, halbieren und auf den Tellern anrichten. Die Zwiebelsauce darüber verteilen. Mit der Petersilie bestreuen.

Arbeitszeit etwa
45 Minuten
1 Portion enthält:
2226 kJ/530 kcal
83 mg Cholesterin
39 g Fett
7 g Eiweiß
38 g Kohlenhydrate

Kartoffeln aus biologischem Anbau werden in Körbe verlesen.

Kartoffeln mit Käsekohlrabi

Für 4 Portionen

4 große Kartoffeln (etwa 800 g)
3 Kohlrabi mit Grün
1 Schalotte
200 g Gorgonzola
1/2 EL Öl
400 g Schlagsahne
weißer Pfeffer aus der Mühle
Salz
1 EL Schnittlauchröllchen

■ Die Kartoffeln waschen und mit der Schale in wenig Wasser 30 Minuten kochen. Herausnehmen, in eine Gratinform legen und auf die mittlere Schiene des kalten Backofens schieben. Bei 220 °C (Umluft 200 °C, Gas Stufe 4) etwa 30 Minuten backen, bis sie weich sind.

■ Inzwischen das zarte Kohlrabigrün abschneiden und hacken. Die Kohlrabi schälen und in Stifte schneiden. Die Schalotte fein hacken. Den Gorgonzola von der Rinde befreien und klein würfeln.

■ Das Öl in einem weiten Topf erhitzen. Die Schalotte darin bei schwacher Hitze unter Rühren glasig braten. Die Kohlrabistifte zugeben und bei mittlerer Hitze etwa 5 Minuten schmoren.

■ Die Sahne zugießen und heiß werden lassen, aber nicht aufkochen. Dabei den Käse bei schwacher bis mittlerer Hitze unter Rühren auflösen. Das Gemüse mit Pfeffer und Salz abschmecken und mit dem Kohlrabigrün bestreuen.

■ Die Kartoffeln auf heiße Teller legen und halbieren. Das Gemüse daneben anrichten und Schnittlauch darüber streuen.

Arbeitszeit etwa
45 Minuten
Back- und Kochzeit
etwa 1 Stunde
1 Portion enthält:
2772 kJ/660 kcal
160 mg Cholesterin
49 g Fett
18 g Eiweiß
33 g Kohlenhydrate

Zu diesem Gericht passt Tomatensalat oder gemischter Salat.

*K*artoffelklöße mit Gemüse

Arbeitszeit etwa	Für 6 Portionen	2 große Zwiebeln
1½ Stunden	Klöße:	3 Zweige frischer Rosmarin
1 Portion enthält:	1 kg mehlig kochende Kartoffeln	3 EL Olivenöl
2407 kJ/573 kcal	250 g Kartoffelstärke	250 g rote Linsen
16 mg Cholesterin	Salz	400 ml Gemüsebrühe
15 g Fett	2 Weizenbrötchen	2 EL Crème double
17 g Eiweiß	2 EL Öl	Salz
90 g Kohlenhydrate	³/₈ l Milch	schwarzer Pfeffer aus der Mühle
	Gemüse:	Cayennepfeffer
	500 g Tomaten	1 Prise Zucker

über die Kartoffeln gießen. Alles mit den Händen zu einem glatten Teig verkneten, der nicht an den Fingern kleben sollte. Gegebenenfalls noch etwas Kartoffelstärke untermischen.

■ Die Hände immer wieder mit Kartoffelstärke bestauben und aus dem Teig 12 Klöße formen. Jeden Kloß mit gerösteten Brötchenwürfeln füllen.

■ Reichlich Salzwasser zum Kochen bringen. Die Klöße darin einmal aufkochen und 20 Minuten gar ziehen lassen. Dabei den Deckel des Topfes nicht ganz schließen.

■ Für das Gemüse die Tomaten abziehen und achteln. Dabei die Stielansätze entfernen. Die Zwiebeln abziehen und grob hacken. Den Rosmarin waschen, die Blättchen von den harten Stielen zupfen und fein hacken.

■ Öl und Rosmarin in einem Topf erhitzen. Die Zwiebeln darin bei schwacher Hitze glasig braten. Tomaten und Linsen zugeben und einige Sekunden braten.

■ Die Brühe zugießen, aufkochen und das Gemüse zugedeckt bei mittlerer, dann bei schwacher Hitze 10–15 Minuten kochen, bis die Linsen gerade eben bissfest sind.

■ Crème double untermischen und das Gemüse mit Salz, Pfeffer, Cayennepfeffer und Zucker abschmecken.

■ Die Klöße aus dem Topf nehmen, gut abtropfen lassen und zum Gemüse servieren.

Die Klöße gelingen nur mit frisch gekochten Kartoffeln, die heiß zerdrückt werden. Pellkartoffeln vom Vortag eignen sich nicht. Wenn man es eilig hat, kann man einen TK-Kloßteig für rohe Klöße nehmen. Die Klöße können auch mit Kartoffelmehl aus der Tüte zubereitet werden. Fertige Klöße im Kochbeutel sind ebenfalls erhältlich.

■ Für die Klöße die Kartoffeln waschen und ungeschält in wenig Wasser weich kochen. Abgießen, abschrecken, schälen und zweimal durch die Kartoffelpresse drücken.

■ Das Kartoffelpüree in eine Schüssel geben. Mit der Kartoffelstärke und einer kräftigen Prise Salz locker vermischen; es soll eine bröcklige Masse entstehen.

■ Die Brötchen würfeln und im heißen Öl bei mittlerer Hitze unter häufigem Wenden goldbraun braten.

■ Die Milch zum Kochen bringen und

Kartoffelpfanne

Arbeitszeit etwa
40 Minuten
1 Portion enthält:
2129 kJ/507 kcal
320 mg Cholesterin
33 g Fett
26 g Eiweiß
25 g Kohlenhydrate

Für 4 Portionen

200 g TK-Erbsen
500 g fest kochende Kartoffeln
200 g Lauch (Porree)
5 EL Öl
200 g Schafskäse
400 g Tomaten
3 Zweige Petersilie
5 Eier
1–2 EL Mineralwasser
Salz
schwarzer Pfeffer aus der Mühle
Cayennepfeffer

■ Die Erbsen auftauen lassen.
■ Die Kartoffeln schälen, waschen, auf dem Gurkenhobel in dünne Scheiben hobeln und mit Küchenkrepp trockentupfen. Den Lauch waschen und mit den saftigen grünen Blättern in etwa 2 cm breite Ringe schneiden.

■ Das Öl in einer sehr großen Pfanne erhitzen. Das Gemüse darin etwa 10 Minuten weich braten.
■ Inzwischen den Schafskäse abtropfen lassen und in kleine Würfel schneiden. Die Tomaten waschen, abtrocknen und in Scheiben schneiden; dabei vom Stielansatz befreien.
■ Die Hälfte der Käsewürfel in die Pfanne geben und unter das Gemüse mischen. Die restlichen Käsewürfel und die Tomatenscheiben auf das Gemüse geben.
■ Die Petersilie klein hacken. Eier, Mineralwasser, Salz, Pfeffer, Cayennepfeffer und Petersilie mit einer Gabel verquirlen und über das Gemüse gießen. Bei schwacher Hitze braten, bis die Eier an der Unterseite gestockt sind. Wenden und weitere 5 Minuten braten. Wie eine Torte in Stücke teilen.

Kartoffelschmarren mit Chicorée

Für 4 Portionen

Schmarren:

800 g mehlig kochende Kartoffeln

150 g Mehl

1 Eigelb

Salz, weißer Pfeffer

geriebene Muskatnuss

3 EL Öl zum Backen

Gemüse:

4 Chicoréestauden

1 Zwiebel

1/2 Bund Petersilie

1 EL Butter

Saft von 1 kleinen Zitrone

1 EL scharfer Senf

150 g Crème fraîche

Salz, weißer Pfeffer

■ Für den Schmarren die Kartoffeln ungeschält garen. Abgießen, abschrecken, schälen und zweimal durch die Kartoffelpresse geben oder mit einer Gabel ganz fein zerdrücken. Mit Mehl, Eigelb, Salz, Pfeffer und Muskat verkneten.

■ Öl in einer großen Pfanne erhitzen. Teig darin glatt streichen, etwas fest drücken und zugedeckt bei schwacher Hitze etwa 10 Minuten backen, bis er an der Unterseite fest ist. Mit zwei Gabeln in Stücke teilen und bei mittlerer bis starker Hitze unter häufigem Wenden in etwa 10 Minuten goldbraun und knusprig braten.

■ Den Chicorée putzen, der Länge nach halbieren und den Strunk herausschneiden. Zwiebel abziehen und mit der Petersilie fein zerkleinern.

■ Die Butter in einem Topf schmelzen. Die Zwiebel darin bei schwacher Hitze glasig braten. Den Chicorée zugeben und rundherum anbraten.

■ Zitronensaft, Senf und Crème fraîche verrühren und zugeben. Das Gemüse einmal aufkochen und zugedeckt bei schwacher Hitze in etwa 4 Minuten gerade eben weich garen. Mit Salz und Pfeffer abschmecken.

■ Schmarren und Gemüse auf heißen Tellern anrichten, mit der Petersilie bestreuen und servieren.

Arbeitszeit etwa
30 Minuten
Gesamtzeit etwa
1 Stunde
1 Portion enthält:
2155 kJ/513 kcal
155 mg Cholesterin
26 g Fett
11 g Eiweiß
57 g Kohlenhydrate

Kartoffeln auf dem Viktualienmarkt, der im Herzen Münchens zu allen Jahreszeiten täglich stattfindet

Kartoffelpuffer mit Sellerie und Äpfeln

√

Arbeitszeit etwa
50 Minuten
Gesamtzeit etwa
1¹/₂ Stunden
1 Portion enthält:
1764 kJ/420 kcal
98 mg Cholesterin
21 g Fett
8 g Eiweiß
48 g Kohlenhydrate

Für 4 Portionen

Puffer:

750 g mehlig kochende Kartoffeln

Salz

1 EL Zitronensaft

1 Ei

2 EL Mehl

2 EL Semmelbrösel

Öl oder Pflanzenfett zum Braten

Gemüse:

500 g Stangensellerie

3 mittelgroße Äpfel

1 EL Zitronensaft

2 Lauchzwiebeln

2 EL Öl

1 TL getrockneter Majoran

¹/₈ l Gemüsebrühe

2 EL Crème fraîche

Salz, Cayennepfeffer

■ Die Kartoffeln schälen, waschen, abtrocknen und fein reiben. Salz, Zitronensaft, Ei, Mehl und Brösel untermischen.

■ Fett in einer großen Pfanne erhitzen und pro Puffer 2 EL Teig hineingeben. Puffer zugedeckt bei schwacher Hitze etwa 10 Minuten backen, bis sie sich vom Pfannenboden lösen lassen. Puffer wenden und weitere 5 Minuten backen. Fertige Kartoffelpuffer im Backofen bei 50 °C (Gas Stufe ¹/₂) warm halten.

■ Selleriestangen putzen und waschen. Blätter abschneiden und fein hacken. Stangen in fingerbreite Stücke schneiden. Äpfel schälen, achteln, vom Kerngehäuse befreien und mit Zitronensaft mischen. Lauchzwiebeln in feine Ringe schneiden.

■ Öl mit Majoran in einem Topf erhitzen. Selleriestücke, Äpfel und Lauchzwiebeln darin kurz anbraten.

■ Brühe und Crème fraîche zugeben, aufkochen und zugedeckt bei mittlerer Hitze noch etwa 3 Minuten garen. Mit Salz und Cayennepfeffer abschmecken, mit den Sellerieblättern mischen und zu den Puffern servieren.

Kartoffelgratin mit Morcheln

Arbeitszeit etwa
30 Minuten
Backzeit etwa
45 Minuten
1 Portion enthält:
2562 kJ/610 kcal
139 mg Cholesterin
42 g Fett
10 g Eiweiß
45 g Kohlenhydrate

Für 2 Portionen

¹/₂ Päckchen getrocknete Spitzmorcheln (etwa 10 g)

100 ml Milch

200 g Schlagsahne

600 g mehlig kochende Kartoffeln

Salz

weißer Pfeffer aus der Mühle

1 EL Butter

■ Die Morcheln in der Milch zugedeckt 3 Stunden einweichen. In einem Sieb kalt abspülen. Milch durch eine Kaffeefiltertüte gießen und mit Sahne mischen.

■ Die Kartoffeln schälen, waschen und auf dem Gurkenhobel in dünne Scheiben hobeln. Mit den Morcheln in einer flachen Gratinform verteilen und mit Salz und Pfeffer würzen.

■ Die Milch-Sahne-Mischung darüber gießen. Die Butter in kleine Stücke teilen und auf das Gratin legen.

■ Das Gratin auf die mittlere Schiene des kalten Backofens schieben und bei 200 °C (Umluft 180 °C, Gas Stufe 3) etwa 45 Minuten backen, bis die Kartoffeln weich sind, die Flüssigkeit fast aufgesogen und das Gratin schön gebräunt ist.

Kartoffelquiche

Für 10 Stücke

200 g Weizenvollkornmehl
Salz
1 Ei
2 Eigelb
1 EL Öl
nach Bedarf kaltes Wasser
Mehl für die Arbeitsfläche
2 große Zwiebeln (etwa 400 g)
1 Bund Petersilie
800 g fest kochende Kartoffeln
weißer Pfeffer aus der Mühle
1/4 l Milch
200 g Crème fraîche
geriebene Muskatnuss
Cayennepfeffer
150 g geriebener Emmentaler
2 EL Butter
Fett für die Form

■ Aus Mehl, Salz, Ei, Eigelben und Öl einen geschmeidigen Nudelteig kneten, der nicht an den Händen klebt und sich gut ausrollen lässt. Falls der Teig zu trocken ist, tropfenweise Wasser unterkneten.

■ Den Teig in Pergamentpapier wickeln und 30 Minuten ruhen lassen.

■ Eine Quicheform mit 28 cm Ø ausfetten. Die Arbeitsfläche dünn mit Mehl bestreuen. Den Teig darauf millimeterdünn ausrollen oder durch die Nudelmaschine drehen. Teigplatten mit etwa 6 × 15 cm schneiden und so in die Quicheform legen, dass sich die Plattenränder gerade eben überlappen und den Rand der Form rundherum bedecken.

■ Für den Belag die Zwiebeln abziehen und in feine Ringe hobeln. Petersilie waschen, trockentupfen und fein zerkleinern. Kartoffeln schälen, waschen und grob raspeln. Alle diese Zutaten mischen, auf dem Teigboden verteilen und mit Salz und Pfeffer würzen.

■ Die Milch mit Crème fraîche, Muskatnuss und Cayennepfeffer verrühren und über die Kartoffeln gießen. Den Käse darüber streuen. Butter in kleine Stücke schneiden und auf die Kartoffelquiche legen.

■ Die Quiche auf die mittlere Schiene des kalten Backofens schieben und bei 200 °C (Umluft 180 °C, Gas Stufe 3) etwa 45 Minuten backen, bis sie schön gebräunt ist.

Arbeitszeit etwa
1 1/4 Stunden
Ruhezeit etwa
30 Minuten
Backzeit etwa
45 Minuten
1 Stück enthält:
1462 kJ/348 kcal
165 mg Cholesterin
20 g Fett
12 g Eiweiß
29 g Kohlenhydrate

Mit grünem Salat und Kräuter-Knoblauch-Vinaigrette ist die Quiche ein feines und edles Essen für Gäste. Die Milchprodukte liefern Vitamin B_{12}, das für die Bildung roter Blutkörperchen und die Nervenfunktion wichtig ist und in pflanzlicher Nahrung nicht vorkommt.

Kartoffelkuchen mit Pilzen

Arbeitszeit etwa	
1 Stunde	
Backzeit etwa	
1¹/₂ Stunden	
1 Portion enthält:	
1184 kJ/282 kcal	
91 mg Cholesterin	
17 g Fett	
5 g Eiweiß	
26 g Kohlenhydrate	

Für 8 Portionen

1,5 kg mehlig kochende mittelgroße Kartoffeln

200 g Austernpilze

2 Zweige frischer Rosmarin

1 Zwiebel

2 Knoblauchzehen

200 g Crème double

5 EL Gemüsebrühe

1 EL Zitronensaft

1 großes Ei

Salz, weißer Pfeffer

50 g Butter

■ Die Kartoffeln waschen und mit der Schale in wenig Wasser 20 Minuten kochen. Abgießen, abschrecken, etwas abkühlen lassen und schälen. Dann längs halbieren und in 5 mm dicke Scheiben schneiden.

■ Während die Kartoffeln kochen, die Pilzstiele abschneiden und die Hüte in fingerbreite Streifen schneiden. Die Rosmarinblättchen abzupfen und fein zerkleinern. Die Zwiebel und die Knoblauchzehen abziehen und fein hacken.

■ Crème double, Gemüsebrühe und Pilzstreifen in einem Topf aufkochen. Bei starker Hitze unter Rühren 5 Minuten kochen, bis die Flüssigkeit etwa zur Hälfte eingekocht ist.

■ Rosmarin, Zwiebel, Zitronensaft und die Hälfte des Knoblauchs unter die Pilze mischen und lauwarm abkühlen lassen.

■ Die Pilzmischung und das Ei zu den Kartoffeln geben und alles mit Salz und Pfeffer würzen.

■ Die Butter mit dem restlichen Knoblauch bei schwacher Hitze schmelzen.

In eine Kastenform mit 30 cm Länge gießen. Die Kartoffel-Pilz-Mischung in die Form schichten, mit Salz und Pfeffer würzen und kräftig in die Form drücken.

■ Den Kartoffelkuchen mit gefetteter Alufolie abdecken und auf die mittlere Schiene des kalten Backofens stellen. Bei 180 °C (Umluft 160 °C, Gas Stufe 2–3) etwa 1 1/2 Stunden backen. Herausnehmen, in der Form 5 Minuten ruhen lassen. Dann in dicke Scheiben schneiden und servieren.

Zu dem Gericht passt gemischter Salat. Reste kann man abkühlen lassen und in Öl wie Polentaschnitten (Seite 194) braten. Diese serviert man heiß mit gemischtem Salat, Gurken- oder Tomatensalat.

Kartoffelauflauf mit Kräutern

Für 6 Portionen

1,5 kg mehlig kochende Kartoffeln
1/4 l Milch
1/8 l Brühe
1 Zwiebel
1 Bund Petersilie
1 Bund gemischte Kräuter
1 Bund Schnittlauch
3 Eier
100 g geriebener Hartkäse
50 g gemahlene Nüsse
Salz, weißer Pfeffer aus der Mühle
Cayennepfeffer
Fett für die Form
1 EL Butter

■ Die Kartoffeln schälen, waschen und würfeln. Mit Milch und Brühe sehr weich garen. Alles mit dem Kartoffelstampfer fein zerdrücken und abkühlen lassen.

■ Die Zwiebel abziehen und fein hacken.

Petersilie, gemischte Kräuter und Schnittlauch fein zerkleinern.

■ Die Eier trennen. Die Eigelbe, Zwiebel und alle Kräuter unter die Kartoffelmischung rühren. Die Eiweiße steif schlagen und darauf verteilen.

■ Käse, Nüsse, Salz, Pfeffer und Cayennepfeffer mischen, auf den Eischnee streuen und alles miteinander verrühren.

■ Den Kartoffelteig in eine gefettete Auflaufform füllen. Die Butter stückchenweise auf dem Teig verteilen.

■ Den Auflauf auf die mittlere Schiene des kalten Backofens stellen. Bei 180 °C (Umluft 160 °C, Gas Stufe 2–3) etwa 45 Minuten backen, bis er schön gebräunt ist.

Arbeitszeit etwa 30 Minuten
Backzeit etwa 45 Minuten
1 Portion enthält:
1634 kJ/389 kcal
203 mg Cholesterin
20 g Fett
16 g Eiweiß
35 g Kohlenhydrate

Zu dem Auflauf passt Tomaten-, Gurken- oder Rettichsalat.

Moussaka mit Kartoffeln

Arbeitszeit etwa
1 Stunde

Backzeit etwa
1 Stunde

1 Portion enthält:
1903 kJ/453 kcal
83 mg Cholesterin
27 g Fett
18 g Eiweiß
33 g Kohlenhydrate

Für 6 Portionen

1 kleine rote Pfefferschote
2 EL Öl
40 g Mehl
$1/8$ l Gemüsebrühe
$3/8$ l Milch
175 g mittelalter Gouda
125 g Schlagsahne
Salz
geriebene Muskatnuss
1 kg mehlig kochende Kartoffeln
500 g Tomaten
700 g Spinat
2 Knoblauchzehen
2 Bund Petersilie
250 g Lauchzwiebeln
50 g Butter

Diese Frau verkauft junge Kartoffeln aus dem Markgräfler Land auf einem Markt in Freiburg.

■ Für die Käsesauce die Pfefferschote halbieren, von den Kernen befreien, waschen und sehr fein zerkleinern.

■ 1 EL Öl in einem Topf erhitzen. Das Mehl bei mittlerer Hitze unter Rühren etwa 1 Minute anbraten.

■ Zuerst die Brühe, dann die Milch langsam zugießen und dabei ständig rühren, bis die Sauce glatt und sämig ist. Zugedeckt bei schwacher Hitze 5 Minuten kochen lassen.

■ Den Käse fein würfeln. Den Topf von der Kochstelle nehmen. Sahne und Käse in die Sauce rühren. Mit Salz und Muskat kräftig abschmecken.

■ Kartoffeln schälen, waschen, abtrocknen und auf dem Gurkenhobel in dünne Scheiben schneiden. Tomaten abziehen und würfeln, dabei die Stielansätze entfernen. Spinat verlesen, waschen und mit einem Wiegemesser oder im Blitzhacker grob zerkleinern. Knoblauchzehen abziehen, Petersilie waschen und beides ganz fein hacken. Lauchzwiebeln waschen, putzen und in feine Ringe schneiden.

■ 1 EL Öl erhitzen. Spinat, Lauchzwiebeln, Knoblauch und Petersilie darin bei mittlerer Hitze etwa 5 Minuten braten.

■ Eine halbhohe Auflaufform mit etwas Butter ausstreichen. Schichtweise Kartoffelscheiben und Tomatenwürfel, Spinatmischung und Käsesauce einfüllen. Jede Schicht mit Salz würzen. Als letzte Schicht die restliche Käsesauce auf der Moussaka glatt streichen. Die restliche Butter in Stückchen darauf verteilen.

■ Die Moussaka auf die untere Schiene des kalten Backofens schieben und bei 200 °C (Umluft 180 °C, Gas Stufe 3) etwa 1 Stunde backen, bis die Kartoffeln weich sind.

Kartoffeln mit Tomaten und Käse

Für 3 Portionen

500 g fest kochende Kartoffeln
400 g Tomaten
1 Knoblauchzehe
150 g Mozzarella
Salz, weißer Pfeffer
100 g Crème fraîche
4 EL Milch
100 g geriebener Parmesan

■ Die Kartoffeln in reichlich Wasser weich kochen, abgießen, erkalten lassen und schälen.

■ Den Backofen auf 220 °C (Umluft 200 °C, Gas Stufe 4) vorheizen. Die Kartoffeln und die Tomaten in Scheiben schneiden. Die Knoblauchzehe abziehen und hacken. Den Mozzarella in kleine Würfel schneiden.

■ Kartoffeln und Tomaten schuppenförmig in eine flache Gratinform legen. Mit Salz und Pfeffer würzen. Crème fraîche und Milch verrühren und darüber gießen. Knoblauch, Mozzarella und Parmesan darüber verteilen.

■ Kartoffeln auf die mittlere Schiene des heißen Backofens stellen und etwa 30 Minuten backen, bis der Käse zerlaufen und leicht gebräunt ist.

Arbeitszeit etwa
25 Minuten
Koch- und Backzeit
etwa 1 Stunde
1 Portion enthält:
1995 kJ/475 kcal
88 mg Cholesterin
28 g Fett
27 g Eiweiß
26 g Kohlenhydrate

Dazu passt grüner Salat mit Kräutern und Brot.

Kräuterrösti

Arbeitszeit etwa	**Für 2 Portionen**
30 Minuten	500 g fest kochende Kartoffeln
Gesamtzeit etwa	1 Zwiebel
1 Stunde	1 Bund Petersilie
1 Portion enthält:	1 TL Salz
1256 kJ/299 kcal	weißer Pfeffer
17 mg Cholesterin	1 EL Butterschmalz
8 g Fett	½ EL Öl
8 g Eiweiß	
39 g Kohlenhydrate	

■ Die Kartoffeln waschen und in Salzwasser etwa 15 Minuten nicht ganz weich garen. Abgießen, abschrecken, schälen und abkühlen lassen. Grob raspeln. Die Zwiebel abziehen. Zwiebel und Petersilie fein hacken und mit Salz und Pfeffer unter die Kartoffeln mischen.

■ Fett in einer sehr großen Pfanne erhitzen. Die Pfanne von der Kochstelle nehmen und die Temperatur auf mittlere Hitze schalten.

■ Aus der Kartoffelmasse zwölf kleine Rösti formen und nach und nach im heißen Fett erst von der einen, dann von der anderen Seite goldbraun braten; dabei die Masse zusammendrücken. Sofort servieren.

Grüne Kartoffelklöße

Arbeitszeit etwa	**Für 4 Portionen**
30 Minuten	1 kleine Zucchini
Kochzeit etwa	1 große Zwiebel
25 Minuten	1 Bund Petersilie
1 Portion enthält:	1 EL Öl
962 kJ/229 kcal	1 Packung rohe Klöße (für ½ l Wasser)
0 mg Cholesterin	
3 g Fett	
4 g Eiweiß	
47 g Kohlenhydrate	

■ Die Zucchini waschen, putzen und raspeln. Die Zwiebel abziehen; die Petersilie waschen und trockentupfen. Beide Zutaten getrennt fein hacken.

■ Öl in einer Pfanne erhitzen. Zwiebel darin bei schwacher Hitze glasig braten.

■ Zucchiniraspel und Petersilie zugeben und bei starker Hitze unter Rühren schmoren, bis die Flüssigkeit verdampft ist. Das Gemüse abkühlen lassen und unter den Kartoffelteig mischen.

■ Reichlich Wasser im Topf zum Kochen bringen. Den Teig zu Klößen formen und bei starker, dann bei mittlerer Hitze 5 Minuten kräftig kochen lassen. Weitere 20 Minuten bei schwacher Hitze garen.

■ Eine Schüssel anwärmen. Die Klöße aus dem Topf nehmen, abtropfen lassen und in der Schüssel anrichten.

Gebackener Topinambur mit Chutney

Für 4 Portionen

Chutney:

300 g säuerliche Äpfel
(Cox Orange oder Boskoop)

300 g Zwiebeln

1 Knoblauchzehe

1 kleine unbehandelte Zitrone

1 großes Stück frischen Ingwer
(etwa 4 cm lang)

1 mittelscharfe Pfefferschote

100 g Zuckerrohrgranulat oder Vollzucker

4 EL Obstessig

Salz

Topinambur:

75 g Mehl

Salz, Cayennepfeffer

1/8 l helles Bier oder Wasser

1 Ei

500 g Topinambur

Kokosfett oder Öl zum Frittieren

■ Für das Chutney die Äpfel waschen, vierteln, vom Kerngehäuse befreien und in Stücke schneiden. Zwiebeln und Knoblauch abziehen und fein hacken. Die Zitrone waschen und abtrocknen. Ein etwa 5 cm langes Stück Schale dünn abschneiden und fein hacken; etwas Schale für den Ausbackteig abreiben und beiseite stellen. Die Zitrone aus-

pressen. Den Ingwer schälen und fein reiben. Die Pfefferschote halbieren, von den Kernen befreien, waschen und hacken.

■ Alle diese Zutaten mit Zucker und Essig in einem Topf mischen. Unter Rühren aufkochen und zugedeckt bei schwacher Hitze etwa 15 Minuten kochen lassen. Mit Salz abschmecken und abkühlen lassen.

■ Inzwischen für das Gemüse Mehl mit Salz, Cayennepfeffer, Zitronenschale und Bier oder Wasser verrühren. Das Ei untermischen.

■ Die Topinamburknollen schälen oder gründlich waschen, in ein Küchentuch geben und trockenreiben. Größere Knollen einmal durchschneiden.

■ Das Fett in einem hohen Kochtopf oder in einer Fritteuse erhitzen. Den Topinambur mit einer Gabel in den Teig tauchen und im heißen Fett in 4–6 Minuten goldgelb ausbacken. Das gebackene Gemüse mit einem Schaumlöffel herausnehmen und auf Küchenkrepp abtropfen lassen. Im Backofen bei 50 °C (Gas Stufe 1/2) warm halten.

■ Den heißen Topinambur auf gut vorgewärmten Tellern mit dem Chutney servieren.

Arbeitszeit etwa
1 1/4 Stunden
1 Portion enthält:
1974 kJ/470 kcal
87 mg Cholesterin
22 g Fett
8 g Eiweiß
56 g Kohlenhydrate

Topinambur kam mit den Gemüsen der Neuen Welt zu uns. Die Pflanze ist winterhart und im Garten pflegeleicht, weil sie sich wie Unkraut ausbreitet. Sie trägt im Sommer schöne dottergelbe Blüten und liefert von Mitte September bis Mai vitaminreiche Knollen für Salat und Gemüse. Topinambur ist auf Märkten, bei Gemüsehändlern und in Naturkostläden erhältlich.

Selleriecreme

Arbeitszeit etwa
45 Minuten

1 Portion enthält:
176 kJ/42 kcal
0 mg Cholesterin
1 g Fett
1 g Eiweiß
7 g Kohlenhydrate

Für 6 Portionen

200 g Knollensellerie

250 g mehlig kochende Kartoffeln

1/2 Bund Petersilie

3 EL Wasser

Salz

1 kleine Zwiebel

1 EL Zitronensaft

1–2 EL Meerrettich
(Glas oder frisch gerieben)

1 TL Olivenöl

■ Sellerie und Kartoffeln schälen und würfeln. Petersilienblätter von den Stielen abschneiden. Blätter beiseite legen.

■ Petersilienstiele und Gemüsewürfel mit Wasser und Salz aufkochen und zugedeckt bei schwacher Hitze 15 Minuten garen. Lauwarm abkühlen lassen.

■ Die Zwiebel abziehen. Gemüse, Zwiebel und Petersilienblätter im Blitzhacker oder Mixer pürieren. Zitronensaft, Meerrettich und Öl untermischen.

Stangensellerie mit Schafskäse

Arbeitszeit etwa
15 Minuten

1 Portion enthält:
701 kJ/167 kcal
38 mg Cholesterin
11 g Fett
10 g Eiweiß
7 g Kohlenhydrate

Für 4 Portionen

500 g Stangensellerie

250 g weicher Schafskäse

3 EL Milch

1 EL Magerquark

1 EL Zitronensaft

1 kleine Zwiebel

1 Knoblauchzehe

2 EL gehackte frische oder gemischte TK-Kräuter

schwarzer Pfeffer aus der Mühle

■ Den Stangensellerie putzen, waschen und trockentupfen. Auf einer Platte anrichten. Einige Sellerieblätter abschneiden und fein hacken.

■ Den Schafskäse fein zerdrücken, mit Milch, Quark und Zitronensaft mischen. Zwiebel und Knoblauchzehe abziehen und hacken. Mit den Sellerieblättern und den Kräutern unter den Käse mischen und mit Pfeffer würzen. Den Käse neben oder auf dem Stangensellerie anrichten.

Zu dem Gericht passen Walnussbrötchen oder Leinsamenbrot.

Die Papaya stammt vermutlich aus Mittelamerika und wird heute in vielen tropischen Ländern angebaut. Deshalb gibt es Papayas das ganze Jahr über zu kaufen. Sie enthalten nicht nur reichlich Kalzium, Vitamin C und Karotin, sondern fördern auch die Verdauung und lindern Darmstörungen.

Fenchel-Frisée-Salat mit Papaya

Für 4 Portionen

2 Fenchelknollen

1 Kopf Friséesalat

1 Bund Dill

1 reife Papaya

Saft von 1 Orange

100 g Sahnejoghurt

2 EL Schlagsahne

Salz

weißer Pfeffer aus der Mühle

2 EL Öl

1 EL Sesamsamen

■ Die Fenchelknollen putzen, die Blätter abschneiden und beiseite legen. Die Knollen waschen, halbieren und in dünne Streifen schneiden.

■ Den Friséesalat putzen, waschen und trockenschwenken. Die Blätter in Streifen schneiden. Den Dill waschen und fein hacken. Die Papaya halbieren, von den Kernen befreien, schälen und würfeln. Alle Zutaten in einer Schüssel mit dem Orangensaft vermischen.

■ Den Joghurt mit Sahne, Salz, Pfeffer und Öl verrühren. Den Salat damit mischen. Die Fenchelblätter hacken und mit den Sesamsamen über den Salat streuen.

Arbeitszeit etwa 40 Minuten

1 Portion enthält:

689 kJ/164 kcal

15 mg Cholesterin

11 g Fett

4 g Eiweiß

12 g Kohlenhydrate

Fenchel-Endivien-Salat

Arbeitszeit etwa
40 Minuten

1 Portion enthält:
1533 kJ/365 kcal
30 mg Cholesterin
32 g Fett
5 g Eiweiß
12 g Kohlenhydrate

Fenchel ist schon seit ältester Zeit als Arznei und Küchengewürz bekannt. Man unterscheidet Gewürzfenchel und Gemüse- oder Knollenfenchel. Er wurde früher im Südosten Europas kultiviert. Heute wird er hauptsächlich in Italien angebaut.

Für 4 Portionen

1 kleiner Kopf Endiviensalat
2 Fenchelknollen
1 Bund Petersilie
1 unbehandelte Orange
3 EL Apfelsaft
200 g saure Sahne
3 EL Öl
1 TL Senf
Salz
weißer Pfeffer
1 reife Avocado
1 EL Hasel- oder Walnüsse

■ Den Endiviensalat putzen, waschen und trockenschwenken. Die Blätter in etwa fingerbreite Streifen schneiden. Die Fenchelknollen putzen, das Grün abschneiden und zum Bestreuen des Salats beiseite legen. Knollen halbieren, waschen und den Strunk herausschneiden. Die Hälften quer zu den Fasern in dünne Streifen schneiden.

■ Für die Salatsauce die Petersilie waschen. Die Orange waschen, abtrocknen und etwa die Hälfte der Schale rundherum dünn abschneiden. Den Saft auspressen. Orangensaft, -schale, Apfelsaft, Sahne, Öl, Senf und Petersilie im Blitzhacker pürieren. Sauce mit Salz und Pfeffer abschmecken.

■ Den Endiviensalat und den Fenchel mit der Sauce vermischen und auf Tellern verteilen.

■ Die Avocado halbieren und den Kern entfernen. Die Avocadohälften schälen, in Scheiben schneiden und auf dem Salat anrichten. Das Fenchelgrün grob, die Nüsse fein hacken und über den Salat streuen.

Fenchel mit Schalottensauce

Für 4 Portionen

2 Schalotten
3 Zweige Thymian
1 EL Dijonsenf
3 EL Balsamessig
Salz
schwarzer Pfeffer aus der Mühle
8 EL Olivenöl
4 kleine Fenchelknollen

■ Für die Sauce die Schalotten abziehen und ganz fein hacken. Den Thymian waschen, trockentupfen und die Blättchen abzupfen. Beide Zutaten mit Senf, Essig, Salz, Pfeffer und 6 EL Öl verrühren und zugedeckt bei Zimmertemperatur ziehen lassen, bis der Fenchel gebraten ist.

■ Die Fenchelknollen putzen, längs vierteln und die Strünke herausschneiden. Die Viertel waschen und gut trockentupfen.

■ Teller vorwärmen. 2 EL Öl in einer Pfanne erhitzen. Die Fenchelstücke darin bei mittlerer Hitze rundherum anbraten. Zugedeckt bei schwacher Hitze etwa 10 Minuten schmoren, bis sie gerade eben weich sind. Auf den Portionstellern anrichten, mit der Sauce beträufeln und sofort servieren.

Arbeitszeit etwa
30 Minuten
1 Portion enthält:
1184 kJ/282 kcal
0 mg Cholesterin
21 g Fett
5 g Eiweiß
16 g Kohlenhydrate

Fenchelknollen mit ihrem zarten Grün

Fenchelsuppe mit Linsen

Für 4 Portionen

1 mittelgroße Fenchelknolle
1 kleine Zwiebel
1 EL Öl
50 g rote Linsen
³/₄ l Gemüsebrühe
50 g Kürbiskerne
100 g Schlagsahne
Salz
weißer Pfeffer aus der Mühle
2 EL Schnittlauchröllchen

■ Die Fenchelknolle halbieren, vom Strunk befreien und waschen. Die Hälften in knapp fingerbreite Streifen schneiden. Die Zwiebel abziehen und fein hacken.

■ Das Öl erhitzen. Zwiebel und Linsen bei mittlerer Hitze unter Rühren einige Sekunden anbraten. Die Brühe zugießen, aufkochen und alles zugedeckt bei schwacher Hitze 5 Minuten garen.

■ Die Fenchelstreifen zugeben, erneut aufkochen und in weiteren 3–4 Minuten bissfest garen.

■ Während die Linsen kochen, Kürbiskerne in einer Pfanne ohne Fettzugabe bei schwacher Hitze rösten, bis sie zart duften. Dabei hin und wieder umrühren.

■ Teller vorwärmen. Sahne in die Suppe rühren und erhitzen, mit Salz und Pfeffer abschmecken und in die Teller verteilen. Schnittlauch und Kürbiskerne darüber streuen.

Arbeitszeit etwa
30 Minuten
1 Portion enthält:
1088 kJ/259 kcal
27 mg Cholesterin
17 g Fett
10 g Eiweiß
14 g Kohlenhydrate

Frühlingssalat

Arbeitszeit etwa	**Für 4 Portionen**
45 Minuten	500 g weißer Spargel
1 Portion enthält:	Salz
890 kJ/212 kcal	500 g grüner Spargel
0 mg Cholesterin	250 g Zuckerschoten
14 g Fett	200 g Möhren
7 g Eiweiß	1 reife Avocado
14 g Kohlenhydrate	je 1 Hand voll Kerbel und Sauerampfer (ersatzweise Petersilie und Dill)
	1 kleine Zitrone
	weißer Pfeffer aus der Mühle

■ Den weißen Spargel putzen, schälen und waschen. Die Spargelköpfe abschneiden und beiseite legen. Die Stangen in reichlich kochendem Salzwasser 10 Minuten garen. Den grünen Spargel waschen, putzen und die Köpfe ebenfalls abschneiden. Die Zuckerschoten waschen und mit den weißen und grünen Spargelköpfen zum Spargel in den Topf geben, aufkochen und etwa 3 Minuten sprudelnd kochen lassen.

■ Das Gemüse abgießen und abtropfen lassen. Die Brühe auffangen. 1/8 l Spargelbrühe für die Salatsauce abmessen, den Rest für eine Suppe verwenden.

■ Den grünen Spargel in etwa fingerbreite Stücke schneiden. Die Möhren schälen, waschen und in Stifte schneiden. Die Avocado halbieren, den Kern herauslösen und die Hälften schälen.

■ Für die Salatsauce die Kräuter waschen und die Zitrone auspressen. Das Avocadofleisch mit den Kräutern, dem Zitronensaft und der abgemessenen Spargelbrühe pürieren, mit Salz und Pfeffer aus der Mühle abschmecken.

■ Das gekochte und das rohe Gemüse auf Tellern anrichten, mit der Sauce überziehen und sofort servieren.

Weißer Spargel ist mild im Geschmack. Er enthält Vitamine und Mineralstoffe. Grüner Spargel schmeckt herzhafter und liefert Vitamin C und Magnesium.

Spargelsalat

Für 4 Portionen

750 g weißer Spargel

250 g Möhren

Salz, 1 Prise Zucker

2 Päckchen Mozzarella

1 Zweig Dill

etwa 320 g Sahnejoghurt (10 % Fett)

2 TL süße Sojasauce

Pfeffer aus der Mühle, gemahlener Ingwer

■ Die Spargelstangen schälen, holzige Enden abschneiden und waschen. Die Möhren schälen und waschen. Beides in Stücke schneiden. In Salzwasser mit Zucker 15 Minuten kochen. Abtropfen lassen, dabei den Sud auffangen.

■ Mozzarella abtropfen lassen und in Streifen schneiden. Den Dill waschen, trockentupfen und fein abzupfen. Den Joghurt mit 2 EL Gemüsesud und der Sojasauce verrühren. Salz, Pfeffer und Ingwer zufügen. Gemüse und Mozzarella mischen. Mit der Sauce übergießen und mit Dill garnieren.

Arbeitszeit etwa 35 Minuten

1 Portion enthält:

1147 kJ/273 kcal

50 mg Cholesterin

19 g Fett

17 g Eiweiß

9 g Kohlenhydrate

Die Spargelschalen und holzigen Enden kann man mit 3/4 l Wasser, etwas Salz und 1 Prise Zucker in 20 Minuten zur Brühe kochen. Die Brühe sieben und portionsweise einfrieren.

Spargel mit Eier-Dill-Sauce

Arbeitszeit etwa
1¼ Stunden
1 Portion enthält:
1537 kJ/366 kcal
407 mg Cholesterin
25 g Fett
18 g Eiweiß
13 g Kohlenhydrate

Für 2 Portionen

1 kg weißer Spargel
Salz
1 Prise Zucker
1 kleine Zwiebel
1 großes Bund Dill
2 Eier
⅛ l Milch
1 EL Butter
½ EL Mehl
50 g Crème fraîche
schwarzer Pfeffer aus der Mühle

■ Den Spargel schälen, putzen und waschen. In reichlich Wasser mit Salz und Zucker in 15–20 Minuten bissfest garen. Mit einem Schaumlöffel herausnehmen und auf heißen Tellern zugedeckt warm halten, bis die Sauce fertig ist.

■ Die Zwiebel abziehen und fein hacken. Den Dill ebenfalls fein hacken. Die Eier hart kochen, abgießen, abschrecken, schälen und hacken.

■ ¼ l Spargelbrühe für die Sauce abmessen und mit der Milch vermischen. Die Butter schmelzen, aber nicht bräunen. Die Zwiebel darin bei schwacher Hitze glasig braten. Mehl darüber streuen und unter Rühren hell anrösten.

■ Spargelbrühe-Milch-Mischung unter Rühren zugießen. Die Sauce aufkochen und weiterrühren, bis sie glatt und sämig ist. Zugedeckt bei schwacher Hitze etwa 5 Minuten kochen.

■ Crème fraîche, Eier und Dill untermischen und erhitzen, aber nicht mehr aufkochen. Sauce mit Salz und Pfeffer abschmecken und über den Spargel gießen.

Spargel werden noch heute von Hand gestochen.

Spargel mit Béchamelkartoffeln

Arbeitszeit etwa
50 Minuten
1 Portion enthält:
1638 kJ/390 kcal
59 mg Cholesterin
19 g Fett
10 g Eiweiß
43 g Kohlenhydrate

Den Bruchspargel kann man durch Erbsen oder Spargelspitzen ersetzen. Man kann auch 2 EL geriebenen Käse oder gehackte Kräuter unter die Sauce mischen.

Für 4 Portionen

750 g fest kochende Kartoffeln
1 große Zwiebel
2 Knoblauchzehen
1 Bund Dill
500 g Bruchspargel
40 g Butter
30 g Mehl
¼ l Milch
¼ l abgemessene Spargelbrühe
100 g Schlagsahne
Salz, weißer Pfeffer

■ Die Kartoffeln waschen und mit der Schale in wenig Wasser weich kochen. Abgießen, abschrecken, schälen und in etwa 5 mm dicke Scheiben schneiden.

■ Während die Kartoffeln kochen, die Zwiebel und die Knoblauchzehen schälen und fein hacken. Den Dill fein zerkleinern. Den Spargel schälen, putzen und waschen.

■ Die Butter erhitzen. Zwiebel und Knoblauch darin bei mittlerer Hitze etwa 1 Minute schmoren. Den Spargel zugeben, Mehl darüber stauben und unter Rühren hellgelb anrösten.

■ Milch und Spargelbrühe langsam zugießen und dabei ständig rühren, bis die Sauce glatt ist. Zugedeckt bei schwacher Hitze 5 Minuten kochen lassen.

■ Die Kartoffeln zugeben und erhitzen. Sahne und Dill untermischen. Die Béchamelkartoffeln mit Salz und einer kräftigen Prise Pfeffer abschmecken.

Artischocken mit holländischer Sauce

Für 6 Portionen

Salz

Saft von 1/2 Zitrone

6 Artischocken

holländische Sauce:

200 g Butter

3 frische Eigelb

1 EL heißes Wasser

1 TL Weißweinessig

Salz

Cayennepfeffer

■ Reichlich Wasser mit Salz und dem Zitronensaft zum Kochen bringen. Die Artischocken waschen, die Spitzen der Blätter abschneiden und mit der ausgepressten Zitronenhälfte einreiben, damit sich die Schnittflächen nicht verfärben.

■ Die Artischocken im sprudelnden Wasser aufkochen und zugedeckt bei schwacher Hitze in etwa 30 Minuten so weich kochen, dass man ein Blatt leicht abzupfen kann.

■ Während die Artischocken garen, die Butter schmelzen und warm halten. In einer Schüssel Eigelbe und Wasser mit den Quirlen des Handrührgerätes verrühren.

■ Für das Wasserbad einen breiten Kochtopf mit so viel heißem Wasser füllen, dass die Schüssel mit den Eigelben darin steht ohne zu schwimmen. Einen Teller umgedreht auf den Boden des Topfes legen, damit die Schüssel den heißen Topfboden nicht berührt. Das Wasser erhitzen, bis sich kleine Perlen darin bilden, aber nicht kochen lassen.

■ Die Eigelbmischung im heißen Wasserbad zu einer dicken Creme schlagen. Die flüssige Butter unter Rühren zuerst teelöffelweise, dann in dünnem Strahl zugeben.

■ Die Sauce rühren, bis sie dick und cremig ist. Mit Essig, Salz und Cayennepfeffer abschmecken. Warm zu den gut abgetropften Artischocken servieren.

Arbeitszeit etwa 45 Minuten

1 Portion enthält:

1533 kJ/365 kcal

286 mg Cholesterin

32 g Fett

5 g Eiweiß

12 g Kohlenhydrate

Diese klassische holländische Sauce schmeckt auch zu Spargel, Blumenkohl, Pellkartoffeln und Grillgerichten. Zur Abwechslung kann man reichlich abgeriebene Orangenschale und 2 EL Orangensaft zugeben.

Zwiebelkuchen mit Nüssen

Arbeitszeit etwa
1 Stunde
Backzeit etwa
40 Minuten
1 Stück enthält:
2222 kJ/529 kcal
134 mg Cholesterin
31 g Fett
15 g Eiweiß
45 g Kohlenhydrate

Die heilende Kraft von rohen und gekochten Zwiebeln ist seit langem bekannt. Sie verhindern z. B. die schädigenden Auswirkungen fetter Speisen und scheinen einen Stoff gegen Blutgerinnung zu enthalten.

Für 10 Stücke

Teig:
450 g Weizenvollkornmehl
1 Päckchen Trockenhefe
1 TL Salz
$^1/_2$ l lauwarmes Wasser
1 EL Öl
Belag:
2 kg Zwiebeln
4 EL Öl
1 Bund Petersilie
200 g gehackte Haselnüsse
500 g saure Sahne
3 Eier
Salz, schwarzer Pfeffer
1 TL scharfes Paprikapulver
Fett für das Backblech

■ Mehl, Hefe und Salz in einer Schüssel vermischen. Wasser und Öl zugießen und alles mit den Knethaken des Hand-rührgerätes etwa 5 Minuten kneten, bis der Teig Blasen bildet. Zugedeckt bei Zimmertemperatur etwa 1 Stunde ruhen lassen, bis sich das Teigvolumen verdoppelt hat.

■ Für den Belag die Zwiebeln abziehen und fein hobeln. Das Öl in einer Pfanne erhitzen. Die Zwiebeln darin portionsweise bei schwacher Hitze weich braten, dann abkühlen lassen.

■ Die Petersilie waschen, trockentupfen und fein hacken. Mit Zwiebeln, Nüssen, Sahne, Eiern, Salz, Pfeffer und Paprikapulver mischen.

■ Den Teig mit einem breiten Messer auf ein gefettetes Backblech streichen. Die Zwiebelmischung darauf verteilen.

■ Den Zwiebelkuchen auf die mittlere Schiene des kalten Backofens schieben und bei 180 °C (Umluft 160 °C, Gas Stufe 2–3) etwa 40 Minuten backen.

Zwiebelsuppe mit Wein

Für 4 Portionen

500 g Zwiebeln

2 EL Öl

³/₄ l Gemüsebrühe

¹/₄ l trockener Weißwein

8 Scheiben Vollkornbaguette

1 kleines Bund Petersilie

100 g geriebener Bergkäse

1 unbehandelte Zitrone

Salz, Cayennepfeffer

■ Die Zwiebeln abziehen, in dünne Ringe hobeln und im heißen Öl bei schwacher Hitze unter häufigem Wenden glasig und weich braten, aber nicht bräunen.

■ Die Brühe und den Wein zugießen, aufkochen und zugedeckt bei schwacher Hitze 5 Minuten garen.

■ Inzwischen die Brotscheiben toasten und in vorgewärmte Teller legen. Die Petersilie waschen, trockentupfen und fein hacken. Davon die Hälfte mit der Hälfte des Käses über das Brot streuen.

■ Die Zitrone waschen, abtrocknen, ein Viertel der Schale abreiben und 1 EL Saft auspressen.

■ Die Suppe mit Zitronenschale, -saft, Salz und reichlich Cayennepfeffer abschmecken. Kochend heiß über das Brot gießen. Mit restlichem Käse und restlicher Petersilie bestreuen.

Arbeitszeit etwa

30 Minuten

1 Portion enthält:

1037 kJ/247 kcal

29 mg Cholesterin

13 g Fett

11 g Eiweiß

20 g Kohlenhydrate

*Zur Lagerung aufge-
hängte Zwiebeln*

Zwiebelgratin

Für 4 Portionen

1 kg kleine Zwiebeln

¹/₈ l Milch

100 g Crème fraîche

Saft von 1 Zitrone

Salz

1 EL edelsüßes Paprikapulver

100 g frisch geriebener Emmentaler

50 g Butter

■ Den Backofen auf 200 °C (Umluft 180 °C, Gas Stufe 3) vorheizen.

■ Die Zwiebeln abziehen und in reichlich Wasser 5 Minuten kochen. Abgießen, abtropfen lassen und in eine flache Gratinform geben. Milch und Crème fraîche verrühren und darüber gießen. Zitronensaft, Salz, Paprika, Käse und die Butter in Flöckchen darüber verteilen.

■ Auf die mittlere Schiene des heißen Backofens schieben und etwa 20 Minuten backen.

Arbeitszeit etwa

20 Minuten

Backzeit etwa

20 Minuten

1 Portion enthält:

1558 kJ/371 kcal

83 mg Cholesterin

27 g Fett

12 g Eiweiß

18 g Kohlenhydrate

Gefüllte Zwiebeln

Arbeitszeit etwa
1 Stunde
Kochzeit etwa
45 Minuten
1 Portion enthält:
2079 kJ/495 kcal
161 mg Cholesterin
36 g Fett
21 g Eiweiß
21 g Kohlenhydrate

Für 4 Portionen

1 EL Semmelbrösel
2 EL Milch
4 Gemüsezwiebeln (etwa 1,2 kg)
Salz
schwarzer Pfeffer
400 g frische Pilze
2 Knoblauchzehen
5 EL Olivenöl
2 Eier
3 Zweige frischer Oregano
1 Zweig frischer Thymian
100 g geriebener Parmesan
200 ml Gemüsebrühe
100 g Crème fraîche
1/2 Bund Petersilie
einige Basilikumblätter

■ Die Semmelbrösel in der Milch einweichen.

■ Die Zwiebeln quer halbieren. Von den Wurzel- und den Stielansätzen nur so viel abschneiden, dass die Zwiebelhäute noch zusammenhalten. Das Zwiebelinnere herauslösen, es sollen nur zwei dicke Außenhäute übrig bleiben. Diese abziehen und innen mit Salz und Pfeffer würzen. Das Zwiebelinnere fein hacken.

■ Die Pilze putzen, waschen und klein schneiden. Die Knoblauchzehen abziehen und fein hacken.

■ 2 EL Öl erhitzen. Das Zwiebelinnere, die Pilze und die Knoblauchzehen bei mittlerer, dann bei schwacher Hitze weich dünsten. Alles grob zerstampfen. Die Eier und dann so viel von den eingeweichten Semmelbröseln zufügen, dass das Gemüse zu einer Masse verbunden wird.

■ Oregano und Thymian abspülen, trockentupfen, die Blättchen abzupfen und fein hacken. Mit dem Käse, wenig Salz und Pfeffer zu der Gemüsemasse geben und in die Zwiebelhälften füllen.

■ Das restliche Öl in einem Topf erhitzen. Die Zwiebelhälften nebeneinander hineinsetzen, die Brühe zufügen und die Zwiebeln zugedeckt bei schwacher Hitze etwa 45 Minuten garen, bis sie gerade eben bissfest sind. Herausnehmen und warm halten.

■ Den Sud im Topf bei starker Hitze aufkochen. Nach und nach die Crème fraîche zugeben und unter Rühren zu einer cremigen Sauce einkochen lassen. Die Petersilie waschen, trockentupfen, zerkleinern und untermischen.

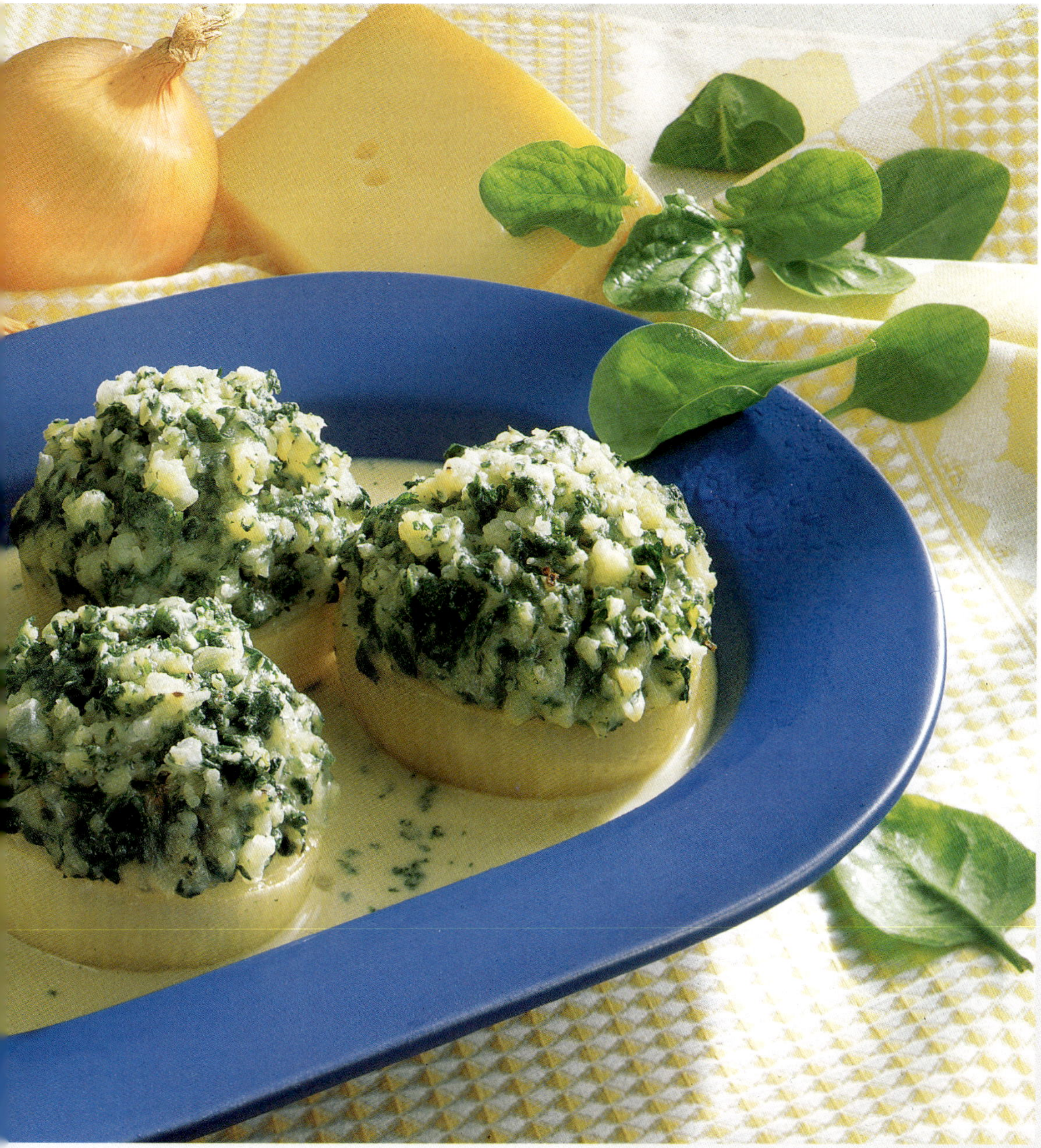

Zwiebelgeruch mildern:
Die Fingerspitzen und das Messer, mit dem Sie die Zwiebeln vorbereitet haben, unter kaltem Wasser abspülen und dabei einige Male vorsichtig über die Messerklinge fahren. Danach die Hände mit Essig oder Zitronensaft einreiben und kalt abspülen.

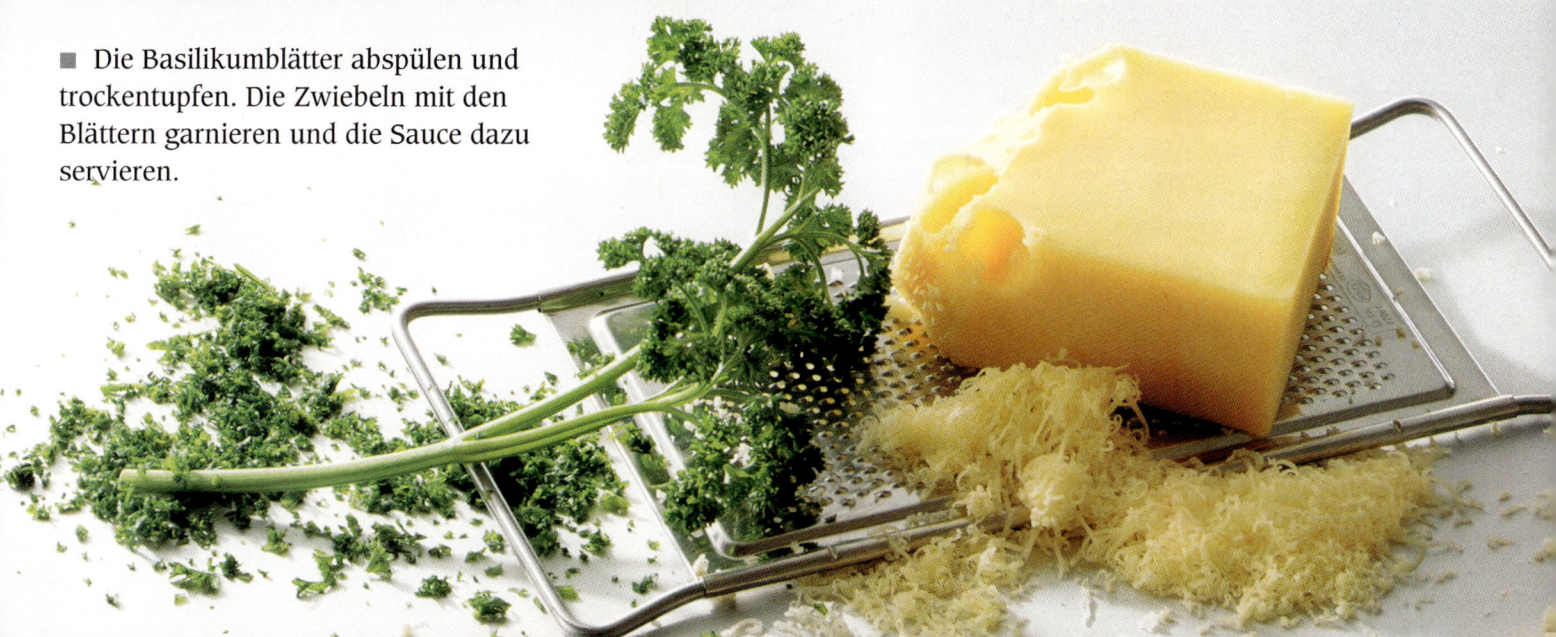

■ Die Basilikumblätter abspülen und trockentupfen. Die Zwiebeln mit den Blättern garnieren und die Sauce dazu servieren.

Knoblauchcreme

Arbeitszeit etwa

30 Minuten

Backzeit etwa

1 Stunde

1 Portion enthält:

903 kJ/215 kcal

49 mg Cholesterin

15 g Fett

9 g Eiweiß

9 g Kohlenhydrate

Für 4 Portionen

4 große frische Knoblauchknollen

200 g Rahmfrischkäse

2 EL Zitronensaft

2 EL Crème fraîche

1 Bund Petersilie

Salz, weißer Pfeffer aus der Mühle

■ Die Knoblauchknollen so schälen, dass die äußeren Häute entfernt sind und die Zehen frei liegen. Die Knollen einzeln in Alufolie wickeln und auf ein Backblech legen. Auf der mittleren Schiene des

Backofens bei 180 °C (Umluft 160 °C, Gas Stufe 2–3) etwa 1 Stunde backen, bis sie weich sind.

■ Aus dem Ofen nehmen, einige Minuten abkühlen lassen und aus der Folie wickeln. Die Zehen trennen und durch ein feines Sieb in eine Schüssel drücken.

■ Frischkäse, Zitronensaft und Crème fraîche zum Knoblauchmus geben und alles glatt rühren.

■ Die Petersilie fein hacken und untermischen. Die Creme mit Salz und Pfeffer abschmecken.

Lauchsalat mit Tomatenbroten

Arbeitszeit etwa

40 Minuten

Marinierzeit etwa

2 Stunden

1 Portion enthält:

1814 kJ/432 kcal

288 mg Cholesterin

32 g Fett

15 g Eiweiß

18 g Kohlenhydrate

Für 4 Portionen

Lauchsalat:

800 g dünne Lauchstangen (Porree)

250 g Zucchini

2 mittelgroße Möhren

6 EL Olivenöl

Salz

1 Knoblauchzehe

1 unbehandelte Zitrone

1/4 l Instantgemüsebrühe

1/2 Bund Majoran

schwarzer Pfeffer aus der Mühle

Tomatenbrote:

2 große Scheiben Vollkornbrot

1 EL geriebener Parmesan

40 g weiche Butter

3 hart gekochte Eier

3 mittelgroße Tomaten

1 Bund Schnittlauch

Salz, schwarzer Pfeffer aus der Mühle

■ Die Lauchstangen putzen, waschen und mit allen saftigen grünen Blättern in etwa fingerdicke Ringe schneiden. Die

Zucchini waschen und in etwa fingerdicke Stifte schneiden. Die Möhren schälen, waschen und ebenfalls in etwa fingerdicke Stifte schneiden.

■ Das Öl erhitzen. Lauch, Zucchini und Möhren darin portionsweise braten, bis das Gemüse leicht gebräunt ist. In eine tiefe Platte legen und mit Salz bestreuen.

■ Die Knoblauchzehe abziehen und durch die Presse drücken.

■ Die Zitrone waschen, abtrocknen, die Schale abreiben und den Saft auspressen.

■ Die Zitronenschale, den Saft (1 EL zurückbehalten) und die Brühe in das Bratöl geben, einmal aufkochen und über das Gemüse gießen. Zugedeckt etwa 2 Stunden ziehen lassen.

■ Unmittelbar vor dem Servieren den Majoran waschen, trockentupfen und fein hacken. Die Hälfte davon auf das Gemüse geben. Mit reichlich Pfeffer bestreuen.

■ Die Brote halbieren. Den Parmesan,

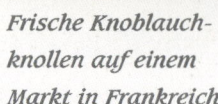

Frische Knoblauchknollen auf einem Markt in Frankreich

den restlichen Majoran und Zitronensaft mit der Butter vermischen. Die Brote damit bestreichen.

■ Die Eier schälen, die Tomaten waschen und beides in Scheiben schneiden.

Den Schnittlauch waschen, trockentupfen und in feine Röllchen schneiden.

■ Die Brote mit Eiern und Tomaten belegen, mit Salz und Pfeffer würzen und mit Schnittlauchröllchen bestreuen.

*L*auchsuppe mit Dill

Für 4 Portionen

700 g Lauchstangen
1 Knoblauchzehe
1 EL Butter
1 gestrichener EL Mehl
$\frac{1}{2}$ l Gemüsebrühe
200 g Crème fraîche
1 EL Zitronensaft
Salz
weißer Pfeffer
geriebene Muskatnuss
$\frac{1}{4}$ TL gemahlener Koriander
$\frac{1}{2}$ Bund Dill

■ Die Lauchstangen putzen, waschen und in dünne Ringe schneiden. Die Knoblauchzehe fein hacken. Butter erhitzen. Gemüse darin bei schwacher Hitze etwa 3 Minuten braten. Das Mehl darüber stauben und etwas anrösten.

■ Die Brühe langsam zugießen und rühren, bis die Suppe glatt ist. Aufkochen und zugedeckt bei schwacher Hitze etwa 5 Minuten garen, bis der Lauch gerade eben weich ist.

■ Crème fraîche untermischen und aufkochen. Suppe mit Zitronensaft, Salz, Pfeffer, Muskat und Koriander würzen. Dill fein hacken und darüber streuen.

Arbeitszeit etwa
30 Minuten

1 Portion enthält:
974 kJ/232 kcal
65 mg Cholesterin
20 g Fett
5 g Eiweiß
8 g Kohlenhydrate

Dazu passen Toast und Butter.

Lauchgemüse

Arbeitszeit etwa
20 Minuten
1 Portion enthält:
832 kJ / 198 kcal
0 mg Cholesterin
15 g Fett
8 g Eiweiß
7 g Kohlenhydrate

Für 3 Portionen

600 g dünne Lauchstangen

2–3 Knoblauchzehen

1/2 unbehandelte Zitrone

2 EL Öl

Salz, weißer Pfeffer aus der Mühle

1/2 Bund Petersilie, 50 g Kürbiskerne

■ Lauch putzen, waschen und in fingerbreite Stücke schneiden. Knoblauchzehen abziehen und hacken. Zitrone waschen, abtrocknen, ein etwa 10 cm langes Stück Schale abschneiden und hacken. Den Saft auspressen.

■ Öl erhitzen. Lauch mit Knoblauch, Zitronenschale und -saft darin zugedeckt bei mittlerer Hitze etwa 5 Minuten schmoren. Mit Salz und Pfeffer würzen. Petersilie hacken und mit den Kürbiskernen auf das Gemüse streuen.

Lauchauflauf mit Möhren

Arbeitszeit etwa
25 Minuten
Backzeit etwa
50 Minuten
1 Portion enthält:
1373 kJ / 327 kcal
358 mg Cholesterin
18 g Fett
15 g Eiweiß
24 g Kohlenhydrate

Zu diesem Auflauf passt gemischter Salat, Tomaten- oder Gurkensalat.

Für 4 Portionen

2 Stangen Lauch (etwa 350 g)

3 lange Möhren (etwa 200 g)

3 EL Öl

Salz, weißer Pfeffer aus der Mühle

6 EL Gemüsebrühe

1 unbehandelte Zitrone

100 g Weizenvollkornmehl

1/2 TL getrockneter Majoran

geriebene Muskatnuss

1 Prise Backpulver

300 ml Milch

4 Eier

■ Lauch putzen, waschen und mit den saftigen grünen Blättern in etwa 12 cm lange Stücke schneiden. Möhren schälen und der Länge nach halbieren.

■ Gemüse sternförmig in eine ofenfeste Form mit halbhohem Rand legen. Mit Öl beträufeln und mit Salz und Pfeffer würzen. Die Gemüsebrühe zugießen. Auf die mittlere Schiene des kalten Backofens schieben und bei 200 °C (Umluft 180 °C, Gas Stufe 3) 20 Minuten backen.

■ Inzwischen Zitrone waschen, abtrocknen und etwa ein Viertel der Schale abreiben. Mit Mehl, Majoran, Salz, Pfeffer, Muskat und Backpulver mischen. Milch zugießen und alles zu einem glatten Teig verrühren. Die Eier trennen. Eigelbe nacheinander unter den Teig rühren. Eiweiße steif schlagen und unterziehen.

■ Den Teig auf dem Gemüse verteilen. Auflauf wieder in den Ofen schieben und 20–30 Minuten backen, bis er hoch aufgegangen und an der Oberfläche leicht gebräunt ist.

Lauchkuchen

Für 4 Portionen

Teig:

250 g Weizenvollkornmehl

1 TL Salz

125 g Butter oder Margarine

1 Ei

Belag:

1,5 kg Lauch (Porree)

2 EL Butter

200 g geriebener Emmentaler

4 Eier

¼ l Milch

250 g Schlagsahne

Salz, weißer Pfeffer aus der Mühle

geriebene Muskatnuss

■ Mehl, Salz, Butter oder Margarine und Ei vermischen, bis die Masse krümelig ist. Auf der Arbeitsfläche mit den Händen zu einem glatten Teig verkneten.

■ Eine Auflaufform mit einem mindestens 4 cm hohen Rand mit kaltem Wasser ausspülen und mit dem Teig auskleiden. Den Teig mehrfach mit der Gabel einstechen und kühl stellen, bis der Belag fertig ist.

■ Inzwischen den Lauch putzen, waschen und in feine Streifen schneiden. Die Butter erwärmen, Lauch darin andünsten und auf dem Mürbeteig verteilen.

■ Den Backofen auf 200 °C (Umluft 180 °C, Gas Stufe 3) vorheizen.

■ Käse, Eier, Milch und Sahne unter Rühren erwärmen, bis der Käse ganz geschmolzen ist. Mit Salz, Pfeffer und Muskat abschmecken und über dem Lauch verteilen.

■ Den Kuchen auf der mittleren Schiene des Backofens etwa 45 Minuten backen.

Arbeitszeit etwa
40 Minuten
Backzeit etwa
45 Minuten
1 Portion enthält:
4389 kJ/1045 kcal
493 mg Cholesterin
77 g Fett
40 g Eiweiß
50 g Kohlenhydrate

Den Kuchen kann man auch mit 1 kg Lauch und 500 g Kartoffeln zubereiten. Schneller geht es mit TK-Blätterteig.

Mexikanischer Bohnensalat

Arbeitszeit etwa	
1 Stunde	
Einweichzeit etwa	
6 Stunden	
Kochzeit etwa	
1 Stunde	
1 Portion enthält:	
1596 kJ/380 kcal	
0 mg Cholesterin	
10 g Fett	
21 g Eiweiß	
49 g Kohlenhydrate	

Wenn es schneller gehen soll, kann man auch Bohnen aus der Dose nehmen; für den Salat braucht man dann nur etwa 30 Minuten.

Für 6 Portionen

500 g rote, schwarze und braune Bohnen, gemischt

1 l Wasser

4 Zwiebeln

2 Knoblauchzehen

1 rote Pfefferschote

1 Bund Bohnenkraut

1 TL Gemüsebrüheextrakt

1 Flasche Tomatensaft (330 ml)

500 g rote und grüne Paprikaschoten

500 g Tomaten

5 EL Olivenöl

2 EL Rotweinessig

Salz

Cayennepfeffer

2 Bund Petersilie

■ Die Bohnen im Wasser etwa 6 Stunden zugedeckt einweichen.

■ Eine Zwiebel abziehen und hacken.

Eine Knoblauchzehe abziehen. Die Pfefferschote halbieren, von den Kernen befreien und waschen. Das Bohnenkraut waschen und die Stiele abschneiden. Die Blättchen zum Bestreuen auf einem Teller beiseite stellen.

■ Alles mit Brühe und Saft zu den Bohnen geben. Aufkochen und zugedeckt bei schwacher Hitze etwa 1 Stunde garen, bis die Bohnen weich sind. Lauwarm abkühlen lassen. Die restlichen Zwiebeln und Knoblauchzehe abziehen und hacken. Paprikaschoten halbieren, entkernen, waschen und in Streifen schneiden. Tomaten abziehen und würfeln.

■ Pfefferschote aus den Bohnen nehmen. Bohnen mit Zwiebeln, Knoblauch, Paprika und Tomaten vermischen. Mit Öl, Essig, Salz und reichlich Pfeffer würzen.

■ Petersilie waschen, trockenschwenken und hacken. Den Salat unmittelbar vor dem Servieren mit der Petersilie und den Bohnenkrautblättchen bestreuen.

Grüne Bohnensuppe mit Tomaten

Für 4 Portionen

400 g grüne Bohnen
1 Bund Bohnenkraut
1 Schalotte
4 EL Olivenöl
³/₄ l Gemüsebrühe
200 g Vollkornbrot
250 g Tomaten
100 g Crème fraîche
Salz, weißer Pfeffer

■ Bohnen waschen, putzen und in etwa 2 cm lange Stücke schneiden. Bohnenkraut waschen, Stiele und die Hälfte der Blätter ganz fein zerkleinern. Die restlichen Blätter beiseite legen. Schalotte abziehen und fein hacken.

■ Bohnen, zerkleinertes Bohnenkraut und Schalotte in 1 EL Öl bei mittlerer Hitze unter Rühren anbraten. Brühe zugießen, aufkochen und zugedeckt bei schwacher Hitze 15 Minuten garen.

■ 3 EL Öl in einer Pfanne erhitzen. Brot würfeln und darin unter häufigem Wenden bei schwacher bis mittlerer Hitze in etwa 5 Minuten knusprig rösten.

■ Die Tomaten abziehen und würfeln; die Stielansätze dabei entfernen. Mit der Crème fraîche in die Suppe geben und einmal aufkochen.

■ Die Suppe mit Salz und Pfeffer abschmecken und in heißen Tellern anrichten. Mit den gerösteten Brotwürfeln und den Bohnenkrautblättchen bestreuen.

*Arbeitszeit etwa
35 Minuten
1 Portion enthält:
1344 kJ/320 kcal
26 mg Cholesterin
19 g Fett
8 g Eiweiß
28 g Kohlenhydrate*

Grüne Bohnen auf dem Münchener Viktualienmarkt

Scharfe Bohnensuppe mit Schafskäse

Für 4 Portionen

250 g schwarze Bohnen
1¹/₄ l Gemüsebrühe
1–2 frische grüne Pfefferschoten
1 grüne Paprikaschote (etwa 200 g)
250 g Tomaten
1 große Zwiebel (etwa 150 g)
1 Knoblauchzehe
1 EL Öl
150 g schnittfester Schafskäse
1 kleines Bund Petersilie
Salz

■ Die Bohnen in der Brühe etwa 6 Stunden zugedeckt einweichen.

■ Die Pfefferschoten längs aufschneiden; von Stielansatz und Kernen befreien, kalt abspülen und in Streifen schneiden. Zu den Bohnen geben.

■ Die Bohnen einmal aufkochen und zugedeckt bei schwacher Hitze in etwa 1¹/₂ Stunden weich garen.

■ Paprikaschote putzen, waschen und in Streifen schneiden. Tomaten abziehen und würfeln; Stielansätze dabei entfernen. Zwiebel und Knoblauch fein hacken.

■ Öl in einer Pfanne erhitzen. Paprikaschote, Tomaten, Zwiebel und Knoblauch darin bei mittlerer Hitze unter häufigem Wenden etwa 5 Minuten braten.

■ Den Schafskäse zerbröckeln, zu den Bohnen geben und bei schwacher bis mittlerer Hitze rühren, bis er sich in der Suppe aufgelöst hat. Gebratenes Gemüse darunter mischen.

■ Petersilie fein hacken. Suppe mit Salz abschmecken, in heiße Teller verteilen und mit der Petersilie bestreuen.

*Arbeitszeit etwa
30 Minuten
Einweichzeit etwa
6 Stunden
Kochzeit etwa
1¹/₂ Stunden
1 Portion enthält:
1436 kJ/342 kcal
23 mg Cholesterin
11 g Fett
21 g Eiweiß
38 g Kohlenhydrate*

*E*xotische Bohnensuppe

Arbeitszeit etwa
45 Minuten
Einweichzeit
6 Stunden
Kochzeit etwa
2 1/4 Stunden
1 Portion enthält:
1163 kJ/277 kcal
0 mg Cholesterin
5 g Fett
15 g Eiweiß
41 g Kohlenhydrate

Die Suppe schmeckt gut als Mitternachtsimbiss bei einer Party oder zum Neujahrsbrunch.

Für 6 Portionen

300 g schwarze Bohnen

1 1/2 l Gemüsebrühe

250 g Kartoffeln

1 großer säuerlicher Apfel

250 g rote Paprikaschoten

1 frische grüne Pfefferschote

250 g Zwiebeln

1 Scheibe frische Ananas (etwa 150 g)

1 Stück Ingwerwurzel (etwa 2 cm lang)

2 EL Öl

1 Dose geschälte Tomaten
(Einwaage 400 g)

Salz

je 1 TL gemahlene Kurkuma (Gelbwurz),
Kreuzkümmel (Kumin) und Koriander

Saft von 1/2 Zitrone

■ Die Bohnen in der Gemüsebrühe zugedeckt 6 Stunden einweichen. Aufkochen und zugedeckt bei schwacher Hitze etwa 1 Stunde garen.

■ Inzwischen die Kartoffeln und den

Apfel schälen, waschen und würfeln. Die Paprikaschoten und die Pfefferschote putzen, in Streifen schneiden, dabei von den Kernen befreien, und waschen. Die Zwiebeln abziehen und hacken. Die Ananas schälen und in Stücke schneiden. Den Ingwer schälen und zerkleinern.

■ Das Öl in einem großen Topf erhitzen. Kartoffeln, Apfel, die Hälfte der Pfeffer- und Paprikaschoten, die Zwiebeln und den Ingwer darin andünsten. Die Tomaten mit dem Saft und die Bohnen mit der Brühe zugeben. Mit Salz abschmecken.

■ Die Suppe aufkochen und zugedeckt bei schwacher Hitze etwa 1 Stunde garen. Im Blitzhacker oder mit dem Schneidestab des Handrührgerätes pürieren.

■ Alle Gewürze und den Zitronensaft untermischen. Die Ananasstücke und die restlichen Pfeffer- und Paprikaschoten in die Suppe geben und alles noch etwa 5 Minuten garen.

Bohnenküchlein mit Frischkäse

Für 4 Portionen (12 Küchlein)

2 Dosen große weiße Bohnen
(Einwaage je etwa 400 g)

1 Stück Knollensellerie (etwa 300 g)

2 kleine Möhren

einige Salbeiblätter

50 g Kürbiskerne

1 Knoblauchzehe

1 Ei

Salz

Cayennepfeffer

Öl zum Braten

2 Fenchelknollen

1 Bund Dill

300 g körniger Frischkäse

100 g Schlagsahne

■ Die Bohnen abtropfen lassen. Sellerie und Möhren schälen und waschen. Die Salbeiblätter waschen. Alle diese Zutaten und die Kürbiskerne im Mixer oder im Blitzhacker pürieren.

■ Die Knoblauchzehe abziehen, fein hacken und unter das Bohnenpüree mischen. Ei, Salz und Cayennepfeffer unterrühren. Alles kneten, bis ein weicher Teig entstanden ist.

■ Das Öl in einer Pfanne erhitzen. Pro Küchlein 2 EL Teig hineingeben, flach drücken und bei mittlerer Hitze auf jeder Seite etwa 4 Minuten braten.

■ Währenddessen die Fenchelknollen halbieren, waschen, vom Strunk befreien und fein zerkleinern. Den Dill fein hacken. Beides mit Frischkäse und Sahne mischen, mit Salz und Cayennepfeffer abschmecken und zu den heißen Küchlein servieren.

Arbeitszeit etwa
45 Minuten
1 Portion enthält:
2041 kJ/486 kcal
94 mg Cholesterin
27 g Fett
29 g Eiweiß
31 g Kohlenhydrate

Dazu passen Kartoffel- und Tomatensalat.

Bohnengemüse mit Mais und Crêpes

Arbeitszeit etwa
1¹/₂ Stunden
Einweichzeit
6 Stunden
Kochzeit etwa
1 Stunde 35 Minuten
1 Portion enthält:
2528 kJ/602 kcal
228 mg Cholesterin
29 g Fett
24 g Eiweiß
58 g Kohlenhydrate

Für 4 Portionen

Bohnengemüse:
200 g rote Bohnen
¹/₂ l Gemüsebrühe
1 Knoblauchzehe
1 Zweig Rosmarin
2 grüne Paprikaschoten
3 mittelgroße Tomaten
Salz
1 TL scharfes Paprikapulver
Mais:
4 frische Maiskolben
2 EL Butter
2 EL Schnittlauchröllchen
weißer Pfeffer aus der Mühle
Zwiebelcrêpes:
2 Lauchzwiebeln
1 unbehandelte Zitrone
100 ml Milch
75 g Schlagsahne
60 g Weizenvollkornmehl
Salz
2 Eier
1 EL flüssige Butter
Öl zum Backen

■ Die Maiskolben von Hüllblättern und Fäden befreien und waschen. Reichlich Wasser zum Kochen bringen, die Maiskolben darin aufkochen und zugedeckt bei schwacher bis mittlerer Hitze etwa 20 Minuten kochen lassen, bis die Körner weich sind.

■ Für die Crêpes die Lauchzwiebeln waschen, putzen und mit den saftigen grünen Blättern fein hacken.

■ Die Zitrone waschen, abtrocknen und die Hälfte der Schale abreiben.

■ Die Milch mit Sahne vermischen. Das Mehl hineinsieben und dabei mit den Quirlen des Handrührgerätes auf niedriger Schaltstufe rühren. Salz, Zitronenschale, Eier und Butter untermischen. Zum Schluss die Lauchzwiebeln mit einem Löffel unterrühren.

■ ¹/₂ TL Öl in einer Pfanne mit 22 cm Ø erhitzen. Knapp 2 EL Teig darin verteilen und zugedeckt bei mittlerer Hitze backen, bis die Oberseite fest ist. Wenden und ohne Deckel fertig backen. Sieben weitere Crêpes backen und jeweils warm halten.

■ Die Maiskolben abtropfen lassen. Mit dem Gemüse und den Crêpes auf heißen Tellern anrichten. Die Butter auf den Maiskolben verteilen, Schnittlauch, Salz und Pfeffer darüber streuen.

Diese voll gefüllten Säcke geben einen Einblick in die Vielfalt der Hülsenfrüchte, die heute erhältlich ist.

■ Für das Gemüse die Bohnen in der Gemüsebrühe zugedeckt 6 Stunden einweichen.

■ Die Knoblauchzehe abziehen, mit dem Rosmarinzweig zu den Bohnen geben, aufkochen und zugedeckt bei schwacher Hitze in 1–1¹/₂ Stunden gerade eben weich garen.

■ Die Paprikaschoten waschen, putzen und in Streifen schneiden. Die Tomaten mit kochendem Wasser übergießen, abziehen und würfeln, dabei die Stielansätze entfernen. Beide Zutaten zu den Bohnen geben und aufkochen. Zugedeckt bei schwacher Hitze etwa 5 Minuten garen. Mit Salz und Paprikapulver abschmecken.

Rote Bohnen mit Äpfeln

Für 4 Portionen

200 g rote Bohnen

1/2 l Wasser

3 kleine säuerliche Äpfel, z. B. Cox Orange oder Boskoop

2 Zwiebeln

2 EL Öl

1 TL getrockneter Majoran

1/8 l Apfelwein

Salz

Cayennepfeffer

■ Die Bohnen im Wasser 6 Stunden einweichen. Im Einweichwasser aufkochen und zugedeckt bei schwacher Hitze in etwa 1 1/2 Stunden weich kochen.

■ Die Äpfel vierteln, schälen, vom Kerngehäuse befreien und in Schnitze teilen. Die Zwiebeln abziehen und in dünne Ringe schneiden.

■ Das Öl erhitzen. Majoran, die Äpfel und die Zwiebeln darin bei schwacher Hitze anbraten, bis die Zwiebelringe glasig und weich sind.

■ Die Bohnen abgießen und abtropfen lassen. Zu den Äpfeln geben, den Apfelwein zugießen, aufkochen und bei starker Hitze etwa 5 Minuten kochen. Mit Salz und einer kräftigen Prise Cayennepfeffer abschmecken.

Arbeitszeit etwa

30 Minuten

Einweichzeit

6 Stunden

Kochzeit etwa

1 Stunde 35 Minuten

1 Portion enthält:

1226 kJ/292 kcal

0 mg Cholesterin

6 g Fett

11 g Eiweiß

42 g Kohlenhydrate

Schwarze Bohnen mit Käsefladen

Arbeitszeit etwa	Für 6 Portionen	Käsefladen:
1¹/4 Stunden	Bohnengemüse:	500 g Mehl
Einweichzeit	500 g schwarze Bohnen	1 Päckchen Trockenhefe
6 Stunden	1¹/4 l Wasser	250 g Magerjoghurt
Ruhe-, Koch-, Back-	1 Lorbeerblatt	¹/4 l lauwarmes Wasser
und Bratzeit etwa	1 Bund Bohnenkraut	1 TL Salz
4¹/4 Stunden	1 Knoblauchzehe	200 g geriebener Hartkäse
1 Portion enthält:	1 EL Instantgemüsebrühe	1 TL gemahlener Kümmel
3507 kJ/835 kcal	500 g Zwiebeln	Mehl zum Formen
31 mg Cholesterin	500 g Tomaten	Fett für das Blech
21 g Fett	3 EL Öl	Öl zum Bestreichen
42 g Eiweiß	2 EL Essig	
113 g Kohlenhydrate	Salz	
	schwarzer Pfeffer	

krautes, die ungeschälte Knoblauchzehe und die Gemüsebrühe zu den eingeweichten Bohnen geben und aufkochen. Zugedeckt bei schwacher Hitze in etwa 1¹/₂ Stunden weich garen.

■ Käse und Kümmel unter den Teig kneten. Die Arbeitsfläche mit Mehl bestauben. Den Teig in 12 Stücke teilen. Jedes Stück zu einem etwa fingerdicken Fladen ausrollen. Zwei Backbleche einfetten, die Fladen darauf legen und 30 Minuten zugedeckt gehen lassen.

■ Das erste Blech auf die mittlere Schiene des kalten Backofens schieben und bei 200 °C (Umluft 180 °C, Gas Stufe 3) 30 Minuten backen. Mit Öl bestreichen und in weiteren 5–10 Minuten hellbraun backen. Die Fladen auf dem zweiten Blech etwa 30 Minuten backen, dabei ebenfalls einmal mit Öl bestreichen.

■ Während die Fladen auf dem Blech gehen und backen, die Zwiebeln abziehen und in dünne Ringe hobeln. Die Tomaten abziehen und würfeln, dabei die Stielansätze entfernen. Das restliche Bohnenkraut fein hacken.

■ Das Öl in einer großen Pfanne erhitzen. Die Zwiebeln darin bei schwacher Hitze unter häufigem Wenden etwa 15 Minuten braten, bis sie weich und goldbraun sind.

■ Tomaten und Bohnen mit dem Kochsud zufügen und einmal aufkochen. Lorbeerblatt und Knoblauch herausnehmen. Das Gemüse mit Essig, Salz und Pfeffer abschmecken und das gehackte Bohnenkraut darunter mischen. Zu den heißen Fladen servieren.

Die Fladen schmecken am besten frisch aus dem Ofen. Das Bohnengemüse können Sie dagegen schon vorher zubereiten, denn man kann es kalt oder lauwarm genauso gut essen wie heiß.

■ Die Bohnen im Wasser 6 Stunden zugedeckt einweichen.

■ Für die Käsefladen Mehl mit Trockenhefe, zimmerwarmem Joghurt, Wasser und Salz mischen. Mit den Knethaken des Handrührgerätes etwa 5 Minuten durchkneten, bis der Teig Blasen bildet und sich vom Schüsselrand löst. Zugedeckt bei Zimmertemperatur etwa 1 Stunde ruhen lassen, bis sich das Teigvolumen etwa verdoppelt hat.

■ Das Lorbeerblatt, die Hälfte des Bohnen-

Dicke-Bohnen-Gemüse

Arbeitszeit etwa
15 Minuten
Kochzeit etwa
25 Minuten
1 Portion enthält:
521 kJ/124 kcal
3 mg Cholesterin
6 g Fett
6 g Eiweiß
12 g Kohlenhydrate

Für 4 Portionen

1/2 Bund Lauchzwiebeln
1 Bund Bohnenkraut
2 EL Öl
1 TK-Packung dicke Bohnen (300 g)
1 Dose Tomatenmark (70 g)
1/8 l Instantgemüsebrühe
2 Lorbeerblätter
3 Gewürznelken
1 EL Schlagsahne
Salz, weißer Pfeffer

*Dazu passen Pell-
kartoffeln, Reis
oder Brot.*

■ Die Lauchzwiebeln putzen, waschen und mit allen saftigen grünen Blättern fein zerkleinern. Die Bohnenkraut-blättchen abzupfen und beiseite legen; die Stiele fein hacken.

■ Das Öl erhitzen. Lauchzwiebeln und Bohnenkrautstiele darin bei mittlerer Hitze unter ständigem Rühren etwa 3 Minuten braten.

■ Die dicken Bohnen und das Tomaten-mark untermischen. Die Brühe zugießen, Lorbeerblätter und Nelken zugeben. Auf-kochen und zugedeckt bei schwacher Hitze etwa 20 Minuten garen.

■ Die Sahne untermischen und die Boh-nen mit Salz und einer kräftigen Prise Pfeffer abschmecken. Mit den Bohnen-krautblättchen bestreuen und servieren.

Bohnen mit Kartoffeln und Nudeln

Arbeitszeit etwa
50 Minuten
1 Portion enthält:
2495 kJ/594 kcal
76 mg Cholesterin
24 g Fett
27 g Eiweiß
62 g Kohlenhydrate

Für 4 Portionen

2 Knoblauchzehen
2 Bund Basilikum
100 g Pecorino
50 g Pinienkerne
4 EL Olivenöl
Cayennepfeffer
Salz
1 TK-Packung dicke Bohnen (300 g)
250 g fest kochende Kartoffeln
250 g Spaghetti
300 g Tomaten

*Das Essen ist die
Abwandlung einer
Spezialität aus der
Toskana. Dort bereitet
man den bäuerlichen
Eintopf mit grünen
Bohnen zu.*

■ Für die Basilikumpaste die Knoblauch-zehen abziehen. Die Basilikumblätter abzupfen und grob zerschneiden. Den Pecorino zerbröckeln.

■ Alle diese Zutaten, die Pinienkerne und das Öl im Mixer pürieren. Das Püree mit einer kräftigen Prise Cayennepfeffer abschmecken.

■ In einem großen Topf reichlich Salz-wasser zum Kochen bringen. Die gefro-renen dicken Bohnen hineingeben, auf-kochen und zugedeckt bei schwacher Hitze 8 Minuten garen.

■ Inzwischen die Kartoffeln schälen, waschen und in Würfel schneiden. Zu den Bohnen geben, aufkochen und weitere 5 Minuten bei schwacher Hitze kochen lassen.

■ Die Bohnen mit den Kartoffeln erneut sprudelnd aufkochen, die Spaghetti zufügen und alles im offenen Topf bei mittlerer Hitze etwa 6 Minuten garen, bis die Spaghetti bissfest sind.

■ Teller vorwärmen. Die Tomaten häuten und würfeln, dabei von den Stielansätzen befreien. Mit der Basilikumpaste und 4 EL Kochwasser in eine vorgewärmte Schüssel geben. Die Gemüse-Spaghetti-Mischung abgießen, zugeben und alles vermengen. Sofort auf heißen Tellern servieren.

Vegetarisches Cassoulet

Für 4 Portionen

400 g rote Bohnen

1 l Wasser

500 g Tomaten

1 Zwiebel

1 Knoblauchzehe

2 frische grüne Pfefferschoten

1 Hand voll Salbeiblätter

1 EL Öl

Salz

50 g Semmelbrösel

50 g Kokosflocken

50 g Butter

■ Die Bohnen im Wasser 6 Stunden zugedeckt einweichen. Mit dem Einweichwasser aufkochen und zugedeckt bei schwacher Hitze 50 Minuten garen.

■ Die Tomaten abziehen und würfeln, dabei von den Stielansätzen befreien.

Zwiebel und Knoblauchzehe abziehen und fein hacken. Die Pfefferschoten der Länge nach halbieren, vom Stielansatz und den Kernen befreien, kalt abspülen und in Streifen schneiden. Den Salbei waschen, trockentupfen und grob hacken.

■ Das Öl in einem großen Schmortopf erhitzen. Zwiebel und Knoblauch darin bei schwacher Hitze glasig braten. Bohnen einschließlich der Garflüssigkeit, Tomaten, Pfefferschoten und Salbei zugeben, mit Salz würzen und mischen.

■ Die Bohnen zugedeckt auf die untere Schiene des kalten Backofens stellen und bei 180 °C (Umluft 160 °C, Gas Stufe 2–3) 45 Minuten backen.

■ Die Semmelbrösel mit Kokosflocken und Butter in einer Schüssel vermischen und auf den Bohnen verteilen. Im offenen Topf noch 45 Minuten backen.

Arbeitszeit etwa
25 Minuten
Einweichzeit
6 Stunden
Koch- und Backzeit
etwa 2 1/2 Stunden
1 Portion enthält:
2394 kJ/570 kcal
30 mg Cholesterin
23 g Fett
25 g Eiweiß
62 g Kohlenhydrate

Der gebackene Bohneneintopf aus Frankreich schmeckt mit Kartoffeln oder Knoblauchbrot und gemischtem Salat.

Erbsensuppe

Arbeitszeit etwa
30 Minuten
1 Portion enthält:
945 kJ/225 kcal
130 mg Cholesterin
16 g Fett
8 g Eiweiß
11 g Kohlenhydrate

Statt der Erbsen kann man auch Kohlrabistifte, geschnipselte grüne Bohnen oder grob gehackten Wurzelspinat verwenden.

Für 4 Portionen

1 Zwiebel
4 Selleriestangen
2 EL Öl
1 l Gemüsebrühe
300 g TK-Erbsen
100 g Schlagsahne
1 Eigelb
Salz
weißer Pfeffer
geriebene Muskatnuss

■ Die Zwiebel abziehen und fein hacken. Die Selleriestangen waschen, putzen und in kleine Stücke schneiden. Die Sellerieblätter abzupfen, fein hacken und zum Bestreuen der Suppe beiseite legen.

■ Das Öl in einem Topf erhitzen. Die Zwiebel und die Selleriestücke darin bei schwacher Hitze braten, bis die Zwiebel glasig ist.

■ Die Brühe und die gefrorenen Erbsen zugeben, aufkochen und zugedeckt 10 Minuten garen.

■ Die Sahne mit dem Eigelb und 2 EL heißer Suppe verrühren und unter die Suppe im Topf mischen. Erhitzen, aber nicht mehr aufkochen.

■ Die Suppe mit Salz, Pfeffer und Muskat würzen und mit den gehackten Sellerieblättern bestreuen.

Erbsentopf mit Joghurtsauce

Für 4 Portionen

Erbsentopf:

500 g grüne Trockenerbsen

$1/2$ l Wasser

Salz

500 g Möhren

2 Gemüsezwiebeln

1 Selleriestange

2 große Tomaten

2 EL Öl

3 EL Currypulver

200 ml Gemüsebrühe

3 Liebstöckelstängel

1 Bund Schnittlauch

Joghurtsauce:

1 unbehandelte Zitrone

500 g Joghurt (3,5 % Fett)

Salz

Cayennepfeffer

■ Die Erbsen mit Wasser und Salz aufkochen und zugedeckt bei schwacher Hitze in etwa 1 Stunde weich garen.

■ Inzwischen für die Sauce die Zitrone waschen, abtrocknen und die Schale abreiben. Joghurt, Zitronenschale, Salz und Pfeffer mischen und zugedeckt kalt stellen, bis das Gemüse fertig ist.

■ Die Möhren schälen, waschen und in fingerbreite Stifte schneiden. Die Zwiebeln abziehen und achteln. Die Selleriestange waschen, putzen und in etwa 2 cm breite Ringe schneiden. Die Sellerieblätter abzupfen, fein hacken und beiseite legen. Die Tomaten abziehen und würfeln; dabei den Stielansatz entfernen.

■ Das Öl in einem Topf erhitzen. Möhren und Zwiebeln darin bei mittlerer Hitze dünsten. Das Currypulver darüber stauben und einige Sekunden unter Rühren mitbraten. Die Erbsen mit dem Kochsud und die Gemüsebrühe zugeben und zugedeckt bei schwacher Hitze etwa 6 Minuten garen. Die Tomaten zufügen und kurz aufkochen.

■ Teller vorwärmen. Liebstöckel und Schnittlauch fein zerkleinern. Mit den Sellerieblättern über das Gemüse streuen und auf den Tellern anrichten. Die Joghurtsauce dazu servieren.

Arbeitszeit etwa 45 Minuten

Kochzeit etwa 1 Stunde

1 Portion enthält:

2398 kJ/571 kcal

18 mg Cholesterin

15 g Fett

37 g Eiweiß

70 g Kohlenhydrate

Die Erbsen werden aus den Hülsen gepalt. Als Kulturpflanze ist die Erbse seit dem 6. Jh. v. Chr. in Vorderasien bekannt. 2000 Jahre später gelangte sie auch nach Mitteleuropa. Sie enthält viel Eiweiß und Stärke.

Kichererbsencreme

Arbeitszeit etwa
15 Minuten

1 Portion enthält:
584 kJ / 139 kcal
0 mg Cholesterin
6 g Fett
7 g Eiweiß
15 g Kohlenhydrate

Für 6 Portionen
1 Dose Kichererbsen (Einwaage 260 g)
2 Knoblauchzehen
2 Zweige Petersilie
3 EL Sesammus (Tahin)
½ TL Fenchelsamen
100 ml kalte Instantgemüsebrühe
½ Bund Schnittlauch
2–3 EL Zitronensaft
Salz
½ TL scharfes Paprikapulver

■ Die Kichererbsen abgießen und abtropfen lassen. Die Knoblauchzehen abziehen. Die Petersilie waschen.

■ Kichererbsen und Knoblauchzehen mit Petersilie, Sesammus, Fenchelsamen und Gemüsebrühe im Mixer pürieren.

■ Den Schnittlauch waschen, trockentupfen und fein hacken.

■ Zitronensaft, Salz, Paprikapulver und Schnittlauch unter die Kichererbsencreme mischen.

Kichererbsensalat mit Kräutern

Arbeitszeit etwa
30 Minuten

Einweichzeit
6 Stunden

Kochzeit etwa
1½ Stunden

1 Portion enthält:
2096 kJ / 499 kcal
0 mg Cholesterin
26 g Fett
20 g Eiweiß
42 g Kohlenhydrate

Für 2 Portionen
150 g Kichererbsen
300 ml Wasser
1 TL Gemüsebrüheextrakt
1 rote Zwiebel
½ Bund gemischte Kräuter
1 kleine unbehandelte Zitrone
100 g Blattspinat
3 EL Olivenöl
30 g Mandelstifte
Salz
weißer Pfeffer aus der Mühle

■ Die Kichererbsen im Wasser 6 Stunden zugedeckt einweichen. Mit der Gemüsebrühe aufkochen und zugedeckt bei schwacher Hitze in etwa 1½ Stunden weich garen.

■ Die Erbsen mit der eventuell verbliebenen Brühe in eine Schüssel geben und lauwarm abkühlen lassen.

■ Die Zwiebel abziehen. Zwiebel und Kräuter fein hacken. Dann die Zitrone waschen, abtrocknen, ein etwa 5 cm langes Stück Schale abschneiden und fein zerkleinern. Den Saft auspressen.

■ Den Spinat verlesen, waschen und grob hacken.

■ Alle diese Zutaten mit Öl und Mandelstiften unter die Kichererbsen mischen. Mit Salz und einer kräftigen Prise Pfeffer abschmecken.

Kichererbsencurry mit Nüssen

Für 6 Portionen

400 g fest kochende Kartoffeln

1 grüne Pfefferschote

1 große Zwiebel

2 Knoblauchzehen

1 Stück frische Ingwerwurzel

1 Tomate

200 g Cashewnüsse

150 g Joghurt, 1/4 l Sojadrink

1 TL Kurkumapulver (Gelbwurz)

1 TL Senfpulver

1/2 TL gemahlener Koriander

1/2 TL gemahlener Kreuzkümmel

2 Dosen Kichererbsen (Einwaage 260 g)

7 EL Erdnussöl

Salz, Cayennepfeffer

1 Bund Petersilie

■ Die Kartoffeln schälen, waschen und würfeln. Pfefferschote putzen, waschen und in Streifen schneiden. Zwiebel und Knoblauchzehen abziehen und fein hacken. Ingwer schälen und reiben. Tomate abziehen und in Scheiben schneiden.

■ Die Hälfte der Nüsse fein mahlen. Mit Ingwer, Tomate, Joghurt, Sojadrink, Kurkuma, Senfpulver, Koriander und Kreuzkümmel verrühren.

■ Die Kichererbsen abtropfen lassen. Öl erhitzen. Kartoffeln, Pfefferschote, Zwiebel, Knoblauch, Nüsse und Erbsen darin bei starker Hitze etwa 3 Minuten unter Rühren schmoren. Joghurtmischung untermischen, mit Salz und Cayennepfeffer würzen, aufkochen und zugedeckt bei schwacher Hitze etwa 10 Minuten garen, bis die Kartoffeln weich sind.

■ Petersilie waschen, trockentupfen, fein hacken und unter das Curry mischen.

Arbeitszeit etwa

1 Stunde

1 Portion enthält:

2209 kJ/526 kcal

0 mg Cholesterin

27 g Fett

19 g Eiweiß

47 g Kohlenhydrate

Für die Kichererbsengerichte kann man die Erbsen selbst kochen. Industriell konservierte Hülsenfrüchte enthalten jedoch mehr Vitamine.

Linsensuppe

Arbeitszeit etwa
45 Minuten
1 Portion enthält:
1789 kJ / 426 kcal
76 mg Cholesterin
26 g Fett
15 g Eiweiß
31 g Kohlenhydrate

Man kann den Apfel durch einen Pfirsich, die Milch durch Sojamilch ersetzen.

Für 4 Portionen

1 Stange Lauch (Porree)
1 säuerlicher Apfel
1 EL Öl
100 g rote Linsen
3/4 l Milch, 1/8 l Wasser
1 TL Gemüsebrüheextrakt
3 EL Zitronensaft
200 g Schlagsahne
Salz, Cayennepfeffer
1/2 TL gemahlener Koriander
1 großes Bund Schnittlauch

■ Den Lauch putzen, waschen und sehr fein schneiden. Den Apfel vierteln, schälen, vom Kerngehäuse befreien und klein würfeln.

■ Das Öl in einem Topf erhitzen. Lauch, Apfel und Linsen darin bei mittlerer Hitze unter Rühren anbraten.

■ Milch, Wasser, Brühe und Zitronensaft zugeben, aufkochen und die Linsen zugedeckt bei schwacher Hitze in etwa 25 Minuten sehr weich garen.

■ Die Suppe kräftig durchrühren, bis sie sämig ist. Die Sahne darunter mischen und erhitzen, aber nicht mehr aufkochen. Mit Salz, Cayennepfeffer und Koriander würzen. Schnittlauch in Röllchen schneiden und über die Linsensuppe streuen.

Linsenstrudel

Arbeitszeit etwa
1 Stunde 20 Minuten
Koch- und Backzeit
etwa 1 Stunde
50 Minuten
1 Portion enthält:
2251 kJ / 536 kcal
88 mg Cholesterin
28 g Fett
16 g Eiweiß
53 g Kohlenhydrate

Für 6 Portionen

Teig:
200 g Roggenvollkornmehl
100 g Weizenvollkornmehl
Salz
7 EL Öl
150 ml lauwarmes Wasser
1 EL Zitronensaft
Füllung:
150 g Linsen
300 ml Gemüsebrühe
500 g Weißkohl
500 g Möhren
2 Zwiebeln, 1 Knoblauchzehe
1 Ei
100 g saure Sahne
1 EL Kümmelkörner
Salz, weißer Pfeffer aus der Mühle
Cayennepfeffer
50 g Butter
Mehl für die Arbeitsfläche
2 EL Öl

■ Alle Teigzutaten in einer Schüssel zu einem elastischen, glatten Teig kneten.

■ Zu einem Kloß formen und in Pergamentpapier wickeln. Einen Topf mit heißem Wasser ausspülen. Den Teig hineinlegen und zugedeckt ruhen lassen, bis die Füllung zubereitet ist.

■ Linsen in der Brühe aufkochen und zugedeckt 1 Stunde garen, bis sie sehr weich sind und die Brühe ganz aufgesogen haben. Lauwarm abkühlen lassen.

■ Den Weißkohl putzen. Die Möhren schälen und waschen. Beides im Blitzhacker fein zerkleinern. Zwiebeln und Knoblauch abziehen und hacken.

■ Das zerkleinerte Gemüse mit Linsen, Ei, Sahne und Kümmel mischen und mit Salz, Pfeffer und Cayennepfeffer würzen.

■ Eine flache Gratinform mit der Hälfte der Butter fetten.

■ Den Teig in 6 Stücke schneiden. Jedes Stück auf wenig Mehl so dünn wie möglich zu einem Rechteck ausrollen und nur außen an den dickeren Rändern mit den Fingerspitzen ausziehen.

■ Die Teigstücke mit Öl bestreichen und mit der Füllung belegen. Dabei rundherum einen Rand frei lassen. Zuerst die beiden Schmalseiten, dann die Längsseiten des Teigstückes über der Füllung falten. Die Strudel aufrollen

und nebeneinander in die Gratinform legen.

■ Strudel auf die mittlere Schiene des kalten Backofens schieben und bei 200 °C (Umluft 180 °C, Gas Stufe 3) etwa 50 Minuten backen. Während des Backens zwei- bis dreimal mit der restlichen Butter und der Flüssigkeit bestreichen, die sich am Boden der Form sammelt.

Dazu passt Salat. Da ein Strudelteig aus Vollkornmehl sich nicht hauchdünn ausziehen lässt, empfiehlt es sich, statt einer großen Teigplatte mehrere kleine zu füllen.

Linsen mit Spätzle

Für 4 Portionen

200 g braune Linsen
1/2 l Gemüsebrühe
1 TL getrockneter Majoran
200 g Mehl
Salz
3 große Eier
4 EL Wasser
1 Gemüsezwiebel
1 EL Butter
2 EL Olivenöl
schwarzer Pfeffer aus der Mühle
1/4 Bund Petersilie

■ Linsen mit Brühe und Majoran aufkochen und zugedeckt bei schwacher Hitze in etwa 1 Stunde weich kochen.
■ Inzwischen für den Spätzleteig das Mehl mit einer kräftigen Prise Salz, Eiern und Wasser verrühren.

■ Die Zwiebel abziehen und in dünne Ringe schneiden. Butter und Öl in einer Pfanne erhitzen. Zwiebel bei schwacher Hitze darin weich und goldgelb braten.
■ Reichlich Wasser mit Salz aufkochen. Den Spätzleteig portionsweise vom Brett schaben oder durch den Spätzlehobel in das sprudelnd kochende Wasser geben. An die Oberfläche steigen lassen und noch etwa 1 Minute garen. Mit einem Schaumlöffel herausnehmen und in einer heißen Schüssel mit den Linsen mischen. Mit Pfeffer würzen und warm halten.
■ Zum Schluß die gebratenen Zwiebeln mit dem Bratfett auf die Spätzle geben. Petersilie hacken und darüber streuen.

Arbeitszeit etwa 40 Minuten Kochzeit etwa 1 Stunde 1 Portion enthält: 2171 kJ/517 kcal 274 mg Cholesterin 16 g Fett 24 g Eiweiß 66 g Kohlenhydrate

Zu diesem Linsengericht passt gemischter Salat oder Tomatensalat.

Linsengemüse mit Serviettenkloß

Arbeitszeit etwa 1 Stunde	**Für 6 Portionen**
Einweichzeit 1 Stunde	20 g getrocknete Mischpilze
	$1/8$ l Wasser
Kochzeit etwa 2 Stunden	250 g feines Roggenvollkornbrot
	50 g Butter
1 Portion enthält:	Salz
3423 kJ/815 kcal	2 große Zwiebeln
235 mg Cholesterin	1 Knoblauchzehe
27 g Fett	1 Bund Petersilie
37 g Eiweiß	3 Eier
102 g Kohlenhydrate	300 g Mehl
	1 TL getrockneter Thymian
	300 ml Milch
	500 g Linsen
	$1^{1}/_{4}$ l Gemüsebrühe
	1 EL Öl
	200 g Crème fraîche
	1 kleine unbehandelte Zitrone
	weißer Pfeffer aus der Mühle
	1 Bund Schnittlauch

Getrocknete Linsen, Bohnen und Erbsen muss man immer in kaltes Wasser geben und zum Kochen bringen. Setzt man sie in kochendem Wasser auf, bleiben sie hart.

■ Die Pilze im Wasser 1 Stunde zugedeckt einweichen.

■ Brot in etwa 5 mm große Würfel schneiden. Butter erhitzen, Brot darin bei schwacher Hitze unter Wenden in etwa 10 Minuten knusprig braten und erkalten lassen.

■ Reichlich Salzwasser in einem großen Topf aufkochen.

■ Die Zwiebeln und die Knoblauchzehe hacken. Die Petersilie fein zerkleinern. Die Eier trennen. Mehl mit Salz und Thymian in eine Schüssel geben. Milch und Eigelbe dazugeben und alles mit den Knethaken des Handrührgerätes zu einem glatten Teig vermischen. Die Eiweiße steif schlagen und darauf geben. Brotwürfel und die Hälfte von Zwiebeln, Knoblauch und Petersilie zugeben und alles mit einem Kochlöffel mischen.

■ Ein Küchentuch in kaltes Wasser

Die Linse, ein 30–50 cm hohes Kraut, ist eine alte Kulturpflanze aus dem Orient.

tauchen, gut auswringen und auf der Arbeitsfläche ausbreiten. Den Teig in die Mitte des Tuches geben und das Tuch so darüber zusammenfalten, dass ein länglicher Teigkloß entsteht. Beide Enden des Tuches mit Küchengarn zubinden.

■ Den Kloß ins kochende Wasser legen und bei mittlerer bis schwacher Hitze 1 Stunde kochen lassen. Topf nicht ganz schließen. Den Kloß einmal wenden.

■ Die Linsen mit Brühe aufkochen und bei schwacher Hitze 45 Minuten garen.

■ Pilze in ein Sieb schütten, Einweichwasser auffangen und durch eine Kaffeefiltertüte gießen. Pilze kalt abspülen.

■ Das Öl erhitzen. Pilze und restliche Zwiebeln, Knoblauchzehe und Petersilie darin bei mittlerer Hitze unter Rühren 3 Minuten schmoren. Dabei nach und nach das Einweichwasser zugießen und unter Rühren etwas einkochen lassen. Linsen mit der verbliebenen Brühe und Crème fraîche zugeben. Alles bei starker Hitze unter Rühren dickflüssig einkochen lassen. Die Zitrone waschen, abtrocknen, die Schale abreiben und den Saft auspressen. Gemüse mit Zitronenschale, -saft, Salz und Pfeffer abschmecken.

■ Kloß aus dem Wasser nehmen, aus dem Tuch wickeln, in Scheiben schneiden und auf heißen Tellern verteilen. Gemüse daneben anrichten. Schnittlauch fein zerkleinern und darüber streuen.

Mexikanische Linseneierkuchen

Für 4 Portionen

Eierkuchen:

200 g rote Linsen

1 grüne Pfefferschote

100 g Weizenvollkornmehl

Salz

500 g Buttermilch

3 Eier

Öl oder Pflanzenfett zum Backen

Gemüse:

1 Bund Lauchzwiebeln

1 kleine Dose rote oder schwarze Bohnen

1 kleine Dose Zuckermais

2 EL Maiskeimöl

1 kleine Dose Tomatenfleisch in Stücken

Salz

Sambal Oelek nach Belieben

1 Hand voll Koriandergrün oder Petersilien-blättchen

■ Für die Eierkuchen die Linsen im Blitz-hacker so fein wie Mehl zerkleinern. Die Pfefferschote halbieren, von den Kernen befreien, waschen und fein hacken.

■ Die gemahlenen Linsen, Pfefferschote, Mehl, Salz und Buttermilch in einer Schüssel verrühren. Zugedeckt bei Zimmertemperatur etwa 6 Stunden stehen lassen.

■ Die Eier unter den Teig rühren. Das Fett in einer Pfanne erhitzen. 1 Schöpf-kelle Teig in die Pfanne geben und zugedeckt 3 Minuten backen, bis sich der Eierkuchen leicht vom Pfannenboden lösen lässt. Wenden und auf der zweiten Seite etwa 2 Minuten backen. Acht Eierkuchen backen und bei 50 °C (Gas Stufe 1/2) im Backofen warm halten.

■ Für das Gemüse die Lauchzwiebeln putzen, waschen und mit allen saftigen grünen Blättern fein zerkleinern. Bohnen und Mais in ein Sieb schütten und kurz mit kaltem Wasser abspülen.

■ Das Öl in einem Topf erhitzen und die Lauchzwiebeln darin glasig braten. Die Bohnen, den Mais und die Tomatenstücke zugeben und bei starker Hitze unter Rühren etwa 5 Minuten schmoren. Mit Salz und Sambal Oelek würzen.

■ Teller vorwärmen. Koriandergrün oder Petersilie waschen, trockentupfen, mit einem scharfen Messer fein schneiden und unter das Gemüse mischen. Mit den Eierkuchen auf den Tellern anrichten.

Arbeitszeit etwa
1 Stunde 10 Minuten
Ruhezeit etwa
6 Stunden
1 Portion enthält:
3058 kJ/728 kcal
267 mg Cholesterin
24 g Fett
38 g Eiweiß
84 g Kohlenhydrate

Die indonesische Spe-zialität Sambal Oelek ist bei uns in Asien-läden und großen Supermärkten erhält-lich. Diese Würzpaste wird aus frischen oder getrockneten roten Pfefferschoten herge-stellt und mit Knob-lauch, Zwiebeln, Öl und verschiedenen Gewürzen vermischt.

Sojasprossensalat mit Kiwis

Arbeitszeit etwa

45 Minuten

1 Portion enthält:

445 kJ / 106 kcal

0 mg Cholesterin

5 g Fett

5 g Eiweiß

10 g Kohlenhydrate

Als Kräuter eignen sich z. B. Petersilie, Dill, Kerbel und Zitronenmelisse.

Für 4 Portionen

250 g Sojasprossen

2 Lauchzwiebeln

3 reife Kiwis

1 Hand voll gemischte frische Kräuter

2 EL Zitronensaft

schwarzer Pfeffer aus der Mühle

1 EL Maiskeimöl

1 EL Pistazien

■ Die Sojasprossen in einem Sieb kalt abspülen und abtropfen lassen. Dann in reichlich sprudelnd kochendem Wasser etwa 3 Minuten kochen, abgießen und abtropfen lassen.

■ Die Lauchzwiebeln putzen, waschen und fein schneiden. Die Kiwis schälen und würfeln. Die Kräuter waschen, trockentupfen und zerkleinern.

■ Die Sojasprossen, Lauchzwiebeln, Kiwis und Kräuter mit Zitronensaft, Pfeffer und Öl vermischen.

■ Die Pistazien grob hacken, auf den Salat streuen und servieren.

Tofu mit Sojasprossen

Arbeitszeit etwa

45 Minuten

1 Portion enthält:

2117 kJ / 504 kcal

0 mg Cholesterin

41 g Fett

18 g Eiweiß

12 g Kohlenhydrate

Für 2 Portionen

200 g Sojasprossen

250 g Tofu

50 g beliebige Nüsse

2 Knoblauchzehen

1 Stück frische Ingwerwurzel (etwa 2 cm lang)

4 EL Öl

Salz, Cayennepfeffer

2 EL Zitronensaft

■ Die Sojasprossen kalt abspülen und abtropfen lassen. Den Tofu würfeln, die Nüsse grob hacken. Die Knoblauchzehen abziehen und fein hacken. Den Ingwer schälen und fein zerkleinern.

■ In einer großen Pfanne 2 EL Öl erhitzen. Sprossen, Knoblauch und Ingwer darin erst bei starker, dann bei mittlerer Hitze unter Rühren etwa 3 Minuten braten. Herausnehmen und warm halten.

■ Das restliche Öl in der Pfanne erhitzen. Den Tofu darin bei mittlerer Hitze unter Wenden etwa 5 Minuten braten, bis er eine Kruste hat. Die Sojasprossen und die Nüsse zugeben und kräftig erhitzen. Mit Salz, Cayennepfeffer und Zitronensaft abschmecken.

Warmer Pilzsalat mit Käse

Für 4 Portionen

4 Zweige Petersilie

1 Knoblauchzehe

2 EL milder Obstessig

1 EL Apfelsaft

$1/2$ TL scharfer Senf

$1/2$ TL getrockneter Majoran

Salz

schwarzer Pfeffer aus der Mühle

8 EL Olivenöl

150 g frische Shiitakepilze

150 g Austernpilze

$1/2$ kleiner Kopf Friséesalat oder Lollo rosso

1 Hand voll Kerbelblättchen oder $1/2$ Bund Dill

1 große Tomate

100 g Parmesan oder Pecorino

■ Die Petersilie waschen, die Knoblauchzehe abziehen und beides fein hacken. Mit Essig, Apfelsaft, Senf, Majoran, Salz, Pfeffer und 6 EL Olivenöl verrühren.

Die Sauce zugedeckt 30 Minuten bei Zimmertemperatur ziehen lassen.

■ Inzwischen die Stiele der Pilze abschneiden. Die Pilzhüte halbieren. Die Salatblätter waschen, trockenschwenken und in Streifen schneiden. Kerbel oder Dill waschen, trockentupfen und grob zerkleinern. Die Tomate waschen oder abziehen und in kleine Würfel schneiden, dabei den Stielansatz entfernen.

■ Den Salat mit der Sauce mischen und auf Portionstellern anrichten. Kerbel und Tomatenwürfel darauf verteilen.

■ Den Käse grob raspeln oder mit einem scharfen Messer in Späne schneiden und auf die Salatportionen streuen.

■ Das restliche Öl in einer Pfanne erhitzen. Die Pilze darin erst bei starker, dann bei mittlerer Hitze etwa 4 Minuten unter Wenden kräftig rösten, bis sie weich und leicht gebräunt sind. Auf dem Salat anrichten, mit Salz und Pfeffer würzen.

*Arbeitszeit etwa
1 Stunde
1 Portion enthält:
953 kJ/227 kcal
17 mg Cholesterin
21 g Fett
3 g Eiweiß
4 g Kohlenhydrate*

Pilze aus der Zucht sind unbelastet von Strahlen und Schadstoffen. Austernpilze wachsen auf Strohballen, Shiitakepilze auf Holzstämmen und müssen daher nicht gewaschen werden.

Eingelegte Champignons

Arbeitszeit etwa
45 Minuten
Marinierzeit etwa
5 Stunden
1 Portion enthält:
937 kJ/223 kcal
0 mg Cholesterin
20 g Fett
4 g Eiweiß
4 g Kohlenhydrate

Zu dem Pilzgericht passt Weißbrot oder Baguette.

Für 4 Portionen

500 g feste Champignons
mit geschlossenen Köpfen

1 unbehandelte Orange

1 kleine Zitrone

1/8 l Gemüsebrühe

1–2 TL getrocknete Kräuter der Provence

2 Schalotten

2 Knoblauchzehen

100 ml Olivenöl

1/2 Bund Petersilie

■ Die Pilze waschen und in eine Schüssel geben. Die Orange waschen und abtrocknen. Ein etwa 5 cm langes Stück Schale dünn abschneiden und ganz fein hacken.

■ Die Orange und die Zitrone auspressen. Saft, Gemüsebrühe, Orangenschale und Kräuter mit den Pilzen mischen und zugedeckt ziehen lassen, bis die anderen Zutaten vorbereitet sind.

■ Die Schalotten und Knoblauchzehen abziehen und fein hacken. Das Öl in einer großen Pfanne erhitzen. Schalotten und Knoblauch darin bei schwacher Hitze in etwa 5 Minuten weich braten.

■ Die Pilzmischung zugeben und aufkochen. Zugedeckt bei schwacher Hitze knapp 5 Minuten kochen. Abkühlen lassen und zugedeckt im Kühlschrank mindestens 5 Stunden marinieren.

■ Petersilie waschen, trockentupfen und grob zerkleinern. Unmittelbar vor dem Servieren über die Pilze streuen.

Überbackene Pilze

Für 3 Portionen

250 g Austernpilze

1 Schalotte

1 Knoblauchzehe

1 Bund Petersilie

125 g Mozzarella

1 EL Olivenöl

Salz

weißer Pfeffer aus der Mühle

1 EL Zitronensaft

1 EL ungeschälte Sesamsamen

■ Den Backofen auf 200 °C (Umluft 180 °C, Gas Stufe 3) vorheizen.

■ Die Pilze putzen und in Streifen schneiden. Schalotte und Knoblauchzehe abziehen und fein hacken. Petersilie waschen, trockentupfen, die Blättchen abzupfen und ebenfalls fein zerkleinern.

Mozzarella abtropfen lassen und in kleine Würfel schneiden.

■ Das Olivenöl erhitzen. Die Schalotte und den Knoblauch darin glasig braten. Die Pilze dazugeben und bei starker Hitze unter Rühren so lange schmoren, bis die Flüssigkeit, die sich bildet, wieder verdampft ist und die Pilze möglichst trocken sind.

■ Pilze mit Salz und Pfeffer würzen und in vier flache Gratinförmchen geben. Zitronensaft, Petersilie, Mozzarellawürfel und Sesamsamen auf den Pilzen verteilen.

■ Die Förmchen auf die mittlere Schiene des heißen Backofens stellen und die Pilze etwa 15 Minuten überbacken, bis der Käse schön gebräunt ist.

Arbeitszeit etwa
30 Minuten
Backzeit etwa
15 Minuten
1 Portion enthält:
739 kJ/176 kcal
24 mg Cholesterin
12 g Fett
11 g Eiweiß
4 g Kohlenhydrate

Austernpilze und dahinter Pfifferlinge

Pilzgemüse in Sahnesauce

Für 4 Portionen

1 kg Champignons, Austern- und Shiitakepilze gemischt

1 kleine Zwiebel

1/2 Bund Petersilie

2 EL Butter

1 EL Mehl

250 g Schlagsahne

Salz, weißer Pfeffer aus der Mühle

1 EL Zitronensaft

■ Champignons putzen, waschen und blättrig schneiden. Hüte der Austern- und Shiitakepilze in schmale Streifen schneiden. Strünke der Austernpilze in dünne Scheiben schneiden. Die zähen Stiele der Shiitakepilze wegwerfen. Zwiebel abziehen und fein hacken. Petersilie waschen, trockentupfen und fein zerkleinern.

■ Die Butter erhitzen, Zwiebel darin bei schwacher Hitze glasig braten. Pilze zugeben und bei starker Hitze unter ständigem Rühren etwa 2 Minuten braten. Das Mehl unterrühren, Pilze zugedeckt bei schwacher Hitze 5 Minuten garen. Sahne untermischen und aufkochen. Mit Salz, Pfeffer und Zitronensaft abschmecken, auf vorgewärmten Tellern verteilen, mit der Petersilie bestreuen und servieren.

Arbeitszeit etwa
40 Minuten
1 Portion enthält:
1365 kJ/325 kcal
92 mg Cholesterin
29 g Fett
9 g Eiweiß
6 g Kohlenhydrate

Zu dem Gericht passen Semmelknödel oder Kartoffelrösti. Mit ein paar Scheiben von getrockneten Wildpilzen kann man den Geschmack verfeinern.

Pilzkuchen

Arbeitszeit etwa

1¹/₄ Stunden

Ruhezeit etwa

12 Stunden

Kühlzeit etwa

1¹/₂ Stunden

Backzeit etwa

45 Minuten

1 Stück enthält:

2184 kJ/520 kcal

164 mg Cholesterin

34 g Fett

12 g Eiweiß

39 g Kohlenhydrate

Pilze sind Lieferanten für Kalium und einige Spurenelemente. Wild wachsende Pilze können Kadmium und Blei aus der Luft speichern. Es wird deshalb empfohlen, wenig davon zu essen oder auf Zuchtpilze wie Champignons und Austernpilze auszuweichen.

Für 10 Stücke

Teig:

500 g Weizenvollkornmehl

1 Würfel Hefe (42 g)

¹/₄ l lauwarmes Wasser

250 g Butter

1 Ei

1 TL Salz

Füllung:

500 g Austernpilze

500 g Champignons

1 unbehandelte Zitrone

500 g Zwiebeln

2 Knoblauchzehen

2 Bund Petersilie

2 EL Öl

250 g Schlagsahne

Salz

weißer Pfeffer aus der Mühle

außerdem:

1 Eigelb

2 EL Milch

■ Das Mehl in eine Schüssel geben. In die Mitte eine Mulde drücken. Darin die zerbröckelte Hefe mit 4 EL Wasser und etwas Mehl vom Rand verrühren. Diesen Vorteig zugedeckt bei Zimmertemperatur 15 Minuten ruhen lassen.

■ Den Vorteig mit dem übrigen Mehl verrühren. 50 g Butter im restlichen Wasser schmelzen lassen. Diese Mischung, Ei und Salz zum Teig geben. Mit den Knethaken des Handrührgerätes etwa 5 Minuten durchkneten, bis der Teig Blasen bildet und sich vom Schüsselrand löst. Zugedeckt im Kühlschrank etwa 12 Stunden gehen lassen, bis sich sein Volumen verdoppelt hat. Die restliche Butter in Scheiben schneiden und ebenfalls kühlen.

■ Den Teig rechteckig und knapp 1 cm dick ausrollen. Eine Hälfte der Teigplatte mit den Butterscheiben belegen. Die andere Hälfte darüber klappen und an der Längsseite andrücken; an den Schmalseiten offen lassen.

■ Die Teigplatte drehen, sodass die Längsseite vorn liegt, und zu einer länglichen, etwa 5 mm dicken Platte ausrollen. Beide Schmalseiten so nach innen schlagen, dass sie sich in der Mitte berühren. Die Platte noch einmal mit den Schmalseiten nach innen schlagen, sodass sich vier Teiglagen bilden.

■ Den Teig mit einem Küchentuch bedeckt im Kühlschrank 30 Minuten ruhen lassen, dann erneut wie oben ausrollen, falten und kühlen. Diesen Vorgang noch zwei- bis dreimal wiederholen.

■ Während der Kühlzeiten die Füllung vorbereiten: Austernpilze fein zerkleinern. Champignons putzen, waschen und in kleine Stücke schneiden.

Zitrone waschen, abtrocknen, ein etwa 5 cm langes Stück Schale abschneiden und fein hacken. Saft auspressen und mit den Champignons mischen. Zwiebeln und Knoblauchzehen abziehen und fein hacken. Petersilie fein zerkleinern.

■ Öl in einer großen Pfanne erhitzen. Zwiebeln und Knoblauch darin bei schwacher Hitze glasig braten.

■ Pilze und Zitronenschale zugeben und bei starker Hitze unter ständigem Rühren etwa 10 Minuten braten. Dabei nach und nach die Sahne zugeben und dick einkochen.

■ Von der Kochstelle nehmen, mit Salz und Pfeffer würzen, mit Petersilie mischen und abkühlen lassen.

■ Teig etwa 5 mm dick ausrollen. Eine ofenfeste Form mit etwa 2 1/2 l Inhalt auf den Teig setzen und eine Platte ausschneiden; dieser Deckel muss etwas

größer als die Form sein. In der Mitte der Platte ein kleines Loch ausstechen, damit der Dampf abziehen kann.

■ Den restlichen Teig zusammenfalten, wieder ausrollen und die Form damit auslegen. Die Pilze einfüllen. Den Teigdeckel darauf legen und rundherum am Rand der Form leicht andrücken. Das Eigelb mit der Milch verrühren. Den Kuchen damit bestreichen.

■ Kuchen auf die untere Schiene des kalten Backofens stellen. Bei 220 °C (Umluft 200 °C, Gas Stufe 4) etwa 45 Minuten backen.
Heiß servieren.

Dazu passt Salat. Wer Zeit sparen will, knetet gleich die doppelte Teigmenge und friert die Hälfte davon ein.

Getreide und Teigwaren

Gemischtes
Getreide
Getreidearten
Teigwaren
Reis

*Ob als Mehl in Nudeln oder Brot, als Flocken
oder Körner, als Pilaw oder Reispfanne
– hier Zitronenreis mit Zucchini, Seite 225 –,
Getreideprodukte sind aus
unserer Küche nicht wegzudenken.*

Haferflockenmüsli mit Obst

Arbeitszeit etwa
30 Minuten

1 Portion enthält:
1865 kJ/444 kcal
22 mg Cholesterin
17 g Fett
18 g Eiweiß
54 g Kohlenhydrate

Man kann auch Trockenpflaumen oder -aprikosen nehmen.

Für 4 Portionen

100 g Vollkornhaferflocken
1/2 l Milch
150 g Joghurt (3,5 %)
2 Äpfel
1 EL Zitronensaft
200 g Pflaumen
2 EL Honig
2 EL Leinsamen
50 g Weizenkeime
50 g Sonnenblumenkerne
2 EL Knusperflocken

■ Die Flocken in einer Pfanne ohne Fett goldbraun rösten. Mit der Milch und dem Joghurt verrühren.

■ Die Äpfel waschen, vierteln, schälen, vom Kerngehäuse befreien, grob raspeln und mit dem Zitronensaft vermischen. Die Pflaumen waschen, halbieren, vom Stein befreien und zerkleinern.

■ Pflaumen, Flocken, Honig, Leinsamen, Keime und Sonnenblumenkerne mischen.

■ Müsli auf Tellern verteilen. Apfelraspel und Knusperflocken darüber streuen.

Müsli mit Beeren

Arbeitszeit etwa
30 Minuten

1 Portion enthält:
1663 kJ/396 kcal
7 mg Cholesterin
21 g Fett
13 g Eiweiß
36 g Kohlenhydrate

Für 4 Portionen

80 g Gersten-, Hafer- und Roggenkörner
1/2 l Buttermilch
1 Orange
500 g Beeren
100 ml Milch
2 EL Obstdicksaft
125 g gehackte Nüsse und Mandeln

■ Die Getreidekörner in der Getreidemühle grob schroten, mit der Buttermilch verrühren und zugedeckt im Kühlschrank etwa 5 Stunden quellen lassen. Orange schälen und filetieren. Beeren putzen und bei Bedarf waschen. Milch erhitzen, aber nicht aufkochen. Mit dem Saft unter den Schrotbrei mischen.

■ Müsli auf Tellern verteilen und mit den Beeren und den Orangenstücken belegen. Nüsse und Mandeln darüber streuen.

Selbst gemischtes Flockenmüsli

Für 20 Portionen

400 g Sechskorn-Vollkornflocken

50 g Sonnenblumenkerne

50 g Kürbiskerne

30 g gehackte Haselnüsse

30 g gehackte Walnüsse

50 g ungesalzene Erdnüsse

50 g Sesamsamen

100 ml Erdnussöl

50 g Honig

150 g gemischtes Trockenobst
(Pflaumen, Datteln, Feigen, Äpfel)

50 g Rosinen

■ Getreideflocken, Sonnenblumen- und Kürbiskerne, Hasel-, Wal- und Erdnüsse und Sesamsamen in einer Schüssel vermischen.

■ Das Erdnussöl und den Honig bei schwacher Hitze verrühren, bis sie sich gut verbunden haben. Über die Flockenmischung träufeln und dabei mit einer Gabel rühren.

■ Das Müsli auf einem Backblech ausbreiten und auf die mittlere Schiene des kalten Backofens schieben. Bei 160 °C (Umluft 140 °C, Gas Stufe 2) in etwa 40 Minuten goldbraun und knusprig backen. Dabei immer wieder mit einer Gabel durchrühren und Klümpchen, die sich eventuell bilden, zerdrücken. Das Müsli erkalten lassen.

■ Die Pflaumen und die Datteln halbieren und vom Stein befreien. Mit den Feigen und den Äpfeln fein zerkleinern und mit den Rosinen unter das Müsli mischen.

■ Das Müsli in ein Schraubglas oder ein anderes fest schließendes Gefäß füllen und kühl aufbewahren.

Arbeitszeit etwa
1 Stunde
Backzeit etwa
40 Minuten
1 Portion enthält:
928 kJ/221 kcal
0 mg Cholesterin
12 g Fett
6 g Eiweiß
21 g Kohlenhydrate

Mit Milchprodukten und frischem Obst gemischt liefert Müsli Eiweiß, wertvolles Fett und Kalzium sowie genügend Vitamine und Kalium.

Vollkornpizza mit Tomaten und Käse

Arbeitszeit etwa
45 Minuten
Ruhezeit insgesamt
1 Stunde
Backzeit etwa
30 Minuten
1 Portion enthält:
3826 kJ/911 kcal
119 mg Cholesterin
49 g Fett
47 g Eiweiß
63 g Kohlenhydrate

Für den Pizzabelag eignen sich fette, weiche Käsesorten wie Fontina, Provolone und Mozzarella. Vollkornpizzaböden für 1 Portion sind in Naturkostläden und Reformhäusern erhältlich.

Für 4 Portionen

Teig:
200 g feines Weizenvollkornmehl
100 g mittelfeines Roggenmehl
1/2 Päckchen Trockenhefe
Salz
1/8 l Milch
1/8 l Wasser
3 EL Öl
Belag:
1 Zwiebel
1 Knoblauchzehe
2 EL Öl
etwa 2 TL frische Oreganoblätter
1 Dose Pizzatomaten (Einwaage 400 g)
Salz
weißer Pfeffer aus der Mühle
400 g Mozzarella
200 g Fontina
750 g Eiertomaten
Fett für das Blech
Mehl zum Ausrollen

■ Mehlsorten, Hefe, 1/2 TL Salz, Milch, Wasser und Öl zu einem glatten Teig verkneten. Zugedeckt bei Zimmertemperatur 45 Minuten gehen lassen, bis sich das Teigvolumen etwa verdoppelt hat.

■ Inzwischen für den Belag die Zwiebel und die Knoblauchzehe abziehen und fein hacken.

■ Das Öl erhitzen und Zwiebel, Knoblauch und Oregano darin bei mittlerer Hitze anbraten. Die Tomaten aus der Dose mit dem Saft zugeben und bei starker, dann bei mittlerer Hitze unter häufigem Rühren kochen, bis der Saft verdampft ist. Das Tomatenpüree mit Salz und Pfeffer abschmecken und abkühlen lassen.

■ Den abgetropften Mozzarella in kleine Stücke schneiden. Fontina grob reiben oder in ganz kleine Würfel schneiden. Eiertomaten abziehen und in Scheiben schneiden.

■ Ein Backblech fetten. Den Teig darauf geben, mit Mehl bestreuen und mit dem Nudelholz auf dem Blech ausrollen. Das Tomatenpüree auf den Teig streichen. Zuerst den Mozzarella, dann die Tomatenscheiben und zum Schluss den Fontina auf dem Teig verteilen.

■ Die Pizza 15 Minuten gehen lassen. Auf die mittlere Schiene des kalten Backofens schieben und bei 200 °C (Umluft 180 °C, Gas Stufe 3) etwa 30 Minuten backen.

Gratinierte Dinkelgnocchi

Für 4 Portionen

150 g Dinkelschrot

300 ml Wasser

150 g Weizenvollkornmehl

50 g Weizengrieß

2 Eier

2 EL saure Sahne

1 Packung gemischte TK-Kräuter

Salz

weißer Pfeffer aus der Mühle

geriebene Muskatnuss

150 g Gorgonzola oder Roquefort

30 g Butter

125 g Schlagsahne

1/8 l Milch

■ Den Dinkelschrot mit dem Wasser aufkochen und zugedeckt bei schwacher Hitze 20 Minuten garen. Die Kochstelle abschalten, den Schrot 1 Stunde quellen und dabei abkühlen lassen.

■ Mehl, Grieß, Eier, saure Sahne, etwa zwei Drittel der Kräuter, Salz, Pfeffer und Muskatnuss zugeben und zu einem weichen, aber formbaren Teig mischen.

■ Backofen auf 220 °C (Umluft 200 °C, Gas Stufe 4) vorheizen. Reichlich Wasser mit Salz aufkochen. Vom Teig mit zwei Teelöffeln Klößchen – Gnocchi – abstechen und portionsweise im sprudelnd kochenden Wasser garen, bis sie an die Oberfläche steigen. Abtropfen lassen und nebeneinander in eine Auflaufform legen.

■ Käse zerbröckeln. Mit Butter, Sahne und Milch in einem Topf unter Rühren erwärmen, bis sich der Käse aufgelöst hat. Die restlichen Kräuter untermischen.

■ Käsesauce über die Gnocchi gießen. Gnocchi auf die mittlere Schiene des heißen Backofens stellen und etwa 15 Minuten gratinieren, bis die Käsesauce leicht gebräunt ist.

Arbeitszeit etwa
30 Minuten
Quellzeit 1 Stunde
Backzeit etwa
15 Minuten
1 Portion enthält:
2860 kJ/681 kcal
272 mg Cholesterin
35 g Fett
23 g Eiweiß
64 g Kohlenhydrate

Dazu schmeckt gemischter Salat mit Kräutern und Radieschen, vollreifen Tomaten und aromatischen, kleinen Sommergurken.

Vollkornbrot

Arbeitszeit etwa
30 Minuten
Ruhezeit etwa
1¹/₂ Stunden
Backzeit etwa
1¹/₄ Stunden
1 Scheibe enthält:
538 kJ/128 kcal
1 mg Cholesterin
4 g Fett
6 g Eiweiß
17 g Kohlenhydrate

*In vielen Naturkost-
läden können Sie Ge-
treide frisch mahlen
lassen. Das Mehl ent-
hält dann noch die
meisten wertvollen
Stoffe.*

Für 20 Scheiben

250 g Weizen
250 g Dinkel
1 Päckchen Trockenhefe
1 gehäufter TL gemahlener Kümmel
¹/₂ EL Salz
¹/₂ EL Öl
¹/₂ l Buttermilch
100 g Kürbiskerne
Fett für die Form
4 EL Milch

■ Weizen und Dinkel fein mahlen und mit Hefe, Kümmel und Salz mischen. Öl und lauwarme Buttermilch zugeben. Mit den Knethaken des Handrührgerätes etwa 5 Minuten rühren, bis der Teig Blasen bildet. Zugedeckt bei Zimmer-

temperatur etwa 1¹/₄ Stunden ruhen lassen, bis sich sein Volumen verdoppelt hat.

■ Die Kürbiskerne mit einem Kochlöffel unter den Teig mischen.

■ Eine Kastenform mit 30 cm Länge ausfetten. Den Teig einfüllen und glatt streichen, dann mit der Milch bestreichen und zugedeckt weitere 15 Minuten gehen lassen.

■ Das Vollkornbrot auf die mittlere Schiene des kalten Backofens stellen. Bei 200 °C (Umluft 180 °C, Gas Stufe 3) etwa 1¹/₄ Stunden backen.

■ Das Brot aus dem Backofen nehmen, nach 10 Minuten aus der Form lösen und dann zum Erkalten auf ein Kuchengitter geben.

Buchweizenwaffeln

Arbeitszeit etwa
1 Stunde
1 Portion enthält:
2050 kJ/488 kcal
210 mg Cholesterin
18 g Fett
14 g Eiweiß
62 g Kohlenhydrate

*Zur Abwechslung
kann man die Waffeln
mit Schlagsahne und
Obstsalat als Dessert
servieren.*

Für 4 Portionen

50 g Butter
2 Eier
¹/₂ l Buttermilch
1 unbehandelte Zitrone
150 g Buchweizenmehl
150 g Weizenvollkornmehl
1 EL Zucker
2 TL Backpulver
1 Prise Salz
Öl oder Butterschmalz zum Backen
Puderzucker zum Bestreuen

■ Die Butter bei schwacher Hitze schmelzen. Die Eier trennen. Die Buttermilch mit den Eigelben und der flüssigen Butter verrühren.

■ Die Zitrone waschen, abtrocknen und die Hälfte der Schale abreiben.

■ Buchweizenmehl, Weizenvollkornmehl, Zucker, Backpulver, Salz und Zitronenschale in einer Schüssel mischen.

■ Die Buttermilchmischung mit den Quirlen des Handrührgerätes unter die Buchweizenmischung rühren. Die Eiweiße steif schlagen und unterziehen.

■ Die Backflächen des Waffeleisens fetten. Für jede Waffel etwa 1¹/₂ EL Teig hineingeben, verteilen, das Eisen schließen und 3–4 Minuten backen. Waffeln nach Belieben mit Puderzucker bestreuen.

Herzhafter Quarkschmarren

Für 4 Portionen

1 kleine Zwiebel
4 Salbeiblätter
500 g Magerquark
150 g Weizenvollkornmehl
50 g Weizenvollkorngrieß
3 Eier
Salz
Cayennepfeffer
geriebene Muskatnuss
8 EL Öl zum Backen

■ Die Zwiebel abziehen. Die Salbeiblätter waschen und trockentupfen. Beides fein zerkleinern und mit Quark, Mehl, Grieß und Eiern vermischen. Teig mit Salz, Cayennepfeffer und Muskat kräftig abschmecken.

■ 2 EL Öl in einer großen Pfanne bei mittlerer, dann bei schwacher Hitze heiß werden lassen. Die Hälfte des Teiges als Fladen darin glatt streichen und zugedeckt bei schwacher Hitze etwa 10 Minuten backen, bis der Fladen eine Kruste hat und sich leicht vom Pfannenboden löst.

■ 1 EL Öl in die Pfanne geben, Fladen wenden, etwa 5 Minuten backen und mit dem Pfannenmesser in Stücke teilen. 1 EL Öl zugeben. Stücke bei mittlerer Hitze unter häufigem Wenden in etwa 3 Minuten knusprig braten. Im Backofen bei 50 °C (Gas Stufe 1/2) warm halten. Die zweite Portion Schmarren im restlichen Öl ebenso backen.

Arbeitszeit etwa
45 Minuten
1 Portion enthält:
2213 kJ/527 kcal
263 mg Cholesterin
26 g Fett
29 g Eiweiß
39 g Kohlenhydrate

Säcke mit Weizen im Innenraum einer Mühle

Hefeplinsen mit Birnenkompott

Arbeitszeit etwa
1¹/₂ Stunden
Ruhezeit etwa
1 Stunde
1 Portion enthält:
2503 kJ/596 kcal
219 mg Cholesterin
31 g Fett
14 g Eiweiß
61 g Kohlenhydrate

Die Hefeeierkuchen aus dem Erzgebirge werden auch aus Buchweizenmehl gemacht.

Für 6 Portionen

Hefeplinsen:
¹/₂ unbehandelte Zitrone
100 g Butter
200 g fein gemahlener Dinkel
200 g fein gemahlene Gerste
1 Päckchen Trockenhefe
etwa ¹/₄ l lauwarme Milch
3 Eier
2 EL Zuckerrohrgranulat
1 Prise Salz
1 TL gemahlene Vanille
Kompott:
500 g feste Birnen
150 g Preiselbeeren
50 g Birnendicksaft
¹/₈ l Holunderbeersaft
Zimtpulver
Fett zum Backen

■ Die Zitrone waschen, abtrocknen und die Schale abreiben. Die Butter im Topf schmelzen lassen. Dinkel mit Gerste, Hefe, Milch, Eiern, Butter, Zuckerrohr-granulat, Salz, Zitronenschale und Vanille mischen. Mit den Knethaken des Hand-rührgerätes etwa 5 Minuten kneten, bis der Teig Blasen bildet. Zugedeckt bei Zimmertemperatur etwa 1 Stunde gehen lassen.

■ Die Birnen schälen, vierteln, vom Kerngehäuse befreien und in Schnitze teilen. Die Preiselbeeren waschen und abtropfen lassen.

■ Das Obst mit Birnendicksaft und Holunderbeersaft aufkochen. Bei schwa-cher Hitze zugedeckt in etwa 10 Minuten weich garen. Mit Zimt würzen und ab-kühlen lassen.

■ Das Fett in einer Pfanne erhitzen. Den Teig portionsweise hineingeben, zu flachen Küchlein formen und bei mittlerer, dann bei schwacher Hitze etwa 5 Minuten backen, bis sie sichtbar aufgegangen sind. Wenden und weitere 3–4 Minuten backen. Im Backofen bei 50 °C (Gas Stufe ¹/₂) warm halten, bis alle Plinsen gebacken sind.

Müsliplätzchen

Für 90 Stück

200 g Müslimischung
200 g Buttermilch
1/2 unbehandelte Orange
175 g weiche Butter
100 g Zucker
1 Prise Salz
1 TL gemahlene Naturvanille
250 g fein gemahlener Dinkel
1/2 Päckchen Backpulver
Fett für die Backbleche
1 EL Honig
2 EL Orangensaft

■ Die Müslimischung in eine Schüssel geben, mit der Buttermilch übergießen und im Kühlschrank zugedeckt 2 Stunden quellen lassen.

■ Die Orange waschen, abtrocknen, die Schale abreiben und den Saft auspressen. Butter, Zucker, Salz, Orangenschale und Vanille schaumig rühren. Müslimischung esslöffelweise unterrühren. Dinkel mit Backpulver mischen und unterkneten.

■ Drei Backbleche einfetten und dünn mit Mehl bestauben. Den Teig in kleinen Häufchen darauf setzen.

■ Plätzchen auf dem ersten Blech auf die mittlere Schiene des kalten Backofens schieben und bei 180 °C (Umluft 160 °C, Gas Stufe 2–3) etwa 20 Minuten backen, bis sie goldgelb sind. Die folgenden etwa 15 Minuten backen. Vom Blech lösen und auf ein Kuchengitter legen.

■ Honig mit Orangensaft verrühren und die heißen Plätzchen damit bestreichen.

Arbeitszeit etwa
35 Minuten
Backzeit etwa
50 Minuten
Quellzeit 2 Stunden
1 Stück enthält:
168 kJ/40 kcal
5 mg Cholesterin
2 g Fett
1 g Eiweiß
5 g Kohlenhydrate

Zur Abwechslung kann man die Plätzchen mit hellem Schokoladenguss überziehen.

Haferflockenschnitten

Für 36 Stück

1 unbehandelte Zitrone
250 g weiche Butter
150 g Zucker
1 Prise Salz
1 TL Lebkuchengewürz
200 g Weizenvollkornmehl
175 g kernige Hafervollkornflocken
100 g Kokosflocken
50 g Korinthen
50 g Carobpulver oder Kakao
40 g vollfettes Sojamehl
1 Päckchen Backpulver
etwa 200 ml Milch
Fett für das Backblech
50 g Birnendicksaft

■ Die Zitrone waschen, abtrocknen, die Hälfte der Schale abreiben und den Saft

auspressen. Die Hälfte des Saftes beiseite stellen. Butter, Zucker, Salz, Lebkuchengewürz, Zitronenschale und -saft schaumig rühren. Mehl mit den Flocken, Korinthen, Carob, Sojamehl und Backpulver mischen und unterrühren. Milch in den Teig mischen, bis er cremig ist.

■ Ein Backblech einfetten, den Teig darauf glatt streichen, auf die mittlere Schiene des kalten Backofens schieben und bei 180 °C (Umluft 160 °C, Gas Stufe 2–3) etwa 30 Minuten backen.

■ Birnensaft und restlichen Zitronensaft in einem Topf verrühren und leicht erwärmen, bis ein geschmeidiger Guss entsteht.

■ Die Kuchenplatte damit bestreichen und in Rechtecke schneiden. Vom Blech lösen und auf einem Kuchengitter auskühlen lassen.

Arbeitszeit etwa
30 Minuten
Backzeit etwa
30 Minuten
1 Stück enthält:
626 kJ/149 kcal
17 mg Cholesterin
9 g Fett
2 g Eiweiß
13 g Kohlenhydrate

Weizengrütze mit Gemüse

Arbeitszeit etwa	**Für 3 Portionen**
20 Minuten	250 g Weizengrütze
Quellzeit etwa	½ l Wasser
6 Stunden	1 Zwiebel
1 Portion enthält:	½ Bund Petersilie
1945 kJ/463 kcal	2 EL Öl
11 mg Cholesterin	1 Packung TK-Erbsen (300 g)
13 g Fett	50 g geriebener Parmesan
22 g Eiweiß	Salz, Cayennepfeffer
61 g Kohlenhydrate	

■ Die Weizengrütze mit dem Wasser in einen Topf geben und zugedeckt etwa 6 Stunden quellen lassen.

■ Die Zwiebel abziehen, die Petersilie waschen. Beide Zutaten fein hacken.

■ Das Öl in einer Pfanne erhitzen. Die Zwiebeln darin glasig braten. Die Grütze mit dem restlichen Wasser, die gefrorenen Erbsen und die Hälfte der Petersilie zugeben und alles aufkochen. Zugedeckt bei schwacher Hitze 5 Minuten garen, bis die Erbsen gerade eben weich sind.

■ Den Parmesan untermischen, die Grütze mit Salz und Cayennepfeffer abschmecken, mit dem Rest der Petersilie bestreuen und servieren.

Weizensalat

Arbeitszeit etwa	**Für 2 Portionen**
15 Minuten	100 g Weizenkörner
Koch- und Quellzeit	¼ l Wasser
2 Stunden	1 TL Gemüsebrüheextrakt
1 Portion enthält:	2 EL Tomatenstücke aus der Dose
1890 kJ/450 kcal	2 EL Apfelessig
0 mg Cholesterin	1 EL Sherryessig
31 g Fett	Salz, Cayennepfeffer
7 g Eiweiß	6 EL Weizenkeimöl
31 g Kohlenhydrate	1 großes Bund Schnittlauch

■ Die Weizenkörner mit dem Wasser und dem Gemüsebrüheextrakt aufkochen und zugedeckt bei schwacher Hitze 1 Stunde garen. Von der Kochstelle nehmen, 1 weitere Stunde quellen und dabei abkühlen lassen.

■ Tomatenstücke, die beiden Essigsorten, Salz, eine kräftige Prise Cayennepfeffer und Öl untermischen.

■ Schnittlauch waschen, trockentupfen, in feine Röllchen schneiden und über den Salat streuen.

Quarktaschen mit Mohnbutter

Für 4 Portionen

Teig:

250 g Weizenvollkornmehl

1 Prise Salz

2 Eier

1 EL Öl

1–3 Eigelb

Mehl zum Ausrollen

Füllung:

1 unbehandelte Zitrone

250 g Magerquark

1 Ei

2 EL Crème fraîche

25 g Zuckerrohrgranulat oder Vollzucker

$1/4$ TL Lebkuchengewürz

100 g grob geriebenes altbackenes Vollkornbrot

100 g Rosinen

75 g gehackte Walnüsse

Mohnbutter:

1 unbehandelte Orange

2 EL Zitronensaft

50 g Butter

1 EL gemahlener Mohn

1 EL Honig

■ Mehl mit Salz, Eiern, Öl und 1 Eigelb verkneten. Wenn der Teig bröckelig und trocken ist, nach und nach die restlichen Eigelbe unterkneten. Sollte er zu weich sein, teelöffelweise Mehl einarbeiten. In Pergamentpapier wickeln und 1 Stunde bei Zimmertemperatur ruhen lassen.

■ Für die Füllung die Zitrone waschen, abtrocknen und die Schale abreiben. Quark mit Ei, Crème fraîche und Zuckerrohrgranulat oder Vollzucker glatt rühren. Dann Zitronenschale, Lebkuchengewürz, Vollkornbrot, Rosinen und Nüsse unter die Masse mischen.

■ Den Teig in 2 Portionen teilen und auf der bemehlten Arbeitsfläche dünn ausrollen oder mit der Nudelmaschine zu dünnen Platten verarbeiten. 10 Minuten trocknen lassen.

■ Eine Teigplatte im Abstand von etwa 10 cm mit je 1 EL Füllung belegen. Den Teig zwischen den Füllungen mit etwas Wasser bestreichen. Die zweite Teigplatte auf die erste legen und die beiden Platten zwischen den Füllungen leicht andrücken. Quarktaschen mit dem Teigrädchen ausschneiden.

■ Reichlich Salzwasser in einem Topf zum Kochen bringen. Die Quarktaschen in 2 Portionen darin garen, bis sie an die Oberfläche steigen. Herausnehmen und warm halten.

■ Teller vorwärmen. Die Orange waschen, abtrocknen, die Schale abreiben und den Saft auspressen. Die beiden Zutaten mit Zitronensaft, Butter und Mohn unter Rühren erhitzen, bis die Butter schäumt. Den Honig mit der Mohnbutter gut vermischen.

■ Quarktaschen auf den Tellern anrichten und mit Mohnbutter beträufeln.

Arbeitszeit etwa 1$1/4$ Stunden
Ruhezeit 1 Stunde
1 Portion enthält:
3511 kJ / 836 kcal
406 mg Cholesterin
38 g Fett
30 g Eiweiß
89 g Kohlenhydrate

Die Männer bei Linxia in China schlagen auf einem Dreschplatz die Weizenkörner aus den Ähren.

*V*ollkornsavarin mit Pflaumen und Nuss

Arbeitszeit etwa	**Für 8 Portionen**	Glasur:
1¹/₂ Stunden	Teig:	100 g Honig
Ruhezeit insgesamt	300 g Weizenvollkornmehl	2 EL Apfelsaft
1¹/₄ Stunden	20 g Hefe	2 EL Weinbrand
Backzeit etwa	knapp ¹/₈ l Milch	Füllung:
40 Minuten	30 g Zuckerrohrgranulat	50 g Haselnüsse
1 Portion enthält:	100 g Butter	50 g Walnüsse
2654 kJ/632 kcal	1 unbehandelte Orange	100 g Korinthen
153 mg Cholesterin	1 TL gemahlene Vanille	4 EL Apfelsaft
32 g Fett	¹/₂ Prise Salz	700 g Pflaumen
11 g Eiweiß	2 zimmerwarme Eier	250 g Schlagsahne
68 g Kohlenhydrate	Fett und Mehl für die Form	50 g Zuckerrohrgranulat

der Schale abreiben. Die andere Hälfte dünn abschneiden, ganz fein hacken, Saft auspressen und beides für die Glasur beiseite stellen. Milch-Butter-Mischung, das restliche Zuckerrohrgranulat, Vanille, Salz, die abgeriebene Orangenschale und die Eier zugeben. Alles 5 Minuten durchrühren, bis der Teig Blasen wirft.

■ Zugedeckt 45 Minuten gehen lassen, bis sich das Teigvolumen verdoppelt hat.

■ Eine Kranzform fetten und mit Mehl ausstreuen. Den Teig einfüllen und zugedeckt weitere 15 Minuten gehen lassen.

■ Den Kuchen auf die untere Schiene des kalten Backofens stellen und bei 200 °C (Umluft 180 °C, Gas Stufe 3) etwa 40 Minuten backen.

■ Inzwischen für die Glasur Honig mit gehackter Orangenschale, Orangen- und Apfelsaft und Weinbrand unter Rühren lauwarm erhitzen, bis er ganz flüssig ist.

■ Den Kuchen herausnehmen, in der Form 10 Minuten stehen lassen. Auf eine Platte stürzen und mit einem Zahnstocher rundherum mehrmals einstechen. Die Glasur teelöffelweise über den Kuchen geben, sodass dieser damit getränkt wird. Den Kuchen abkühlen lassen.

■ Die Nüsse hacken. Die Korinthen mit dem Apfelsaft mischen und ziehen lassen, bis der Savarin kalt ist.

■ Die Pflaumen waschen, in Stücke schneiden und entsteinen. Mit Nüssen und Korinthen mischen.

■ Die Sahne steif schlagen, dabei das Zuckerrohrgranulat nach und nach zugeben. Sahne und Obst mischen und in die Mitte des Kuchens füllen.

Der Savarin schmeckt als festliches Dessert und zum Kaffee. Er stammt aus Frankreich und ist ursprünglich ein mit Rum getränkter Napfkuchen, der hier abgewandelt wurde.

■ Das Mehl in eine Schüssel geben. In die Mitte eine Mulde drücken. Hefe zerbröckeln und in der Mulde mit 2 EL Milch, 1 TL Zuckerrohrgranulat und etwas Mehl vom Rand verrühren, bis sie sich aufgelöst hat. Den Vorteig zugedeckt bei Zimmertemperatur 15 Minuten ruhen lassen, bis er deutlich aufgegangen ist.

■ Inzwischen die Butter in der restlichen Milch schmelzen. Den Vorteig mit dem übrigen Mehl verrühren. Die Orange waschen und abtrocknen. Etwa die Hälfte

Knabberplätzchen

Arbeitszeit etwa
40 Minuten
Ruhezeit 2 Stunden
Backzeit etwa
15 Minuten
1 Stück enthält:
315 kJ/75 kcal
18 mg Cholesterin
4 g Fett
1 g Eiweiß
9 g Kohlenhydrate

Für 30 Stück

50 g getrocknete Aprikosen
50 g Rosinen
50 g rote Belegkirschen
75 g Walnüsse
2 EL Orangensaft
50 g weiche Butter oder Margarine
50 g Zucker
1 TL Vanillezucker
1 Prise Salz
1 Eigelb
150 g Weizenvollkornmehl
1 TL Backpulver
1 EL kaltes Wasser
Fett für das Blech

■ Die Aprikosen, die Rosinen, die Belegkirschen und die Walnüsse mit dem Wiegemesser fein hacken oder im Blitzhacker zerkleinern. Mit dem Orangensaft mischen und zugedeckt 2 Stunden ziehen lassen.

■ Fett, Zucker, Vanillezucker und Salz mit den Quirlen des Handrührgerätes verrühren. Das Eigelb unterrühren. Fruchtmischung, Mehl, Backpulver und Wasser zufügen und weiterrühren, bis sich alle Zutaten miteinander verbunden haben.

■ Ein Backblech einfetten. Aus dem Teig walnussgroße Kugeln formen, flach drücken und auf das Backblech setzen. Die Knabberplätzchen auf die mittlere Schiene des kalten Backofens schieben und bei 180 °C (Umluft 160 °C, Gas Stufe 2–3) etwa 15 Minuten backen. Vom Blech lösen und auf einem Kuchengitter abkühlen lassen.

Ingwerkekse

Arbeitszeit etwa
40 Minuten
Kühlzeit 30 Minuten
Backzeit etwa
45 Minuten
1 Stück enthält:
248 kJ/59 kcal
14 mg Cholesterin
3 g Fett
1 g Eiweiß
7 g Kohlenhydrate

Für 45 Stück

125 g weiche Butter oder Margarine
125 g Zucker
1 EL Zuckerrübensirup
1 Ei
250 g Weizenvollkornmehl
1/2 Päckchen Backpulver
2 TL Ingwerpulver
1 TL gemahlene Nelken
1 TL Zimtpulver
1 Prise geriebene Muskatnuss
Fett für die Backbleche
Hagelzucker zum Bestreuen

■ Für den Teig das Fett, den Zucker und den Sirup mit den Quirlen des Handrührgerätes verrühren. Das Ei unterrühren. Das Mehl mit Backpulver, Ingwer, Nelken, Zimt und Muskat mischen und ebenfalls unterrühren.

■ Den Teig in Pergamentpapier wickeln und 30 Minuten kühlen. Zwei Backbleche einfetten. Teig zu etwa walnussgroßen Kugeln formen und in großen Abständen – die Kekse fließen beim Backen auseinander – auf die Bleche legen. Die Kugeln flach drücken und mit Hagelzucker bestreuen.

■ Kekse auf dem ersten Blech in den kalten Backofen schieben und bei 180 °C (Umluft 160 °C, Gas Stufe 2–3) etwa 25 Minuten backen. Sofort vom Blech lösen und auf ein Kuchengitter legen. Die Kekse auf dem zweiten Blech etwa 20 Minuten backen.

Rosinenkekse

Für 30 Stück

125 g weiche Butter

75 g Zuckerrohrgranulat

1 Ei

1 unbehandelte Zitrone

200 g Weizenvollkornmehl

1 Prise Salz

1/2 TL gemahlenes Piment

50 g Rosinen

Mehl zum Ausrollen

Fett für die Backbleche

1–2 EL Puderzucker

■ Butter und Zucker schaumig rühren. Das Ei trennen und das Eigelb untermischen. Das Eiweiß mit ganz wenig kaltem Wasser verquirlen und zum Bestreichen beiseite stellen.

■ Die Zitrone waschen, abtrocknen und etwa 1/2 TL Schale abreiben. Mehl mit Salz, Piment, Zitronenschale und Rosinen mischen, zur Butter geben und alles mit einer Gabel mischen. Mit den Händen zu einem glatten Teig verkneten.

■ Die Arbeitsfläche mit Mehl bestreuen. Den Teig darauf geben und zu etwa 1 cm dicken Rollen formen. In 5 mm dicke Scheiben schneiden und flach drücken.

■ Zwei Backbleche einfetten. Die Rosinenkekse darauf legen und mit der Gabel mehrmals einstechen.

■ Das erste Blech auf die mittlere Schiene des kalten Backofens schieben. Die Kekse bei 180 °C (Umluft 160 °C, Gas Stufe 2–3) in 15 Minuten hellgelb backen.

■ Die Kekse herausnehmen, mit dem Eiweiß bestreichen und mit dem Puderzucker bestreuen. Wieder in den Ofen schieben und weitere 5 Minuten backen. Herausnehmen, 5 Minuten ruhen lassen und vom Blech lösen.

■ Die Kekse auf dem zweiten Blech vor dem Bestreichen nur etwa 10 Minuten backen.

Arbeitszeit etwa 40 Minuten

Backzeit etwa 35 Minuten

1 Stück enthält:

332 kJ/79 kcal

22 mg Cholesterin

4 g Fett

1 g Eiweiß

9 g Kohlenhydrate

Zitronen- und Orangenschale kann man konservieren. Die unbehandelten Früchte gut waschen und abtrocknen. Die Schale abreiben, mit Zucker, Zuckerrohrgranulat oder Vollzucker vermischen und in einem Schraubglas im Kühlschrank aufbewahren.

Bulgursalat mit Gemüse

Arbeitszeit etwa
35 Minuten

Kochzeit 25 Minuten

1 Portion enthält:

916 kJ/218 kcal

2 mg Cholesterin

15 g Fett

4 g Eiweiß

15 g Kohlenhydrate

Für 4 Portionen

100 g Bulgur (siehe Seite 173)

200 ml Wasser

1/2 TL Gemüsebrüheextrakt

2 Lauchzwiebeln

1 Tomate

1 kleine unbehandelte Zitrone

3 EL Weizenkeimöl

Salz

schwarzer Pfeffer aus der Mühle

200 g Kopfsalatblätter

1/2 Salatgurke

2 mittelgroße Möhren

3 Champignons

1 EL milder Obstessig

1 TL körniger Senf

2 EL Dickmilch

1 EL Schlagsahne

1 Avocado

1 Bund Dill

■ Die Salatblätter waschen, trockenschwenken und in feine Streifen schneiden. Die Gurke und die Möhren schälen und grob raspeln. Die Pilze putzen, waschen und in Scheiben teilen.

■ Für das Dressing den Essig mit 1 EL Zitronensaft, Senf, Salz, Pfeffer, Dickmilch, Sahne und dem restlichen Öl verrühren.

■ Salatstreifen, Gurke, Möhren und Pilze mit dem Dressing vermischen und auf dem Bulgur anrichten.

■ Die Avocado halbieren, vom Kern befreien, schälen, mit der Höhlung nach unten auf ein Brett legen und in dünne Scheiben schneiden. Die Scheiben fächerförmig in 4 Portionen auf dem Salat anrichten. Mit dem restlichen Zitronensaft beträufeln. Den Dill hacken und über den Salat streuen.

Bulgur, auch Bulghur oder Burghul genannt, ist eine typische Zutat der Küchen des Nahen und Mittleren Ostens.

■ Den Bulgur mit Wasser und Gemüsebrüheextrakt aufkochen. Zugedeckt bei schwacher Hitze 25 Minuten garen.

■ Die Lauchzwiebeln putzen, waschen und fein zerkleinern. Die Tomate waschen, abtrocknen und in kleine Würfel schneiden, dabei Stielansatz entfernen. Die Zitrone waschen und abtrocknen. Ein etwa 2 cm langes Stück Schale dünn abschneiden und fein hacken; den Saft auspressen.

■ Bulgur in einer Schüssel mit je 1 EL Zitronensaft und Öl vermischen. Etwa zwei Drittel der Zwiebeln, Tomate und Zitronenschale untermischen. Alles mit Salz und Pfeffer würzen und auf einer großen Platte anrichten.

Bulgur mit Mangold und Tomaten

Für 4 Portionen

1 rote Paprikaschote
1 Zwiebel
3 EL Maiskeimöl
300 g Bulgur
600 ml Gemüsebrühe
500 g Mangold
500 g Tomaten
1/8 l Sojadrink
Salz, schwarzer Pfeffer
Cayennepfeffer
1 Bund Schnittlauch
200 g Crème fraîche

■ Paprika waschen, halbieren, von den Kernen befreien und in feine Streifen schneiden. Zwiebel abziehen und fein hacken. Diese Zutaten in 2 EL Öl bei schwacher Hitze anbraten.

■ Bulgur und Brühe zugeben und aufkochen. Zugedeckt bei schwacher Hitze 20 Minuten garen.

■ Mangold putzen, waschen, trockenschwenken und in dünne Streifen schneiden. Tomaten abziehen und würfeln.

■ Das restliche Öl in einem Topf erhitzen. Mangold darin bei mittlerer Hitze unter Rühren 2 Minuten braten. Tomaten und den Sojadrink untermischen und aufkochen. Zugedeckt bei schwacher Hitze in etwa 5 Minuten weich garen.

■ Mit Salz, Pfeffer und Cayennepfeffer würzen. Schnittlauch fein zerkleinern und die Hälfte unter das Gemüse mischen.

■ Gemüse und Bulgur auf vorgewärmten Tellern anrichten. Die Crème fraîche auf die Bulgurportionen setzen und mit dem restlichen Schnittlauch bestreuen.

*Arbeitszeit etwa
25 Minuten
Kochzeit 27 Minuten
1 Portion enthält:
2184 kJ/520 kcal
53 mg Cholesterin
25 g Fett
15 g Eiweiß
55 g Kohlenhydrate*

Bulgur ist grob vermahlener, vorgekochter Weizen. Er gart besonders schnell und ist leichter verdaulich als ganze Weizenkörner. Bulgur gibt es in Naturkost- oder türkischen Läden. Man verwendet ihn als Beilage sowie für Suppen, Eintöpfe, Gratins, Klöße, Frikadellen oder Süßspeisen.

Couscous mit Gemüse

Arbeitszeit etwa

45 Minuten

Quellzeit

45 Minuten

Kochzeit 1 Stunde

1 Portion enthält:

2948 kJ/702 kcal

42 mg Cholesterin

32 g Fett

23 g Eiweiß

76 g Kohlenhydrate

Für 4 Portionen

300 g Couscous

1/2 l Wasser

50 g Trockenpflaumen

Salz

20 g Butter

1 Bund Lauchzwiebeln

500 g Brokkoli

300 g Möhren

1 Knoblauchzehe

3 EL Öl

1 Packung TK-Erbsen (300 g)

3 EL Zitronensaft

weißer Pfeffer aus der Mühle

75 g Mandeln

150 g Magerjoghurt

200 g saure Sahne

Cayennepfeffer

1 Bund Schnittlauch

■ Couscous in eine Schüssel geben, das Wasser bis auf 5 EL zugießen und zugedeckt 45 Minuten quellen lassen.

■ Die Trockenpflaumen im restlichen Wasser einweichen.

■ Couscous salzen und mit einer Gabel durchrühren, bis es wieder körnig ist.

■ Den Boden eines hohen Topfes gerade eben mit Wasser bedecken. Die Hälfte der Butter darin erhitzen, bis sie aufschäumt.

■ Couscous in den Topf schütten; der Boden soll bedeckt und das Couscous wie eine Pyramide aufgeschichtet sein. Den Topfdeckel mit einem Küchentuch umwickeln, fest auf den Topf drücken und, falls erforderlich, beschweren, damit der Topf wirklich dicht schließt. Couscous bei schwacher bis schwächster Hitze 1 Stunde garen.

Die Lauchzwiebeln putzen, waschen und mit den saftigen grünen Blättern in etwa fingerlange Stücke schneiden. Den Brokkoli waschen, die Röschen abschneiden und beiseite legen. Die Stiele mit einem kleinen Messer schälen. Die Möhren ebenfalls schälen, waschen und in etwa streichholzdünne Stifte schneiden. Die Knoblauchzehe abziehen und hacken.

Das Öl in einem Schmortopf erhitzen. Lauchzwiebeln, Brokkolistiele, Möhren und Knoblauch zufügen und bei mittlerer Hitze unter Wenden etwa 2 Minuten anbraten.

Brokkoliröschen, Erbsen und das Einweichwasser der Pflaumen zugeben.

Aufkochen und zugedeckt bei schwacher bis mittlerer Hitze 5 Minuten garen.

Die Pflaumen halbieren oder vierteln, unter das Gemüse mischen und erhitzen. Mit Zitronensaft, Salz und einer kräftigen Prise Pfeffer abschmecken.

Die Mandeln grob hacken und in der restlichen Butter rösten. Den Joghurt mit der sauren Sahne in einer Schüssel kräftig verrühren, mit etwas Salz und Cayennepfeffer würzen. Den Schnittlauch klein hacken und darunter mischen.

Das Gemüse in die Mitte einer großen Platte geben und mit Mandeln bestreuen. Das Couscous in Häufchen um das Gemüse setzen. Den Schnittlauchjoghurt dazu servieren.

Das Gericht ist eine Spezialität aus Nordafrika.

Couscous oder Kuskus ist sowohl die Bezeichnung für ein Gericht als auch für eine spezielle Art von grobem Weizengrieß.

Süße Couscoustörtchen

Für 4 Portionen

1/4 l Milch
1 Prise Salz
75 g Couscous
1 unbehandelte Zitrone
2 Eier
1/2 TL gemahlene Vanille
1 EL Zucker
Butter zum Einfetten
frisches Obst oder Kompott

Die Milch mit Salz in einem Topf aufkochen. Das Couscous einrühren, erneut aufkochen, zugedeckt auf der abgeschalteten Kochplatte 10 Minuten quellen, dann lauwarm abkühlen lassen.

Die Zitrone waschen, abtrocknen, etwas Schale abreiben und den Saft der halben Zitrone auspressen. Die Eier trennen. Eigelbe, Vanille, Zucker, Zitronenschale und -saft mit einer Gabel unter den Couscousbrei rühren. Die Eiweiße sehr steif schlagen und unter die Masse ziehen.

Etwa 3 cm hoch Wasser in einen großen flachen Topf Wasser geben und aufkochen.

Vier große Tassen oder Förmchen mit Butter ausstreichen. Mit der Masse füllen, mit Alufolie schließen und in den Topf stellen. Den Deckel auf den Topf legen und die Törtchen bei schwacher Hitze im Wasserbad etwa 30 Minuten garen.

Die Tassen oder Förmchen herausnehmen und die Törtchen darin 10 Minuten stehen lassen. Mit einem spitzen Messer herauslösen, auf Dessertteller stürzen und mit Obst oder Kompott servieren.

Arbeitszeit etwa 20 Minuten

Quell- und Kochzeit etwa 40 Minuten

1 Portion enthält:
680 kJ/162 kcal
182 mg Cholesterin
6 g Fett
8 g Eiweiß
18 g Kohlenhydrate

Roggenkörner mit Fenchelsalat

Arbeitszeit etwa
30 Minuten
Kochzeit
1¹/₂ Stunden
Quellzeit 1 Stunde
1 Portion enthält:
2192 kJ / 522 kcal
11 mg Cholesterin
34 g Fett
12 g Eiweiß
40 g Kohlenhydrate

Für 4 Portionen
200 g Roggenkörner
¹/₂ l Wasser
1 TL Instantgemüsebrühe
1 Fenchelknolle (etwa 300 g)
2 große Orangen
4 EL Olivenöl
200 g kleine schwarze Oliven
Salz, schwarzer Pfeffer aus der Mühle
100 g schnittfester Schafskäse
2 EL Balsamessig
1 TL scharfer Senf

■ Körner mit Wasser und Gemüsebrühe aufkochen und zugedeckt bei schwacher Hitze 1¹/₂ Stunden garen. Topf von der Kochstelle nehmen, Roggen 1 Stunde quellen und dabei erkalten lassen.

■ Inzwischen das Fenchelgrün abschneiden, waschen und hacken. Die Fenchelknolle halbieren, dabei vom Strunk befreien, waschen und quer zu den Fasern in dünne Streifen schneiden. Auf eine Platte legen. Die Orangen schälen, dabei das weiße Häutchen entfernen und den Saft auffangen. Orangen filetieren. Saft mit 2 EL Öl über die Fenchelstreifen gießen. Oliven und Orangenstücke darauf verteilen; mit Salz und grob gemahlenem Pfeffer bestreuen.

■ Den Schafskäse würfeln. Essig mit Salz, Senf und 2 EL Öl verrühren. Sauce mit dem Roggen, einschließlich des Garsuds, und dem Käse vermischen. Neben dem Fenchelsalat anrichten. Fenchelgrün darüber streuen.

Roggen mit Sahne

Arbeitszeit etwa
30 Minuten
Quellzeit 6 Stunden
Kochzeit
1¹/₂ Stunden
1 Portion enthält:
1936 kJ / 461 kcal
11 mg Cholesterin
25 g Fett
11 g Eiweiß
45 g Kohlenhydrate

Für 2 Portionen
150 g Roggenkörner
300 ml Wasser
Salz
1 Zwiebel
1 Knoblauchzehe
1 EL Öl
2 EL Schlagsahne
weißer Pfeffer aus der Mühle
geriebene Muskatnuss
50 g Haselnüsse
1 Bund Schnittlauch

Dazu passt Gemüse oder Salat.

■ Roggen im Wasser 6 Stunden zugedeckt einweichen. Mit Salz aufkochen und zugedeckt bei schwacher Hitze 1¹/₂ Stunden garen.
■ Zwiebel und Knoblauchzehe abziehen, hacken und im heißen

Öl bei schwacher Hitze glasig braten. Roggen mit dem verbliebenen Kochwasser zugeben und aufkochen. Sahne zugießen und erhitzen. Mit Salz, Pfeffer und Muskatnuss abschmecken.
■ Teller vorwärmen. Nüsse hacken, Schnittlauch in feine Röllchen schneiden. Beide Zutaten mit dem Roggen mischen. Auf den Tellern anrichten.

Kerniger Haferbrei

Für 3 Portionen

150 g Nackthafer

¼ l Milch

2 große säuerliche Äpfel, z. B. Cox Orange oder Boskoop

100 g Rosinen

20 g gemahlene Mandeln

Saft von 1 großen Orange

1 EL Zitronensaft

2 EL Magerjoghurt

1–2 EL Honig

■ Haferkörner waschen, nass in einen Topf schütten und unter ständigem Rühren erhitzen, bis sie aufplatzen. Die Milch zugießen, bei schwacher Hitze etwa 20 Minuten kochen und anschließend noch 20 Minuten quellen lassen.

■ Äpfel halbieren, vom Kerngehäuse befreien, einen halben in Scheiben schneiden, den Rest schälen und grob raspeln. Mit Hafer, Rosinen, Mandeln, Säften, Joghurt, Honig und Apfelscheiben mischen.

Arbeitszeit etwa

20 Minuten

Kochzeit etwa

20 Minuten

Quellzeit 20 Minuten

1 Portion enthält:

1932 kJ / 460 kcal

11 mg Cholesterin

11 g Fett

12 g Eiweiß

76 g Kohlenhydrate

Joghurt mit Flocken und Kirschen

Für 3 Portionen

1 TL Butter

1 EL Hafervollkornflocken

150 g Kirschen

2 Riegel einer Carobtafel

400 g Magerjoghurt

3 EL Schlagsahne

1 EL Honig

1 Prise Zimt

4 EL Cornflakes

■ Butter in einer kleinen Pfanne schmelzen, aber nicht bräunen. Haferflocken

darin bei mittlerer Hitze unter Rühren hellbraun rösten. Auf einem Teller abkühlen lassen.

■ Die Kirschen waschen, abzupfen und entsteinen. Die Carobriegel hacken oder raspeln.

■ Die Kirschen in Dessertschälchen verteilen.

■ Joghurt, Sahne, Honig und Zimt mit einem Schneebesen schaumig schlagen und darüber gießen. Mit den gerösteten Haferflocken, Carobraspeln und Cornflakes bestreuen.

Arbeitszeit etwa

30 Minuten

1 Portion enthält:

987 kJ / 235 kcal

17 mg Cholesterin

9 g Fett

8 g Eiweiß

29 g Kohlenhydrate

Hafersuppe mit Kräutern

**Arbeitszeit etwa
20 Minuten
Kochzeit etwa
20 Minuten
1 Portion enthält:
676 kJ / 161 kcal
29 mg Cholesterin
10 g Fett
5 g Eiweiß
11 g Kohlenhydrate**

Der Hafer war eines der wichtigsten Nahrungsmittel der Germanen. Aus dem in Mitteleuropa angebauten Hafer werden Haferflocken, -schrot und -mehl hergestellt.

Für 4 Portionen

50 g Hafer, mittelfein geschrotet
³/₄ l Gemüsebrühe
50 g gemischte Kräuter wie Petersilie, Brennessel, Löwenzahn, Kerbel und Sauerampfer
1 kleines Bund Schnittlauch
¹/₈ l Milch
50 g Crème fraîche
20 g kalte Butter
Salz, weißer Pfeffer
geriebene Muskatnuss

■ Den Haferschrot ohne Fettzugabe in einem Topf unter Rühren bei mittlerer Hitze rösten, bis er duftet.
■ Die Gemüsebrühe unter kräftigem Rühren langsam zugießen. Die Suppe unter weiterem Rühren aufkochen, bis sie ganz glatt ist. Zugedeckt bei schwacher Hitze etwa 20 Minuten garen. Dabei immer wieder umrühren, damit der Schrot nicht am Topfboden festklebt.
■ Die gemischten Kräuter und den Schnittlauch waschen, trockentupfen und getrennt fein zerkleinern.
■ Kräuter, Milch, Crème fraîche und Butter in die Suppe geben. Die Suppe erneut bis knapp unter den Siedepunkt erhitzen und dabei mit den Quirlen des Handrührgerätes oder einem Schneebesen kräftig rühren, bis sich die Butter ganz aufgelöst hat.
■ Mit Salz, Pfeffer und Muskatnuss abschmecken und in Teller verteilen. Mit Schnittlauch bestreuen.

Haferklöße mit Tomatensauce

Für 4 Portionen

Klöße:

100 g Haferkörner

1/4 l Gemüsebrühe

1 Zwiebel

1 kleine Knoblauchzehe

1/2 Bund Petersilie

100 g Mehl

100 g Magerquark

1 Ei

Salz, schwarzer Pfeffer

Gemüse und Sauce:

1 Spitzkohl (etwa 600 g)

750 g Tomaten

1 Zwiebel

1 Knoblauchzehe

60 g Nüsse

1/2 kleines Bund Dill

4 EL Olivenöl

1 EL Butter

Salz, Pfeffer

1 TL getrockneter Oregano

2 EL Crème fraîche

■ Die Haferkörner in der Brühe aufkochen und zugedeckt bei schwacher Hitze 1 Stunde garen. Dann 1 Stunde quellen und lauwarm abkühlen lassen.

■ Zwiebel und Knoblauchzehe abziehen und hacken, Petersilie waschen und fein zerkleinern. Diese drei Zutaten mit Mehl, Quark, Ei, Salz und Pfeffer zum Hafer geben und mit den Händen zu einem lockeren, formbaren Teig vermischen.

■ Salzwasser kochen. Mit nassen Händen 8 Klöße formen, in das Wasser geben und bei schwacher Hitze etwa 25 Minuten garen. Dabei den Deckel nicht fest schließen.

■ Für Gemüse und Sauce den Spitzkohl vierteln, putzen, waschen, abtropfen lassen und in feine Streifen schneiden oder hobeln. Tomaten abziehen und würfeln. Zwiebel und Knoblauchzehe abziehen und fein hacken. Dill waschen. Nüsse und Dill fein zerkleinern.

■ In einem Schmortopf 2 EL Öl und die Butter erhitzen. Spitzkohl darin bei mittlerer Hitze unter Rühren anbraten. 4 EL Kochwasser von den Klößen zufügen. Kohl zugedeckt bei schwacher Hitze etwa 10 Minuten garen. Mit Salz und Pfeffer würzen.

■ Für die Sauce in einem zweiten Topf das restliche Öl mit Oregano erhitzen. Zwiebel und Knoblauch darin bei schwacher Hitze unter Rühren glasig braten. Tomaten zugeben und bei mittlerer Hitze etwa 3 Minuten schmoren. Crème fraîche, Salz und Pfeffer untermischen.

■ Klöße abgetropft auf heiße Teller legen. Tomatensauce um die Klöße verteilen, Spitzkohl daneben anrichten und mit Nüssen und Dill bestreuen.

Arbeitszeit etwa 2 Stunden

Koch- und Quellzeit etwa 2 3/4 Stunden

1 Portion enthält:

2373 kJ/565 kcal

110 mg Cholesterin

31 g Fett

19 g Eiweiß

48 g Kohlenhydrate

Ganze Haferkörner, Hafervollkornmehl und Vollkornhaferflocken enthalten Ballaststoffe, die sich mit Cholesterin verbinden. Das so gebundene Cholesterin wird vom Körper nicht verwertet, sondern ausgeschieden.

Haferflockenwaffeln

Arbeitszeit etwa
40 Minuten
Quellzeit etwa
2 Stunden
1 Portion enthält:
1781 kJ/424 kcal
189 mg Cholesterin
15 g Fett
16 g Eiweiß
53 g Kohlenhydrate

Für 4 Portionen

250 g zarte Haferflocken
1/2 l Milch
1 unbehandelte Zitrone
1/2 EL Zucker
1 TL Zimtpulver
1 Prise Salz
2 Eier
1 EL Erdnussöl zum Backen
Ahornsirup oder Honig zum Beträufeln

■ Die Haferflocken in der Milch etwa 2 Stunden quellen lassen.

■ Die Zitrone waschen, abtrocknen und etwa 1/2 TL Schale abreiben. Mit Zucker, Zimt, Salz und den Eiern unter die Flocken mischen.

■ Backflächen des Waffeleisens fetten. 1 1/2 EL Teig hineingeben, das Eisen schließen und 3–4 Minuten backen. Die Waffeln mit Sirup oder Honig beträufeln.

Flockenflammeri mit Mandeln

Arbeitszeit etwa
30 Minuten
Kühlzeit 2 Stunden
1 Portion enthält:
2251 kJ/536 kcal
197 mg Cholesterin
12 g Fett
15 g Eiweiß
88 g Kohlenhydrate

Dazu passt
Himbeersaft oder
Kompott.

Für 4 Portionen

1 unbehandelte Zitrone
3/4 l Milch
125 g zarte Haferflocken
75 g Zucker
1 Prise Salz
1/2 TL Lebkuchengewürz
2 Eier
100 g Korinthen
100 g gemahlene Mandeln

■ Die Zitrone waschen, abtrocknen und die Schale abreiben. Die Milch mit Haferflocken, etwa zwei Dritteln des Zuckers, Salz, Zitronenschale und Lebkuchengewürz in einen Topf geben. Unter ständigem Rühren einmal aufkochen und bei schwacher Hitze 10 Minuten garen. Dabei häufig umrühren, damit nichts am Topfboden festklebt. Den Brei lauwarm abkühlen lassen.

■ Die Eier trennen, Eigelbe und Korinthen unter den Brei mischen. Eiweiße steif schlagen, dabei den Rest des Zuckers zugeben. Den Eischnee auf den Brei geben, Mandeln darüber streuen. Alles mischen, bis sich die Zutaten miteinander verbunden haben.

■ Vier Portionsschalen kalt ausspülen, die Masse einfüllen und zugedeckt 2 Stunden kühlen. Zum Servieren die Flammeris am Rand der Schalen mit einer Messerspitze lockern, Schalen in heißes Wasser tauchen und die Flammeris auf einen Teller stürzen.

Dinkel, auch Schwabenkorn genannt, ist ein enger Verwandter des Weizens. Er ist anspruchslos und winterhart und wächst auch in rauen Gegenden. In früheren Zeiten war er in ganz Europa verbreitet, verschwand aber eine Zeit lang fast ganz aus der guten Küche. Seit kurzem wird er in Mehlspeisen und in der Vollwertkost wieder häufig verwendet.

Dinkelsalat mit Gemüse

Für 3 Portionen

100 g Dinkelkörner
1/2 l Wasser
1 TL Instantgemüsebrühe
100 g Linsen
2 Tomaten
1 Paprikaschote
1 Bund Lauchzwiebeln
1 Bund Basilikum
3 EL Apfelessig
1 EL Sherryessig
Salz, weißer Pfeffer
5 EL Weizenkeim- oder Maiskeimöl
1 Kästchen Gartenkresse
1 EL gehackte Walnüsse

■ Dinkel mit der Hälfte des Wassers und der Gemüsebrühe aufkochen und zugedeckt bei schwacher Hitze etwa 1 Stunde

garen. Auf der abgeschalteten Kochstelle etwa 1 Stunde zugedeckt quellen lassen.

■ Inzwischen die Linsen im restlichen Wasser aufkochen und zugedeckt bei schwacher Hitze in etwa 45 Minuten weich garen. Abkühlen lassen.

■ Tomaten waschen und würfeln, dabei die Stielansätze entfernen. Paprikaschote waschen, putzen und in Streifen schneiden. Lauchzwiebeln putzen, waschen und mit allen saftigen grünen Blättern in feine Ringe schneiden. Basilikum waschen, trockentupfen und grob zerkleinern.

■ Für die Salatsauce beide Essigsorten mit Salz, Pfeffer und Öl verrühren. Dinkel und Linsen, nicht abgetropft, mit Salatsauce, Tomaten, Paprika, Lauchzwiebeln und Basilikum mischen. Mit Kresse und Nüssen garnieren und anrichten.

*Arbeitszeit etwa
35 Minuten
Kochzeit etwa
1 Stunde
Quellzeit etwa
1 Stunde
1 Portion enthält:
1924 kJ/458 kcal
0 mg Cholesterin
21 g Fett
17 g Eiweiß
47 g Kohlenhydrate*

Grünkernsuppe

Arbeitszeit etwa	
35 Minuten	
1 Portion enthält:	
878 kJ/209 kcal	
33 mg Cholesterin	
13 g Fett	
7 g Eiweiß	
15 g Kohlenhydrate	

Für 4 Portionen

75 g Grünkernkörner

1 l Gemüsebrühe

1 Bund Lauchzwiebeln

250 g Champignons

1 kleines Bund Petersilie

1 EL Öl

125 g Crème fraîche

Salz

Cayennepfeffer

Grünkernkörner sind leicht verdaulich, weil sie nach der Ernte eingeweicht, dann getrocknet und dabei geröstet werden. Deshalb müssen sie auch nicht unbedingt quellen, sondern nur etwa 1 Stunde garen.

■ Die Grünkernkörner in der Gemüsebrühe 6 Stunden zugedeckt quellen lassen. Die Körner aufkochen und zugedeckt bei schwacher Hitze 20 Minuten garen. Oder die Körner ohne Quellen 1 Stunde garen (siehe links).

■ Inzwischen die Lauchzwiebeln putzen, waschen und mit allen saftigen grünen Blättern in feine Ringe schneiden. Die Champignons ebenfalls putzen, waschen und in Scheiben schneiden. Die Petersilie waschen, trockentupfen und fein hacken.

■ Das Öl in einer Pfanne erhitzen. Lauchzwiebeln und Pilze darin zunächst bei starker, dann bei mittlerer Hitze unter ständigem Rühren etwa 2 Minuten braten, bis die Zwiebeln gerade eben weich sind. Zum Grünkern geben.

■ Die Crème fraîche zugeben und erhitzen, aber nicht mehr aufkochen. Die Suppe mit Salz und Cayennepfeffer abschmecken, mit der Petersilie bestreuen und anrichten.

Grünkern mit Currygemüse

Für 4 Portionen

200 g Grünkernkörner

$1/2$ l Wasser

1 TL Instantgemüsebrühe

1 TL getrocknete Thymianblättchen

1 Zwiebel

4 mittelgroße Möhren

1 Bund Lauchzwiebeln

1 kleine grüne Paprikaschote

je 1 Bund Petersilie und Schnittlauch

1 Stück frische Ingwerwurzel
(etwa 3 cm lang)

1 unbehandelte Zitrone

3 EL Sonnenblumenöl

2 EL Balsamessig

Salz, weißer Pfeffer

1 TL Kurkumapulver (Gelbwurz)

$1/2$ TL gemahlener Koriander

200 g Sahnejoghurt

1 EL Zitronensaft

■ Die Grünkernkörner mit dem Wasser übergießen und zugedeckt im Kühlschrank 6 Stunden quellen lassen.

■ Brühe und Thymian zugeben, den Grünkern aufkochen und zugedeckt bei schwacher Hitze 40 Minuten garen.

■ Die Zwiebel abziehen, fein hacken und beiseite stellen. Möhren schälen und in dünne Stifte schneiden. Lauchzwiebeln putzen, waschen und mit allen frischen Blättern in dünne Ringe schneiden. Paprikaschote waschen, von den Kernen befreien und in Streifen schneiden.

■ Petersilie und Schnittlauch getrennt fein zerkleinern. Ingwer schälen und fein reiben oder hacken. Die Zitrone waschen, abtrocknen und ein Stück Schale in feine Streifen schneiden.

■ 1 EL Öl erhitzen. Die Zwiebel darin bei schwacher Hitze glasig braten. Den gegarten Grünkern mit dem verbliebenen Kochwasser zugeben und einmal kräftig aufkochen. Mit Balsamessig, Salz und Pfeffer würzen und zugedeckt auf der abgeschalteten Kochstelle ziehen lassen, bis das Gemüse zubereitet ist.

■ Das restliche Öl in einer Pfanne erhitzen. Möhren, Lauchzwiebeln, Paprikaschote, die Hälfte der Petersilie, Ingwer und Zitronenschale darin bei starker Hitze kurz anbraten. Kurkuma und Koriander zugeben und bei mittlerer Hitze weitere 3–4 Minuten braten, bis das Gemüse bissfest ist.

■ Teller vorwärmen. Joghurt und Saft unter das Gemüse mischen und erhitzen, aber nicht mehr aufkochen, mit Salz und Pfeffer abschmecken und mit dem Grünkern auf heißen Tellern anrichten. Grünkern mit dem Schnittlauch, Gemüse mit dem Rest der Petersilie bestreuen.

*Arbeits- und Kochzeit
etwa 1 Stunde
1 Portion enthält:
1449 kJ/345 kcal
19 mg Cholesterin
14 g Fett
10 g Eiweiß
41 g Kohlenhydrate*

Im 14. Jh verschlechterte sich das Klima, die Sommer waren kalt und nass, die Winter lang. Das Getreide wurde nicht mehr reif und drohte auf den Feldern zu faulen. In der Not ernteten die Bauern den noch unreifen Dinkel und trockneten ihn über dem Feuer. Die Körner verloren an Feuchtigkeit, wurden hart und haltbar. So ist Grünkern, das grüne Korn, entstanden. Er schmeckt kräftig und leicht nach Nuss.

Gerstensalat mit Tofu und Gemüse

Arbeitszeit etwa

30 Minuten

Kochzeit etwa

1 Stunde

Quellzeit 1 Stunde

1 Portion enthält:

1121 kJ/267 kcal

0 mg Cholesterin

11 g Fett

11 g Eiweiß

28 g Kohlenhydrate

Gerste gehört zu den ältesten Kulturpflanzen. Sie wurde schon vor 4000 Jahren angebaut. Heute verwendet man sie hauptsächlich zur Herstellung von Graupen, Grütze und Malzkaffee.

Für 4 Portionen

100 g Gerstenkörner

1/4 l Wasser

1 Prise Instantgemüsebrühe

2 Lauchzwiebeln

1 Essiggurke

2 EL Kapern

2 EL milder Essig

250 g Räuchertofu

300 g Möhren

2 Fenchelknollen (etwa 400 g)

1 EL körniger Senf

Salz

schwarzer Pfeffer aus der Mühle

3 EL Öl

1 Bund Schnittlauch

1 Kästchen Gartenkresse

■ Die Gerste in einen Topf geben, mit dem Wasser und der Instantgemüsebrühe aufkochen und zugedeckt bei schwacher Hitze etwa 1 Stunde garen. Den Topf von der Kochstelle nehmen, die Gerste 1 Stunde quellen und dabei erkalten lassen.

■ Die Lauchzwiebeln putzen, waschen und in Ringe schneiden. Die Gurke hacken. Beide Zutaten, Kapern und 1 EL Essig unter die Gerste mischen.

■ Den Tofu abtropfen lassen und hacken. Die Möhren schälen, waschen und raspeln. Die Fenchelknollen putzen, waschen und in dünne Streifen schneiden. Alles in einer Schüssel mischen.

■ Den restlichen Essig mit Senf, Salz, Pfeffer und Öl verrühren und mit den Salatzutaten in der Schüssel vermischen. Den Schnittlauch in feine Röllchen schneiden.

■ Den Salat auf Portionsteller geben und die Gerste darüber verteilen. Mit Schnittlauch und Kresse bestreuen.

Graupen mit Maisgemüse

Gesamtzeit etwa

30 Minuten

1 Portion enthält:

1978 kJ/471 kcal

0 mg Cholesterin

13 g Fett

14 g Eiweiß

72 g Kohlenhydrate

Schneller geht es mit einer Packung tiefgekühltem Mischgemüse aus Mais und Paprikaschoten.

Für 3 Portionen

250 g Graupen

3 EL Olivenöl

1/2 l Gemüsebrühe

1 große rote Paprikaschote

1 Bund Lauchzwiebeln

1 Bund Basilikum

1 kleine Dose Zuckermais

1 EL Zitronensaft

Salz, schwarzer Pfeffer

■ Die Graupen in ein Sieb schütten und kalt abspülen, bis das Wasser klar abläuft. Das Öl erhitzen und die Graupen bei mittlerer Hitze unter Rühren anbraten. Die Gemüsebrühe zugießen, aufkochen und dann zugedeckt bei schwacher Hitze 20 Minuten garen.

■ Die Paprikaschote halbieren, von den Kernen befreien und in Stücke schneiden. Die Lauchzwiebeln mit allen saftigen grünen Blättern in dünne Ringe schneiden. Das Basilikum fein zerkleinern. Die Maiskörner in einem Sieb kalt abspülen.

■ Teller vorwärmen. Paprikaschote, Lauchzwiebelringe und Maiskörner unter die Graupen mischen, erneut aufkochen und 5 Minuten garen, bis die Graupen weich sind.

■ Mit Zitronensaft, Salz und Pfeffer abschmecken; mit dem Basilikum mischen und auf den Tellern servieren.

Hirsesalat mit Bohnen

Für 3 Portionen

1 Zwiebel
2 Knoblauchzehen
4 EL Olivenöl
200 g Hirse
1/2 l Wasser
2 TL Gemüsebrüheextrakt
1 Dose rote Bohnen (Einwaage 400 g)
300 g grüne TK-Bohnen
3 EL Rotweinessig
1 EL scharfer Senf
Salz, schwarzer Pfeffer
1 Bund Petersilie

■ Die Zwiebel und die Knoblauchzehen abziehen, hacken und in 1 EL Öl anbraten. Hirse, 400 ml Wasser und 1 TL Gemüsebrüheextrakt zugeben und aufkochen. Die Hirse zugedeckt bei schwächster Hitze etwa 20 Minuten garen und etwas abkühlen lassen.

■ Die roten Bohnen in einem Sieb abtropfen lassen. Die grünen Bohnen mit dem restlichen Wasser und 1 TL Brühe bissfest garen. Heiß und nicht abgetropft mit den roten Bohnen mischen.

■ Essig mit Senf, Salz, Pfeffer und dem restlichen Öl in einer Schüssel verrühren, Bohnen und Hirse zugeben und alles gut mischen. Die Petersilie fein hacken und darüber streuen.

Arbeitszeit etwa
20 Minuten
Kochzeit etwa
35 Minuten
1 Portion enthält:
2222 kJ/529 kcal
0 mg Cholesterin
18 g Fett
19 g Eiweiß
70 g Kohlenhydrate

Goldgelbe Hirsekörner
kurz vor der Ernte

*H*irsefrikadellen

Arbeitszeit etwa
45 Minuten
Ruhezeit etwa
1 Stunde
1 Portion enthält:
2129 kJ/507 kcal
222 mg Cholesterin
27 g Fett
14 g Eiweiß
48 g Kohlenhydrate

Dazu passt Heidelbeer-, Zwetschgen- oder Kirschkompott.

Für 6 Portionen

400 g Hirse
1 unbehandelte Orange
1 Würfel Hefe (42 g)
knapp 3/8 l lauwarme Milch
3 zimmerwarme Eier
100 g weiche Butter
2 EL Rübenkraut
1 EL Vanillezucker
Salz
Öl oder Pflanzenfett zum Backen

■ Die Hirse in der Getreidemühle zu feinem Mehl mahlen. Die Orange waschen, abtrocknen und die Hälfte der Schale abreiben. Die Hefe zerbröckeln.

■ Hirse, Orangenschale, Hefe, Milch, Eier, Butter, Rübenkraut, Vanillezucker und Salz mit den Knethaken des Handrührgerätes etwa 5 Minuten kneten, bis der Teig Blasen bildet. Zugedeckt bei Zimmertemperatur etwa 1 Stunde gehen lassen.

■ Das Fett in einer Pfanne erhitzen. Pro Frikadelle etwa 2 EL Teig hineingeben und portionsweise bei mittlerer, dann bei schwacher Hitze etwa 5 Minuten backen, bis die Frikadellen auf der Unterseite braun sind und sich vom Pfannenboden lösen. Wenden und weitere 3–4 Minuten backen. Bei 50 °C (Gas Stufe 1/2) im Backofen warm halten, bis alle fertig sind.

Hirseauflauf mit Pflaumensauce

Für 4 Portionen

Sauce:

2 unbehandelte Orangen

250 g entsteinte Trockenpflaumen

1/4 l ungesüßter Apfelsaft

1 TL Honig

je 1/2 TL Zimt, Ingwer und gemahlene Vanille

Auflauf:

100 g Korinthen

200 g Hirse

1/2 l Milch

1 Prise Salz

50 g Butter

50 g Zuckerrohrgranulat

4 Eier

100 g gemahlene Haselnüsse

Butter und Semmelbrösel für die Form

1 EL Orangenlikör, nach Belieben

■ Für die Pflaumensauce die Orangen waschen und abtrocknen. Die Schale von einer Orange rundherum dünn abschneiden und grob hacken. Von der anderen Orange etwa ein Viertel der Schale für den Hirseauflauf dünn abreiben. Beide Orangen auspressen.

■ Die Pflaumen grob zerschneiden und in eine Schüssel geben. Mit der gehackten Orangenschale, etwa drei Vierteln des Orangensaftes, Apfelsaft, Honig, Zimt, Ingwer und Vanille vermischen und zu-

gedeckt ziehen lassen, bis der Auflauf im Backofen ist.

■ Die Korinthen mit dem restlichen Orangensaft vermischen und ebenfalls ziehen lassen, bis der Teig zubereitet ist.

■ Hirse mit Milch, abgeriebener Orangenschale und Salz aufkochen und zugedeckt bei schwacher Hitze 10 Minuten garen. Den Topf von der Kochstelle nehmen, den Deckel entfernen und den Hirsebrei lauwarm abkühlen lassen.

■ Butter mit Zuckerrohrgranulat schaumig rühren. Die Eier trennen. Zuerst die Eigelbe, dann esslöffelweise den Brei und zum Schluss die Korinthen unterrühren.

■ Die Eiweiße steif schlagen und auf den Teig geben. Die Nüsse darüber streuen. Alles zuerst mit einem Kochlöffel, dann mit einem Schneebesen vermischen.

■ Eine Auflaufform mit hohem Rand mit Butter ausstreichen und mit Semmelbröseln ausstreuen. Teig darin glatt streichen. Auflauf auf die mittlere Schiene des kalten Backofens stellen. Bei 180 °C (Umluft 160 °C, Gas Stufe 2–3) etwa 45 Minuten backen. Die Sauce pürieren, nach Belieben mit Orangenlikör parfümieren und heiß zum Auflauf servieren.

Arbeitszeit etwa
1 Stunde
Backzeit etwa
45 Minuten
1 Portion enthält:
4057 kJ/966 kcal
400 mg Cholesterin
42 g Fett
23 g Eiweiß
117 g Kohlenhydrate

Statt der Korinthen kann man den Auflauf mit frischen Zwetschgen, Äpfeln, abgezogenen Aprikosen oder entkernten Kirschen zubereiten; dazu das Obst zerkleinern und mit dem Hirsebrei unter die Buttermischung rühren. Die Hirse kann man durch Grieß, Bulgur oder Couscous ersetzen.

Polentagratin mit Gemüse

Arbeitszeit etwa	
1 1/2 Stunden	
Kochzeit etwa	
45 Minuten	
Backzeit etwa	
15 Minuten	
1 Portion enthält:	
2474 kJ/589 kcal	
58 mg Cholesterin	
38 g Fett	
21 g Eiweiß	
36 g Kohlenhydrate	

Für 4 Portionen

150 g Polenta (Maisgrieß)
3/4 l Wasser
Salz
1 Bund Petersilie
1 große Zwiebel
3 Knoblauchzehen
500 g Auberginen
7 EL Öl
schwarzer Pfeffer
1 EL getrockneter Thymian
500 g Tomaten
200 g geriebener Hartkäse
1 EL Butter

Zum Überbacken eignen sich Greyerzer, Fontina oder Schmelzkäsescheiben. Zum Gratin passt gemischter Salat.

■ Polenta mit Wasser und Salz aufkochen und zugedeckt bei schwacher Hitze 45 Minuten garen, bis sich der Brei vom Topfrand löst. Zwischendurch häufig umrühren.

■ Die Petersilie waschen, trockentupfen und fein hacken. Die Hälfte davon unter die Polenta mischen. Polenta auf ein Backblech streichen und trocknen lassen, bis die anderen Zutaten vorbereitet sind.

■ Den Backofen auf 250 °C (Umluft 230 °C, Gas Stufe 5) vorheizen.

■ Die Zwiebel und die Knoblauchzehen abziehen und fein hacken. Die Auberginen waschen, putzen und in Scheiben schneiden. Portionsweise in 5 EL heißem Öl bei schwacher Hitze auf beiden Seiten etwa 5 Minuten braten. In eine flache Gratinform legen und mit Salz und Pfeffer würzen.

■ Das restliche Öl in die Pfanne geben. Zwiebel und Knoblauch darin bei schwacher Hitze glasig braten. Thymian zugeben, mit Salz und Pfeffer würzen.

■ Die Mischung über den Auberginen verteilen. Die Tomaten waschen, in Scheiben schneiden und darauf legen. Die Polenta in etwa 5 × 10 cm große Stücke schneiden und auf die Tomaten legen. Mit Käse bestreuen und mit Butterstückchen belegen.

■ Die Polenta auf die mittlere Schiene des heißen Backofens schieben und 10–15 Minuten backen, bis der Käse zerlaufen und leicht gebräunt ist.

Polentaschnitten mit Gemüse

Für 3 Portionen

¹/₂ l Gemüsebrühe
175 g Polenta (Maisgrieß)
Salz
1 Ei
6 EL Öl
400 g kleine Zucchini
300 g vollreife Tomaten
je 1 rote und grüne Paprikaschote
1 Gemüsezwiebel
2 Knoblauchzehen
1 Bund Thymian
1 Bund Schnittlauch
schwarzer Pfeffer
Cayennepfeffer

■ Die Gemüsebrühe aufkochen. Den Topf von der Kochstelle nehmen und die Polenta in die Brühe rühren. Wieder auf die Kochstelle setzen und zugedeckt bei schwacher Hitze 15 Minuten garen.

■ Die Polenta lauwarm abkühlen lassen. ¹/₂ TL Salz und das Ei mit einer Gabel untermischen. Eine Kuchenplatte mit 1 TL Öl einpinseln. Polenta darauf glatt streichen und über Nacht trocknen lassen.

■ Den Backofen auf 50 °C (Gas Stufe ¹/₂) vorheizen. Die Polenta in 6 cm große Quadrate schneiden. In 2 EL Öl bei mittlerer Hitze auf jeder Seite etwa 2 Minuten braten. Im Backofen warm halten.

■ Für das Gemüse die Zucchini waschen, putzen und in etwa fingerdicke Scheiben schneiden. Die Tomaten abziehen und achteln, dabei die Stielansätze herausschneiden. Die Paprikaschoten waschen, vierteln, putzen und in Stücke schneiden. Die Zwiebel und die Knoblauchzehen abziehen und grob hacken. Den Thymian waschen.

■ Alle Gemüse und Thymian mit dem restlichen Öl in einen Topf geben. Den Topf schließen, Gemüse aufkochen und zugedeckt bei schwacher Hitze in etwa 5 Minuten gerade eben bissfest garen.

■ Den Schnittlauch in feine Röllchen schneiden. Das Gemüse mit dem Schnittlauch vermischen, mit Salz, Pfeffer und einer kräftigen Prise Cayennepfeffer abschmecken und dann zu den Polentaschnitten servieren.

Arbeitszeit etwa
1 Stunde
Kochzeit etwa
20 Minuten
1 Portion enthält:
2230 kJ/531 kcal
116 mg Cholesterin
26 g Fett
14 g Eiweiß
58 g Kohlenhydrate

Maisverkauf auf einem Markt in Mexiko

Tortillas mit Gemüse

Arbeitszeit etwa
2 Stunden
1 Portion enthält:
4082 kJ/972 kcal
57 mg Cholesterin
37 g Fett
39 g Eiweiß
114 g Kohlenhydrate

Dieses Gericht stammt aus Mexiko, wo man eine Tortilla mit Gemüse, Salat und Käse belegt, einen Klecks Bohnenpaste darauf gibt, die Tortilla rollt oder faltet und aus der Hand isst.

Die Tortillas müssen während der Mahlzeit im feuchten Tuch warm gehalten und zugedeckt werden, damit sie weich genug zum Rollen sind.

Für 4 Portionen

Bohnenpaste:
1 Dose rote oder schwarze Bohnen (Einwaage etwa 340 g)
100 g Tomatenketschup
2 TL Zitronensaft
4 frische Koriander- oder Petersilienblättchen
1/2 TL gemahlener Kreuzkümmel
Salz, Cayennepfeffer
Tortillas:
etwa 200 g Mehl
150 g feines Maismehl
1 TL Salz
1 TL Backpulver
1 1/2 EL Öl
etwa 200 ml kaltes Wasser
Mehl für die Arbeitsfläche
Beilagen:
2 mittelgroße Lauchstangen (Porree)
2 mittelgroße Möhren
2 kleine Zucchini
2 rote Paprikaschoten
2 grüne Paprikaschoten
2 Fleischtomaten
6 EL Öl
schwarzer Pfeffer aus der Mühle
1/2 Kopf Eissalat
200 g mittelalter Gouda

■ Für die Bohnenpaste die Bohnen abtropfen lassen. Mit Tomatenketschup und Zitronensaft pürieren. Koriander oder Petersilie mit einem scharfen Messer fein schneiden. Mit Kreuzkümmel, Salz und Cayennepfeffer unter das Püree mischen. Bei Zimmertemperatur bis zum Servieren ziehen lassen.

■ Für die Tortillas etwa 150 g Mehl, das Maismehl, Salz und Backpulver in einer Schüssel mischen. Öl und Wasser zugeben. Mit einer Gabel mischen.

■ Den Teig auf der bemehlten Arbeitsfläche mit den Händen so lange kneten, bis er glatt ist, sich gut ausrollen lässt und nicht an den Händen klebt. Dabei nach und nach das restliche Mehl unterkneten. Dann zugedeckt bei Zimmertemperatur ruhen lassen, bis das Gemüse vorbereitet ist.

■ Den Lauch putzen, waschen und mit allen saftigen grünen Blättern zuerst quer in etwa fingerlange Stücke, dann längs in Streifen schneiden. Die Möhren schälen und waschen. Die Zucchini waschen und putzen. Beide Zutaten der Länge nach in fingerdicke Stifte schneiden. Die Paprikaschoten waschen, vierteln, putzen und in Streifen schneiden. Die Tomaten abziehen, achteln und noch einmal teilen.

■ Ein Küchentuch unter kaltes Wasser halten und gut auswringen, dann auf

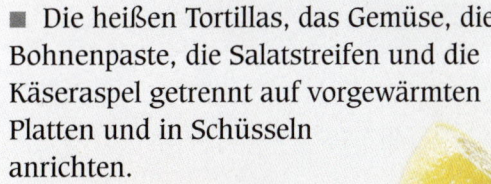

einem Teller in den Backofen legen. Ofen auf 75 °C (Gas Stufe 1) heizen.

■ Die Arbeitsfläche mit etwas Mehl bestauben. Den Tortillateig in 16 Stücke teilen. Jedes Stück mit dem Handballen flach drücken und zu einem dünnen Fladen ausrollen.

■ Eine mittelgroße Pfanne bei schwacher bis mittlerer Hitze erhitzen. Die Tortillas darin nacheinander ohne Fettzugabe auf jeder Seite etwa 2 Minuten backen. In das Küchentuch einschlagen und im Backofen warm halten.

■ Das Öl in einer großen Pfanne erhitzen. Darin das Gemüse portionsweise bei starker, dann bei mittlerer Hitze unter ständigem Wenden etwa 5 Minuten

braten; es sollte angebraten, aber nicht weich sein. Tomaten 2 Minuten anbraten. Alles mit Salz und Pfeffer würzen.

■ Salat waschen, trockenschwenken und in Streifen schneiden. Käse grob raspeln.

■ Die heißen Tortillas, das Gemüse, die Bohnenpaste, die Salatstreifen und die Käseraspel getrennt auf vorgewärmten Platten und in Schüsseln anrichten.

Maispfannkuchen

Arbeitszeit etwa
45 Minuten
Ruhezeit etwa
12 Stunden
1 Portion enthält:
1273 kJ/303 kcal
192 mg Cholesterin
15 g Fett
9 g Eiweiß
30 g Kohlenhydrate

*Zu den Maispfann-
kuchen passt Salat,
Schwarzwurzeln
in Currysauce
(Seite 93), Tofu-
Gemüse-Curry
(Seite 25), mexika-
nisches Gemüse
(Seite 149) oder
Tomatengemüse
(Seite 55).*

Für 4 Portionen

150 g feines Maismehl

$\frac{1}{2}$ TL Salz

$\frac{1}{2}$ TL Backpulver

2 Eier

175 ml Milch

1 EL Butter

Öl zum Backen

■ Mehl mit Salz und Backpulver in einer Schüssel mischen.

■ Die Eier verquirlen und die Milch zufügen. Zur Mehlmischung geben und gründlich verrühren. Den Teig zugedeckt im Kühlschrank etwa 10 Stunden ruhen lassen.

■ Den Teig aus dem Kühlschrank nehmen und etwa 2 Stunden bei Zimmertemperatur stehen lassen.

■ Die Butter schmelzen, aber nicht bräunen und kräftig mit dem Teig verkneten.

■ Eine Pfanne mit 21 cm Ø erhitzen. 1 TL Öl darin verteilen. 5 EL Teig zugeben und zu einem dünnen Pfannkuchen auseinander fließen lassen. Bei mittlerer Hitze etwa 3 Minuten backen, bis er Blasen bildet. Wenden und nur noch einige Sekunden backen.

■ Im Backofen bei 50 °C (Gas Stufe $\frac{1}{2}$) warm halten. Dann die anderen Pfannkuchen ebenso backen.

Maiskuchen mit Erbsen

Für 6 Portionen

Teig:

300 g Weizenvollkornmehl

$^1/_2$ Päckchen Trockenhefe

Salz

$^1/_4$ l Wasser

3 EL Öl

Belag:

50 ml Wasser

Salz

1 Packung TK-Erbsen (300 g)

4 Maiskolben (etwa 2 kg)

200 g Tomaten

100 g Mandelstifte

150 g geriebener Käse

150 g Crème fraîche

Cayennepfeffer

Fett für das Backblech

■ Mehl, Hefe und Salz in einer Schüssel vermischen. Wasser und Öl lauwarm erwärmen und dazugießen. Alles mit den Knethaken des Handrührgerätes etwa 5 Minuten durchrühren, bis der Teig Blasen bildet. Zugedeckt bei Zimmertemperatur etwa 1 Stunde ruhen lassen, bis sich das Teigvolumen verdoppelt hat.

■ Inzwischen für den Belag Wasser mit Salz zum Kochen bringen. Die Erbsen darin aufkochen und zugedeckt bei mittlerer Hitze 5 Minuten garen. Im Garsud abkühlen lassen.

■ Die Maiskolben putzen, waschen und die Körner abschneiden. Die Tomaten abziehen und würfeln. Mais und Tomaten mit Erbsen, Mandeln, Käse, Crème fraîche, Salz und Cayennepfeffer vermischen.

■ Ein Backblech einfetten. Den Teig darauf verstreichen und die Gemüsemischung darauf verteilen. Auf die mittlere Schiene des kalten Backofens schieben und bei 180 °C (Umluft 160 °C, Gas Stufe 2–3) etwa 40 Minuten backen. Den Kuchen herausnehmen, auf dem Blech etwa 10 Minuten abkühlen lassen, in Stücke schneiden und noch warm servieren.

Arbeitszeit etwa

1 Stunde

Ruhezeit etwa

1 Stunde

Backzeit etwa

40 Minuten

1 Portion enthält:

2554 kJ/608 kcal

55 mg Cholesterin

32 g Fett

22 g Eiweiß

53 g Kohlenhydrate

Zum Trocknen aufgehängte und vor Regen geschützte Maiskolben

Polentaschnitten mit Rhabarberkompott

Arbeitszeit etwa	Für 4 Portionen
1 Stunde	**Polentaschnitten:**
Kochzeit etwa	1 unbehandelte Zitrone
50 Minuten	³/₄ l Milch
Trockenzeit 2 Stunden	1 Prise Salz
1 Portion enthält:	1 TL Zimtpulver
2314 kJ/551 kcal	150 g Polenta
109 mg Cholesterin	30 g Zuckerrohrgranulat
15 g Fett	1 Ei
13 g Eiweiß	**Kompott:**
88 g Kohlenhydrate	500 g Rhabarber
	¹/₈ l ungesüßter Fruchtsaft
	100 g Korinthen
	75 g Zuckerrohrgranulat
	250 g Erdbeeren
	Öl oder Pflanzenfett zum Braten

Rhabarber wurde schon vor etwa 4000 Jahren in Ostasien genutzt. In Europa begannen die Engländer Mitte des 18. Jh. ihn als Gemüse zu kochen. Erst 100 Jahre später wurde er in Deutschland angebaut.

■ Die Zitrone waschen, abtrocknen und die Hälfte der Schale abreiben. Milch mit Salz, Zitronenschale und Zimt aufkochen.

Die Polenta einrühren, erneut aufkochen und zugedeckt bei schwächster Hitze etwa 45 Minuten garen.

■ Etwas abkühlen lassen. Zuckerrohrgranulat und Ei unterrühren. Den Brei fingerdick auf ein kalt abgespültes Brett streichen und 2 Stunden trocknen lassen.

■ Den Rhabarber putzen, waschen und in Stücke schneiden. Mit Saft, Korinthen und Zuckerrohrgranulat aufkochen und zugedeckt bei schwacher Hitze 5 Minuten garen. Erkalten lassen.

■ Die Erdbeeren waschen, trockentupfen, von den Stielen befreien und unter den Rhabarber mischen.

■ Teller vorwärmen. Polentabrei in etwa 5 × 10 cm große Stücke schneiden. Fett erhitzen. Den Brei portionsweise auf beiden Seiten goldbraun braten. Auf den Tellern anrichten. Kompott dazu servieren.

Buchweizengrütze mit Sahne

Für 6 Portionen

2 EL Butter
150 g Buchweizenkörner
650 ml Wasser
1 Prise Salz
50 g ungeschälte Sesamsamen
200 g Schlagsahne
1 TL gemahlene Vanille
2 EL Ahornsirup
1 unbehandelte Orange

■ 1 EL Butter in einem Topf zerlassen. Den Buchweizen darin bei mittlerer Hitze anrösten, bis er zart duftet. Wasser und Salz zugeben, einmal kräftig aufkochen und den Buchweizen zugedeckt auf der abgeschalteten Kochstelle etwa 15 Minuten quellen lassen.

■ Inzwischen die restliche Butter in einer Pfanne erhitzen und die Sesamsamen darin unter Wenden rösten. Die Sahne mit Vanille steif schlagen. 1 EL Ahornsirup unterziehen.

■ Die Orange waschen, abtrocknen, die Schale etwa zur Hälfte abreiben und den Saft auspressen. Orangenschale, -saft, Sesam und 1 EL Ahornsirup unter die Buchweizengrütze mischen. Die Grütze auf Desserttellern verteilen und mit Sahne überziehen.

Arbeitszeit etwa
20 Minuten
1 Portion enthält:
1298 kJ / 309 kcal
52 mg Cholesterin
21 g Fett
5 g Eiweiß
24 g Kohlenhydrate

Dazu passt Sauer-
kirsch- oder
Pflaumenkompott.

Buchweizen mit Gemüse

Für 4 Portionen

1 rote Paprikaschote
2 kleine Zucchini
2 mittelgroße Möhren
1 unbehandelte Zitrone
200 g Champignons
1 große Zwiebel
2 Knoblauchzehen
1/2 Bund Petersilie
6 EL Öl
300 g Buchweizen
600 ml Gemüsebrühe
50 g Korinthen
50 g Pinienkerne
Salz
schwarzer Pfeffer aus der Mühle

■ Paprikaschote halbieren, von den Kernen befreien, in feine Streifen schneiden und waschen. Zucchini putzen, Möhren schälen, beides waschen und in Scheiben schneiden. Zitrone waschen, abtrocknen, einen etwa 5 cm langen Streifen Schale abschneiden und 2 EL Saft auspressen. Pilze putzen, waschen, halbieren und mit dem Saft mischen. Zwiebel und Knoblauchzehen abziehen, dann mit Zitronenschale und Petersilie fein zerkleinern.

■ 1 EL Öl im Topf erhitzen. Buchweizen anbraten. Brühe zugießen und aufkochen. Zugedeckt bei schwacher Hitze 20 Minuten garen.

■ Das restliche Öl in einer großen Pfanne erhitzen. Zwiebel und Knoblauch bei schwacher Hitze anbraten. Paprika, Zucchini, Möhren, Pilze, Zitronenschale, Korinthen und Pinienkerne zugeben und zunächst bei starker, dann mittlerer Hitze in etwa 5 Minuten weich braten.

■ Buchweizen und Petersilie unter das Gemüse mischen, mit Salz und Pfeffer abschmecken.

Gesamtzeit etwa
45 Minuten
1 Portion enthält:
2356 kJ / 561 kcal
0 mg Cholesterin
23 g Fett
15 g Eiweiß
70 g Kohlenhydrate

Buchweizen ist verwandt mit Rhabarber.

*B*uchweizenfrikadellen mit Rosenkohl

Arbeitszeit etwa

1 Stunde

Quellzeit etwa

1 Stunde

1 Portion enthält:

2003 kJ/477 kcal

115 mg Cholesterin

23 g Fett

16 g Eiweiß

50 g Kohlenhydrate

Für 4 Portionen

Frikadellen:

200 g Buchweizengrütze

400 ml Gemüsebrühe

200 g Möhren

1 Zwiebel

1 Knoblauchzehe

25 g vollfettes Sojamehl

1 Ei

50 g Magerjoghurt

$^1/_2$ TL gemahlener Kreuzkümmel (Kumin)

Salz

Cayennepfeffer

geriebene Muskatnuss

Öl zum Braten

Gemüse:

500 g Rosenkohl

2 Lauchstangen (Porree)

1 Bund Petersilie

2 EL Öl

$^1/_8$ l Gemüsebrühe

2 EL Zitronensaft

100 g Schlagsahne

Salz

Cayennepfeffer

■ Für die Frikadellen die Buchweizengrütze mit der Gemüsebrühe aufkochen und zugedeckt bei schwacher Hitze 3 Minuten garen. Den Topf von der Kochstelle nehmen, die Grütze 1 Stunde quellen und dabei abkühlen lassen.

■ Die Möhren schälen, waschen und fein raspeln. Zwiebel und Knoblauchzehe abziehen und hacken. Alle diese Zutaten mit Sojamehl, Ei, Joghurt, Kreuzkümmel, Salz, je einer kräftigen Prise Cayennepfeffer und Muskat unter die Grütze mischen, bis der Teig wie für Frikadellen bindet.

■ Mit angefeuchteten Händen 12 Frikadellen formen und portionsweise in heißem Öl bei mittlerer, dann bei schwacher Hitze auf der Unterseite etwa 10 Minuten braten, bis sie sich leicht vom Pfannenboden lösen. Wenden und weitere 6–8 Minuten braten. Frikadellen bei 50 °C (Gas Stufe 1/2) im Backofen warm halten.

■ Rosenkohl und Lauch putzen und waschen. Lauchstangen mit allen saftigen grünen Blättern in etwa fingerbreite Stücke schneiden. Petersilie fein hacken.

■ Das Öl in einem Topf erhitzen. Rosenkohl und Lauch darin bei mittlerer Hitze unter ständigem Rühren anbraten. Brühe und Zitronensaft zugeben, aufkochen und das Gemüse zugedeckt bei schwacher bis mittlerer Hitze etwa 10 Minuten garen. Sahne untermischen und erhitzen. Mit Salz und Cayennepfeffer würzen, mit Petersilie bestreuen und zu den Frikadellen servieren.

Im Süden Deutschlands heißt Buchweizen Heidenkorn. Dafür gibt es zwei Erklärungen: Nach der ersten brachten es die Tataren, die Heiden aus Innerasien, im 14. Jh. bei ihren Kriegszügen nach Russland mit und von dort breitete sich der Anbau nach Mittel- und Nordeuropa aus. Die zweite Erklärung führt den Namen darauf zurück, dass Buchweizen oft auf ehemaligem Heideland wächst.

Buchweizenspätzle mit Gemüse

Für 4 Portionen

200 g Buchweizenmehl
Salz
1/4 l Milch
3 Eier
2 große Zwiebeln
1 Hand voll Salbeiblätter
100 g Spinat
250 g Wirsingblätter
200 g grüne Bohnen
100 g Fontina oder Greyerzer
3 EL Öl
weißer Pfeffer aus der Mühle

■ Mehl mit einer kräftigen Prise Salz, Milch und Eiern verrühren. Der Teig soll so zähflüssig sein, dass mit einem Kochlöffel gezogene Furchen nur langsam wieder zerfließen. Bei Bedarf noch etwas Milch untermischen. Zugedeckt ruhen lassen, bis die anderen Zutaten vorbereitet sind.

■ Zwiebeln abziehen und fein hacken. Salbeiblätter waschen und in Streifen schneiden. Spinat, Wirsingblätter und Bohnen waschen. Wirsing und Bohnen in schräge Streifen schneiden. Den Käse entrinden und würfeln.

■ Das Öl erhitzen. Die Zwiebeln darin bei schwacher Hitze glasig und weich braten.

■ Eine Schüssel im Backofen vorwärmen. Reichlich Wasser mit Salz zum Kochen bringen. Den Spätzleteig portionsweise vom Brett schaben oder durch den Spätzlehobel in das sprudelnd kochende Wasser geben. Die Spätzle kochen, bis sie an die Oberfläche steigen, und dann noch etwa 1 Minute garen.

■ Die Spätzle mit einem Schaumlöffel herausnehmen und in die vorgewärmte Schüssel geben. Mit den Zwiebeln vermischen und im Backofen warm halten.

■ Die Bohnen im sprudelnd kochenden Spätzlewasser 5 Minuten garen. Den Wirsing und den Spinat zugeben und weitere 3 Minuten garen. Abgießen und mit den Käsewürfeln zu den Spätzle geben. Alles vermischen, mit Pfeffer würzen und sofort servieren.

Gesamtzeit etwa 1 Stunde
1 Portion enthält:
2176 kJ/518 kcal
298 mg Cholesterin
23 g Fett
21 g Eiweiß
51 g Kohlenhydrate

Buchweizenspätzle – Pizzoccheri oder Pizokel – isst man in Italien und in der Schweiz.

Spaghetti mit Kürbiskernen

Gesamtzeit etwa	**Für 3 Portionen**
25 Minuten	1 kleine Zwiebel
1 Portion enthält:	2 Knoblauchzehen
2104 kJ/501 kcal	½ unbehandelte Zitrone
78 mg Cholesterin	3 Zweige frischer Rosmarin
20 g Fett	1 Bund Petersilie
17 g Eiweiß	50 g Kürbiskerne
60 g Kohlenhydrate	3 EL Öl
	250 g Spaghetti
	Salz, Cayennepfeffer
	geriebene Muskatnuss

■ Die Zwiebel und die Knoblauchzehen abziehen und fein hacken. Die Zitrone waschen, abtrocknen, die Schale dünn abschneiden und den Saft auspressen. Die Rosmarinblättchen abzupfen, mit der Petersilie waschen und trockentupfen. Beides, die Kürbiskerne und die Zitronenschale fein zerkleinern.

■ Das Öl erhitzen. Zwiebel und Knoblauch darin bei schwacher Hitze glasig braten. Zitronensaft, Kräuter, Kürbiskerne und Zitronenschale zugeben und bei schwacher Hitze ziehen lassen, bis die Spaghetti fertig sind.

■ Die Spaghetti in reichlich Salzwasser bissfest garen, abgießen und abgetropft mit der Kräutermischung verrühren. Mit Cayennepfeffer und Muskatnuss würzen.

Spaghetti mit Zucchinigemüse

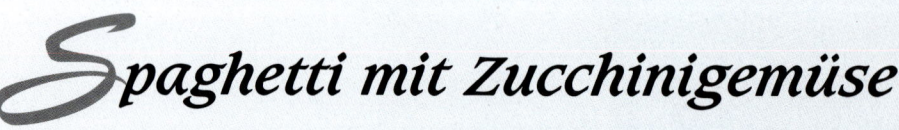 

Gesamtzeit etwa	**Für 3 Portionen**
40 Minuten	500 g Zucchini
1 Portion enthält:	2 kleine rote Zwiebeln
3494 kJ/832 kcal	1 Knoblauchzehe
212 mg Cholesterin	½ Bund Basilikum
45 g Fett	1 EL Öl
25 g Eiweiß	1 EL getrockneter Thymian
77 g Kohlenhydrate	250 g Schlagsahne
	2 EL Tomatenmark
	50 g geriebener Parmesan
	Salz
	schwarzer Pfeffer aus der Mühle
	300 g Spaghetti
	1 EL Butter
	1 EL Sonnenblumenkerne

Aus Italien importierte Spaghetti mit Überlänge bricht man in der Mitte durch und gibt sie dann in das sprudelnd kochende Wasser. Denn allzu lange Nudeln kann man kaum in mundgerechten Portionen auf die Gabel rollen.

■ Die Zucchini waschen, putzen und in etwa 5 cm lange, bleistiftdicke Stücke schneiden. Die Zwiebeln und die Knoblauchzehe abziehen. Die Zwiebeln in feine Ringe schneiden und den Knoblauch hacken. Die Basilikumblätter abzupfen, vorsichtig abspülen, trockentupfen und fein hacken.

■ Das Öl erhitzen. Zucchini, Zwiebeln, Knoblauch und Thymian darin anbraten. Die Sahne zugießen, aufkochen und alles zugedeckt bei schwacher Hitze 2 Minuten garen. Tomatenmark und Käse untermischen. Mit Salz und Pfeffer würzen und zugedeckt warm halten.

■ Teller vorwärmen. Die Spaghetti in reichlich kochendem Salzwasser bissfest garen, abgießen und abtropfen lassen. Mit Butter und Sonnenblumenkernen mischen. Auf die Teller geben. Zucchinigemüse darüber verteilen und Basilikum über das Gemüse streuen.

Spaghetti mit Pilzen und Tomaten

Für 4 Portionen

100 g getrocknete Tomaten in Olivenöl

100 g frische Shiitakepilze

2 Schalotten

1/2 Bund Basilikum

2–3 EL Olivenöl nach Bedarf

Salz

weißer Pfeffer aus der Mühle

400 g Spaghetti

■ Die Tomaten in ein Sieb geben und abtropfen lassen, dabei das Öl zum Braten auffangen. Die Tomaten in Streifen schneiden. Die zähen Stiele der Shiitakepilze entfernen und die Pilzhüte in kleine Stücke schneiden. Die Schalotten abziehen und fein hacken. Das Basilikum waschen und trockentupfen. Die Stiele abschneiden und ganz fein zerkleinern. Die

Blätter in dünne Streifen schneiden und zum Bestreuen beiseite legen.

■ Das aufgefangene Öl der Tomaten gegebenenfalls mit dem Olivenöl auf 6 EL ergänzen und in einem Topf erhitzen. Schalotten und Basilikumstiele im geschlossenen Topf bei schwacher Hitze dünsten, bis die Schalotten glasig sind.

■ Tomaten und Pilze zugeben und bei mittlerer Hitze unter Rühren etwa 5 Minuten schmoren. Mit Salz und Pfeffer abschmecken und zugedeckt warm halten.

■ Teller vorwärmen. Die Spaghetti in reichlich Salzwasser bissfest kochen, abgießen und abtropfen lassen. Mit den Tomaten und Pilzen mischen. Auf den Tellern anrichten und mit Pfeffer und Basilikumblättern bestreuen.

Gesamtzeit etwa
30 Minuten
1 Portion enthält:
2100 kJ/500 kcal
94 mg Cholesterin
16 g Fett
15 g Eiweiß
72 g Kohlenhydrate

Getrocknete und in Öl eingelegte Tomaten bekommt man in italienischen Feinkostläden. Im gut verschlossenen Behälter halten sie sich im Kühlschrank etwa 3 Monate.

Spaghetti mit Spinat und Käse

Gesamtzeit etwa 30 Minuten

1 Portion enthält:
1961 kJ/467 kcal
116 mg Cholesterin
11 g Fett
20 g Eiweiß
70 g Kohlenhydrate

Für 4 Portionen

500 g Spinat
150 g weicher Schafskäse
1 kleine Zwiebel
1 TL Öl
weißer Pfeffer aus der Mühle
400 g Spaghetti
Salz

■ Den Spinat verlesen, dann gründlich waschen, tropfnass in einen großen Topf geben und auf der höchsten Schaltstufe zugedeckt etwa 3 Minuten erhitzen, bis er zusammenfällt. Dabei den Topf immer wieder schütteln, damit der Spinat gleichmäßig gart.

■ Den Spinat mit der Flüssigkeit, die sich gebildet hat, in eine Schüssel geben und grob zerschneiden.

■ Den Schafskäse zerbröckeln. Die Zwiebel fein hacken und im heißen Öl glasig braten. Schafskäse und Spinat mit der Flüssigkeit zugeben und bei mittlerer Hitze 3 Minuten schmoren. Mit Pfeffer würzen und zugedeckt warm halten.

■ Die Spaghetti in reichlich Salzwasser bissfest kochen. Abgießen, abtropfen lassen und mit dem Spinat mischen.

Spaghetti mit Rohkost

Gesamtzeit etwa 45 Minuten

1 Portion enthält:
3490 kJ/831 kcal
195 mg Cholesterin
41 g Fett
24 g Eiweiß
85 g Kohlenhydrate

Für 4 Portionen

Rohkost:
1 kleine unbehandelte Zitrone
1 TL Honig
1/2 TL gemahlener Koriander
weißer Pfeffer aus der Mühle
4 EL ungesüßter Apfelsaft
2 EL Apfelessig
2 EL Maiskeimöl
2 mittelgroße Möhren
2 säuerliche Äpfel (z. B. Gloster)
Käsesahne:
50 g Butter
200 g Schlagsahne
100 g frisch geriebener Parmesan
1 kleines Bund frischer Majoran
Salz, Pfeffer
400 g Spaghetti

■ Für die Rohkostsauce die Zitrone waschen, abtrocknen und etwa die Hälfte der Schale dünn abreiben. Den Saft auspressen. Mit Honig, Koriander, einer kräftigen Prise Pfeffer, Apfelsaft, Essig und Öl verrühren.

■ Möhren schälen, waschen und raspeln. Äpfel waschen oder schälen, vierteln, vom Kerngehäuse befreien und raspeln. Beide Zutaten mit der Sauce vermischen.

■ Butter, Sahne und Käse in einem Topf bei mittlerer Hitze unter Rühren erhitzen, bis der Käse geschmolzen und alles dickflüssig ist. Den Majoran abspülen, trockentupfen und fein hacken; dann zur Käsesahne geben und mit Salz und Pfeffer abschmecken.

■ Teller vorwärmen. Spaghetti in reichlich Salzwasser bissfest kochen, abgießen, abtropfen lassen und mit Käsesahne mischen. Auf den Tellern anrichten. Die Möhren-Apfel-Rohkost dazu servieren.

Gabelspaghetti mit Linsen und Mais

Für 4 Portionen

1 Bund Suppengrün

1 Zwiebel

200 g schwarze Linsen

1 EL Öl

$\frac{1}{2}$ l Gemüsebrühe

2 EL Pizzatomaten aus der Dose

1 kleine Dose Zuckermais
(Einwaage etwa 240 g)

200 g Schlagsahne

Salz

Cayennepfeffer

200 g Gabelspaghetti

2 Bund Schnittlauch

■ Suppengrün putzen, waschen und grob zerkleinern. Zwiebel abziehen und fein hacken. Beides mit den Linsen im heißen Öl bei schwacher Hitze etwa 2 Minuten braten. Brühe zugießen und aufkochen. Linsen zugedeckt bei schwacher Hitze in 45–50 Minuten weich kochen.

■ Tomaten, Mais und Sahne untermischen, mit Salz und Pfeffer würzen.

■ Spaghetti in reichlich Salzwasser bissfest kochen. Schnittlauch in feine Röllchen schneiden. Spaghetti abgießen, mit dem Linsengemüse und dem Schnittlauch mischen. Sofort servieren.

Arbeitszeit etwa

45 Minuten

Kochzeit etwa

1 Stunde

1 Portion enthält:

2570 kJ/612 kcal

101 mg Cholesterin

22 g Fett

24 g Eiweiß

76 g Kohlenhydrate

Linguine mit Grünkohl und Brotkrumen

*Arbeitszeit etwa
45 Minuten
1 Portion enthält:
3394 kJ/808 kcal
119 mg Cholesterin
38 g Fett
31 g Eiweiß
79 g Kohlenhydrate*

*Linguine sehen wie
platt gedrückte
Spaghetti aus. Sie
schmecken auch gut
mit Käse-Sahne-
Saucen.*

Für 4 Portionen

3 Scheiben italienisches oder
französisches Landbrot (etwa 60 g)

4 Knoblauchzehen

1 kleine Staude Grünkohl

⅛ l Olivenöl

1 EL getrockneter Oregano

1 unbehandelte Zitrone

150 g geriebener Pecorino
oder Parmesan

Salz

weißer Pfeffer aus der Mühle

400 g Linguine oder dünne Spaghetti

■ Das Brot mit der Rinde ganz fein hacken. Die Knoblauchzehen abziehen und
zerdrücken. Die Grünkohlblätter von den
Stielen streifen, waschen, trockentupfen
und ganz fein zerkleinern.

■ Olivenöl bis auf 2 EL in einer Pfanne

erhitzen. Brot und Oregano zugeben und
in etwa 3 Minuten bei mittlerer Hitze
knusprig rösten. In eine Schüssel geben.
Die Zitrone waschen, abtrocknen und
etwas Schale abreiben. Mit der Hälfte des
Käses über die Brotkrumen streuen.

■ Das restliche Öl in der Pfanne erhitzen. Knoblauch und Grünkohl darin
zunächst bei mittlerer, dann schwacher
Hitze etwa 6 Minuten schmoren, bis der
Grünkohl weich ist. Mit Salz und Pfeffer
würzen und zugedeckt warm halten.

■ Teller vorwärmen. Die Nudeln in
reichlich Salzwasser bissfest kochen.
Abgießen, abtropfen lassen und in eine
heiße Schüssel geben. Den Grünkohl und
den restlichen Käse untermischen.

■ Die Nudeln auf den Tellern verteilen.
Mit den Brotkrumen bestreuen und sofort
servieren.

Orangennudeln mit Tofu

Für 3 Portionen

200 g Tofu
1 kleine Zwiebel
1 Knoblauchzehe
1 Stück frische Ingwerwurzel (3 cm lang)
5 Zweige Petersilie
1 unbehandelte Orange
3 EL Crème fraîche
5 EL Erdnussöl
1 TL Safranfäden
1 Prise Piment
Salz, weißer Pfeffer
400 g breite Nudeln

■ Den Tofu abtropfen lassen. In finger-dicke Scheiben, dann längs in dünne Streifen schneiden. Die Zwiebel und die Knoblauchzehe abziehen und fein hacken. Ingwer mit einem kleinen scharfen Messer wie eine Kartoffel schälen und fein zerkleinern. Petersilie fein hacken.

■ Die Orange waschen, abtrocknen, die Schale rundherum etwa zur Hälfte abreiben und den Saft auspressen.
■ Orangenschale und -saft, Crème fraîche, 2 EL Öl, Safran und Piment in ein Pfännchen geben und erhitzen. Auf der abgeschalteten Kochplatte ziehen lassen, bis die Nudeln fertig sind.
■ Das restliche Öl erhitzen, Zwiebel und Knoblauch darin bei schwacher Hitze unter Rühren glasig dünsten. Tofu und Ingwer zugeben und zunächst bei starker, dann mittlerer Hitze rösten, bis der Tofu gebräunt ist. Mit Salz und Pfeffer würzen.
■ Teller vorwärmen. Die Nudeln in reichlich Salzwasser bissfest kochen. Abgießen und abtropfen lassen. In einer Schüssel mit der Orangen-Safran-Mischung verrühren und auf die Teller geben. Tofu daneben anrichten und mit Petersilie bestreuen.

Arbeitszeit etwa
45 Minuten
1 Portion enthält:
3188 kJ/759 kcal
146 mg Cholesterin
29 g Fett
23 g Eiweiß
97 g Kohlenhydrate

Ingwer, eine schilf-artige Staude, bildet knollige, kriechende Rhizome, aus denen das fruchtige und scharfe Gewürz her-gestellt wird. In der Medizin wird Ingwer als appetitanregendes Mittel verwendet.

Breite Nudeln mit Sprossen

Gesamtzeit etwa	
30 Minuten	
1 Portion enthält:	
2965 kJ/706 kcal	
164 mg Cholesterin	
32 g Fett	
25 g Eiweiß	
76 g Kohlenhydrate	

Für 3 Portionen

20 g Mungobohnen
20 g Alfalfasamen
20 g Kürbiskerne
1 Zwiebel
1 Knoblauchzehe
1 EL Olivenöl
200 g Crème fraîche
3 kleine Zucchini
Salz
weißer Pfeffer aus der Mühle
2 EL Zitronensaft
1 Bund Schnittlauch
300 g breite Nudeln

■ Mungobohnen, Alfalfasamen und Kürbiskerne getrennt 4 Tage keimen lassen (siehe Seite 34). Die gekeimten Sprossen waschen und abtropfen lassen.

■ Die Zwiebel und die Knoblauchzehe abziehen und fein hacken.

■ Das Öl erhitzen, Zwiebel und Knoblauch darin bei schwacher Hitze glasig braten. Die Sprossen und die Crème fraîche zugeben, aufkochen und zugedeckt bei schwacher Hitze 5 Minuten garen.

■ Backofen auf 50 °C (Gas Stufe 1/2) vorheizen. Die Zucchini waschen, putzen und in Stifte teilen. Mit den Sprossen mischen, mit Salz, Pfeffer und Zitronensaft würzen und im Backofen zugedeckt warm halten. Schnittlauch waschen, trockentupfen und in Röllchen schneiden.

■ Die Nudeln in reichlich Salzwasser bissfest garen, abgießen, abtropfen lassen und mit dem Gemüse mischen. Mit Schnittlauch bestreuen und servieren.

Breite Nudeln mit Sommergemüse

Für 4 Portionen

300 g grüne Bohnen

1 kleiner Kohlrabi

200 g Lauchzwiebeln

2 Knoblauchzehen

400 g Tomaten

400 g Paprikaschoten

2 Zweige frischer Thymian

¹/₈ l Gemüsebrühe

weißer Pfeffer aus der Mühle

1 EL Olivenöl

2 frische Salbeiblätter

1 TL Butter

100 g Crème fraîche

100 g frisch geriebener Parmesan

250 g breite Nudeln

Salz

1 EL Schnittlauchröllchen

■ Die Bohnen waschen, putzen und in etwa 5 cm lange Stücke teilen. Die Kohlrabiblätter abschneiden, waschen und in Streifen schneiden. Die Knolle schälen und würfeln. Die Lauchzwiebeln putzen, waschen und mit den saftigen grünen Blättern in Stücke schneiden. Die Knoblauchzehen hacken. Die Tomaten abziehen und vierteln, dabei Stielansätze entfernen. Die Paprika putzen, achteln und waschen. Die Thymianzweige waschen.

■ Alle Gemüse, Kohlrabiblätter und Thymian in einem Topf vermischen. Gemüsebrühe, eine kräftige Prise Pfeffer und Öl zugeben. Gemüse aufkochen und zugedeckt bei schwacher Hitze etwa 20 Minuten garen, bis die Bohnen weich sind. Dabei einige Male umrühren. Garsud abgießen und für die Nudelsauce auffangen. Das Gemüse warm halten.

■ Für die Sauce Salbei waschen und in Streifen schneiden. Butter erhitzen. Salbei darin bei schwacher Hitze anbraten. Sud, Crème fraîche und Käse zugeben und bei mittlerer Hitze rühren, bis sich der Käse aufgelöst hat und die Sauce sämig ist.

■ Nudeln in reichlich Salzwasser bissfest kochen, abgießen, abtropfen lassen und mit der Sauce vermischen. Gemüse und Nudeln auf heißen Tellern anrichten, mit dem Schnittlauch bestreuen und servieren.

Gesamtzeit etwa
1 Stunde
1 Portion enthält:
2150 kJ/512 kcal
106 mg Cholesterin
20 g Fett
23 g Eiweiß
56 g Kohlenhydrate

Zum Trocknen werden Nudeln aufgehängt, es dauert je nach Sorte 40–80 Stunden.

Bandnudeln mit Lauchzwiebeln

Gesamtzeit etwa
30 Minuten
1 Portion enthält:
2138 kJ/509 kcal
107 mg Cholesterin
17 g Fett
15 g Eiweiß
70 g Kohlenhydrate

Für 4 Portionen

2 Bund Lauchzwiebeln
1 unbehandelte Zitrone
1 Knoblauchzehe
Salz
400 g dünne Bandnudeln
4 EL Olivenöl
1 EL frische grüne Pfefferkörner
2 EL Wasser
1 TL Senfpulver
1/2 TL Ingwerpulver
1 EL Balsamessig
5 EL Gemüsebrühe
2 EL Crème double

Man kann auch getrocknete Pfefferkörner nehmen. Sie müssen ungefähr 10 Minuten in etwas Wasser ziehen und werden in das fertige Gemüse gegeben.

■ Lauchzwiebeln putzen, waschen und mit allen saftigen grünen Blättern in fingerbreite Stücke schneiden. Die Zitrone waschen, abtrocknen, ein kleines Stück Schale abschneiden und fein zerkleinern. Saft auspressen. Die Knoblauchzehe abziehen und fein hacken.

■ Reichlich Salzwasser zum Kochen bringen und die Nudeln darin bissfest garen.

■ Inzwischen das Öl in einer Pfanne erhitzen. Lauchzwiebeln und Pfefferkörner darin zunächst bei starker, dann bei mittlerer Hitze unter Rühren etwa 3 Minuten kräftig braten.

■ Teller vorwärmen. Wasser, Zitronenschale, Knoblauch, Senfpulver, Ingwerpulver, 2 EL Zitronensaft, Balsamessig, Brühe und Crème double unter das Gemüse mischen. Mit Salz abschmecken.

■ Nudeln abgießen, abtropfen lassen, mit dem Lauchzwiebelgemüse mischen und auf den Tellern sofort servieren.

Penne mit Süßkartoffel und Brokkoli

Gesamtzeit etwa
40 Minuten
1 Portion enthält:
2751 kJ/655 kcal
94 mg Cholesterin
28 g Fett
16 g Eiweiß
81 g Kohlenhydrate

Für 4 Portionen

1 Süßkartoffel (etwa 300 g)
200 g Brokkoli
3 Knoblauchzehen
400 g Penne
Salz
1/8 l Olivenöl
1/2 TL getrocknete Kräuter der Provence
1 EL Tomatenstücke aus der Dose
schwarzer Pfeffer aus der Mühle

Dieses Gericht ist eine Spezialität aus den USA. Dort nimmt man dafür Jam, die Wurzel einer aus den Tropen stammenden Pflanze, die wie die Kartoffel verwendet wird.

■ Die Süßkartoffel schälen, waschen, in kleine Würfel schneiden und gut trockentupfen. Den Brokkoli waschen und putzen; in Röschen und Stiele zerteilen. Die Stiele schälen und in Scheiben schneiden. Die Knoblauchzehen abziehen und fein hacken.

■ Die Penne mit reichlich Salzwasser in etwa 12 Minuten bissfest kochen.

■ Das Öl mit den Kräutern erhitzen. Die Süßkartoffelwürfel darin zunächst bei starker, dann bei mittlerer Hitze 3 Minuten braten. Die Brokkolistiele und -röschen zugeben und alles 2 Minuten braten, bis die Süßkartoffelwürfel weich sind.

■ Knoblauch und Tomatenstücke zugeben, mit Salz und Pfeffer abschmecken. Die Penne abgießen, gut abtropfen lassen, mit dem Gemüse mischen und sofort servieren.

Geschichtete Nudeln mit Gemüse

Für 4 Portionen

600 g Auberginen

5 EL Olivenöl

400 g Gabelspaghetti oder Spiralnudeln

Salz

750 g Tomaten

2 Zwiebeln

2 Knoblauchzehen

2 Zweige Rosmarin

3 Salbeiblätter

200 g geriebener mittelalter Gouda

schwarzer Pfeffer

100 g Crème fraîche

1/8 l Milch

2 Eier

Cayennepfeffer

geriebene Muskatnuss

1 EL Butter

■ Die Auberginen waschen, abtrocknen, putzen und längs in etwa 5 mm dicke Scheiben schneiden. Öl erhitzen und

Auberginen darin bei schwacher Hitze auf beiden Seiten hellbraun braten.

■ Die Nudeln in reichlich Salzwasser bissfest garen und abtropfen lassen.

■ Die Tomaten abziehen und würfeln. Die Zwiebeln und die Knoblauchzehen abziehen und hacken. Die Rosmarinblättchen abzupfen und mit den Salbeiblättern fein zerkleinern. Zwiebeln, Knoblauch und Kräuter mit etwa zwei Dritteln des Käses mischen.

■ Auberginen, abgetropfte Nudeln und Tomaten schichtweise in eine große, flache Gratinform geben. Jede Schicht mit der Käsemischung und mit Salz und Pfeffer bestreuen.

■ Crème fraîche mit Milch, Eiern, Cayennepfeffer und Muskatnuss verquirlen und darüber gießen. Den restlichen Käse und die Butter in Flöckchen darüber verteilen.

■ Nudeln auf die mittlere Schiene des kalten Backofens schieben und bei 200 °C (Umluft 180 °C, Gas Stufe 3) etwa 40 Minuten backen, bis sie oben schön gebräunt sind.

Arbeitszeit etwa
50 Minuten
Backzeit etwa
40 Minuten
1 Portion enthält:
3822 kJ/910 kcal
367 mg Cholesterin
47 g Fett
35 g Eiweiß
81 g Kohlenhydrate

Nudeln kochen nicht über, wenn man sie ohne Deckel kocht und einen Kochlöffel quer über den Topf legt. Die Temperatur so einstellen, dass das Wasser kräftig sprudelt.

Nudelquiche mit Lauch und Sprossen

Arbeitszeit etwa
45 Minuten
Kühlzeit 1 Stunde
Backzeit etwa
45 Minuten
1 Portion enthält:
4116 kJ/980 kcal
528 mg Cholesterin
57 g Fett
34 g Eiweiß
75 g Kohlenhydrate

Für den Belag kann man jeden anderen würzigen, fetten mittelalten oder jungen Käse nehmen, der cremig zerläuft, z. B. Fontina, Bel-Paese, Mozzarella oder Gouda. Zur Quiche passt grüner Salat mit Knoblauch-Kräuter-Dressing oder Möhrenrohkost mit saurer Sahne und Zitronensaft.

Für 4 Portionen

Teig:
250 g Weizenmehl Type 1050
125 g Butter
1 Eigelb
1 EL kaltes Wasser
Salz
Belag:
4 dünne Lauchstangen
250 g gemischte Sprossen
1 EL Öl
150 g feine Vollkornsuppennudeln
Salz
1 Bund Petersilie
1 TL getrockneter Oregano
3 Eier
100 g Crème fraîche
1/8 l Milch
100 g geriebener Emmentaler
Muskatnuss
Cayennepfeffer
Fett für die Form

■ Mehl mit weicher Butter, Eigelb, Wasser und Salz zu einem glatten Mürbeteig verkneten. In Pergamentpapier wickeln und 1 Stunde kühl stellen.

■ Inzwischen für den Belag den Lauch putzen, waschen und mit allen saftigen grünen Blättern in feine Ringe schneiden. Die Sprossen waschen und trockenschwenken. Das Öl erhitzen. Lauch und Sprossen darin bei mittlerer Hitze unter Rühren etwa 5 Minuten braten.

■ Nudeln in reichlich Salzwasser bissfest garen, abtropfen lassen und mit dem Gemüse mischen. Etwas abkühlen lassen.

■ Petersilie waschen, trockentupfen und zerkleinern. Mit Oregano, Eiern, Crème fraîche, Milch und Käse unter die Nudelmischung rühren. Mit Salz, Muskat und Cayennepfeffer kräftig abschmecken.

■ Eine Springform mit 26 cm Ø einfetten und mit dem Teig auskleiden, dabei einen etwa 2 cm hohen Rand formen. Den Teigboden mehrmals mit einer Gabel einstechen und auf die mittlere Schiene des kalten Backofens schieben. Bei 220 °C (Umluft 200 °C, Gas Stufe 4) 15 Minuten vorbacken.

■ Belag auf dem Teigboden verteilen. Quiche bei 180 °C (Umluft 160 °C, Gas Stufe 2–3) weitere 30 Minuten backen, bis die Oberfläche leicht gebräunt ist.

Dazu passt gemischter Salat oder Tomatensalat.
Man kann die Ravioli auch mit 100 g fein gehacktem, gekochtem Rind- oder Kalbfleisch und 50 g fein zerkleinerter Mortadella zubereiten: Fleisch und Wurst mit Zwiebeln, Knoblauch, Kräutern und Crème fraîche schmoren und abgekühlt mit den anderen Zutaten mischen.
Der Ricotta kann durch 100 g Gorgonzola und 50 g Magerquark oder Gemüse ersetzt werden.

Ravioli mit Ricotta und Kräutern

Für 5 Portionen

Teig:

400 g Mehl

Salz

3 mittelgroße Eier

2–4 EL kaltes Wasser

Mehl zum Ausrollen

Füllung:

2 Bund gemischte Kräuter

150 g Ricotta, 1 EL Crème fraîche

1 Zwiebel, 1 Knoblauchzehe

2 Eier

3 EL Semmelbrösel

weißer Pfeffer aus der Mühle

geriebene Muskatnuss

Butter und geriebener Käse zum Anrichten

■ Mehl, 1 TL Salz, 3 Eier und zunächst 2 EL Wasser zu einem Nudelteig kneten. Bei Bedarf tropfenweise das restliche Wasser zugeben. In Pergamentpapier wickeln und 1 Stunde bei Zimmertemperatur ruhen lassen.

■ Kräuter waschen. Mit Ricotta und Crème fraîche im Blitzhacker fein zerkleinern. Die Zwiebel und die Knoblauchzehe abziehen und fein hacken. Mit Eiern und Semmelbröseln, Salz, Pfeffer und Muskat unter die Käsecreme mischen.

■ Teig in 4 Portionen teilen und auf wenig Mehl zu vier gleich großen, dünnen Platten ausrollen. Auf zwei Platten die Füllung teelöffelweise im Abstand von 3 cm setzen, dazwischen mit Wasser bestreichen und die restlichen Platten darauf legen. Ravioli mit einem Teigrädchen ausschneiden und etwa 10 Minuten ruhen lassen. Dann in reichlich Salzwasser etwa 3 Minuten kochen, abtropfen lassen, mit Butter, Käse und Pfeffer anrichten.

Arbeitszeit etwa 50 Minuten
Ruhezeit 1 Stunde und 10 Minuten
1 Portion enthält:
2432 kJ / 579 kcal
386 mg Cholesterin
20 g Fett
26 g Eiweiß
69 g Kohlenhydrate

Tortellini mit Pilzen

Arbeitszeit etwa
1 Stunde
Ruhezeit 1 Stunde
1 Portion enthält:
2306 kJ/549 kcal
257 mg Cholesterin
22 g Fett
24 g Eiweiß
59 g Kohlenhydrate

Für 5 Portionen

Teig:

400 g Weizenvollkornmehl

Salz

3 mittelgroße Eier

2–4 EL kaltes Wasser

Mehl zum Ausrollen

Füllung:

250 g Austernpilze

1 große Zwiebel

1 Hand voll gemischte frische Kräuter

100 g Fontina

1 EL Öl

Salz

geriebene Muskatnuss

weißer Pfeffer aus der Mühle

Butter und geriebener Käse zum Anrichten

Auf einem Markt in Mexiko werden viele verschiedene Sorten Nudeln angeboten.

■ Aus Mehl, 1 TL Salz, Eiern und zunächst 2 EL Wasser einen Nudelteig kneten und nach Bedarf tropfenweise das restliche Wasser zugeben. In Pergamentpapier wickeln und 1 Stunde bei Zimmertemperatur ruhen lassen.

■ Für die Füllung die Pilze mit dem Wiegemesser ganz fein zerkleinern. Die Zwiebel abziehen und fein hacken.

Die Kräuter waschen, trockentupfen und ebenfalls fein hacken. Den Käse in sehr kleine Würfel schneiden.

■ Öl erhitzen. Pilze, Zwiebel und Kräuter darin bei mittlerer bis starker Hitze unter Rühren etwa 5 Minuten schmoren, bis die Flüssigkeit, die sich bildet, wieder verdampft ist. In eine Schüssel geben und abkühlen lassen.

■ Den Käse untermischen, mit wenig Salz und je einer kräftigen Prise Muskatnuss und Pfeffer würzen.

■ Den Teig auf etwas Mehl zu einer dünnen Platte ausrollen. Mit einem Glas oder einem Plätzchenausstecher etwa handtellergroße Kreise ausstechen.

■ In die Mitte jedes Kreises etwa 1 TL Füllung geben. Den Teig rund um die Füllung mit kaltem Wasser bestreichen. Die Teigkreise zu Halbmonden zusammenklappen, an den Rändern gut festdrücken und zu Tortellini formen (siehe Abb. unten). Die fertigen Tortellini nebeneinander auf die bemehlte Arbeitsfläche legen.

■ Teller vorwärmen. Tortellini in reichlich Salzwasser etwa 4 Minuten garen, abtropfen lassen und auf den Tellern mit Butter, Käse und Pfeffer anrichten.

Tortellinigratin mit Bohnen

Für 4 Portionen

600 g grüne Bohnen

1 Bund Bohnenkraut

250 g getrocknete Tortellini

Salz

1 Zwiebel

2 EL Öl

1 EL Mehl

1/4 l Bohnensud

125 g Schlagsahne

weißer Pfeffer

150 g geriebener Hartkäse

2 Tomaten

1 EL Butter

■ Bohnen waschen, putzen und in Stücke schneiden. Bohnenkrautstiele abschneiden. Blättchen beiseite legen.

■ Bohnen, Bohnenkrautstiele und Tortellini in reichlich sprudelnd kochendem Wasser 5 Minuten garen. Abgießen und abtropfen lassen, Kochsud auffangen. 1/4 l davon für die Sauce abmessen.

■ Bohnen und Tortellini in eine flache Gratinform geben.

■ Die Zwiebel abziehen und klein hacken. Bohnenkrautblättchen fein zerkleinern. Das Öl erhitzen. Zwiebel und Blättchen bei schwacher Hitze etwa 2 Minuten braten.

■ Mehl darüber stauben und anrösten. Bohnensud zugießen und unter Rühren aufkochen. Sahne untermischen, mit Salz und Pfeffer würzen.

■ Die Sauce über den Bohnen und den Tortellini verteilen und mit dem Käse bestreuen. Tomaten in Scheiben schneiden und auf das Gratin legen.

■ Das Gratin auf die mittlere Schiene des kalten Backofens stellen und bei 200 °C (Umluft 180 °C, Gas Stufe 3) etwa 40 Minuten backen.

*Arbeitszeit etwa
35 Minuten
Backzeit etwa
40 Minuten
1 Portion enthält:
2646 kJ/630 kcal
139 mg Cholesterin
32 g Fett
24 g Eiweiß
56 g Kohlenhydrate*

Für das Gratin kann man auch Makkaroni oder Hörnchennudeln verwenden.

*C*annelloni mit Tofu und Spinat

Arbeitszeit etwa	**Für 6 Portionen**	1 Zwiebel
1¹/4 Stunden	Teig:	1 Knoblauchzehe
Backzeit etwa	150 g Weizenmehl Type 1050	500 g Tofu
45 Minuten	Salz	Salz
1 Portion enthält:	1 Ei	weißer Pfeffer
2087 kJ/497 kcal	1–3 Eigelb	geriebene Muskatnuss
200 mg Cholesterin	1 EL Öl	250 g Schlagsahne
33 g Fett	Mehl für die Arbeitsfläche	100 g geriebener Parmesan
22 g Eiweiß	Füllung:	Öl für die Form
25 g Kohlenhydrate	1 kg Spinat	2 EL Butter

und bei Zimmertemperatur ruhen lassen, bis die Füllung zubereitet ist.

■ Spinat verlesen, von harten Stielen befreien und waschen. Tropfnass in einen großen Topf geben und zugedeckt bei starker Hitze heiß werden lassen. In ein Sieb geben, abtropfen lassen, ausdrücken und fein hacken. Zwiebel und Knoblauchzehe abziehen und ebenfalls fein hacken.

■ Tofu abtropfen lassen. Etwa drei Viertel mit einer Gabel fein zerdrücken oder im Mixer pürieren. Mit Spinat, Zwiebel und Knoblauch mischen und mit Salz, Pfeffer und Muskatnuss abschmecken.

■ Den restlichen Tofu mit Sahne im Mixer pürieren und mit Parmesan mischen.

■ Mehl auf die Arbeitsfläche streuen. Den Teig darauf kräftig durchkneten, bis er nicht mehr klebt und geschmeidig ist. Bei Bedarf noch etwas Mehl zugeben.

■ In 6 Stücke schneiden. Jedes Teigstück auf wenig Mehl oder in der Nudelmaschine zu einem Streifen von etwa 10 × 30 cm ausrollen. Die Streifen jeweils in der Mitte teilen.

■ Jeden Streifen mit Füllung bestreichen und aufrollen. Die Cannelloni nebeneinander in eine flache, gefettete Gratinform legen. Die Tofusahne darüber gießen. Butter in kleine Stücke schneiden und auf den Cannelloni verteilen.

■ Auf die mittlere Schiene des kalten Backofens stellen und bei 200 °C (Umluft 180 °C, Gas Stufe 3) etwa 45 Minuten backen, bis die Kruste gebräunt ist.

Dazu passt gemischter Salat mit Sonnenblumenkernen und Kräutern.
Für überbackene italienische Nudelgerichte wie Cannelloni, Lasagne und gratinierte Polenta nimmt man geriebenen Parmesan oder Pecorino und nach Geschmack gewürfelten Mozzarella.
Die Cannelloni stammen ursprünglich aus Neapel und wurden dann hauptsächlich in Piemont, Kampanien und Sizilien mit den unterschiedlichsten Füllungen verfeinert. Sie sind heute auch fertig, getrocknet ohne Füllung und tiefgekühlt mit Füllung erhältlich.

■ Mehl mit Salz, Ei, zunächst 1 Eigelb und Öl zu einem Nudelteig verkneten. Falls der Teig zu fest ist, 1 oder 2 weitere Eigelb unterkneten. In Folie wickeln

Vollkornnudelsalat mit Linsen

Arbeitszeit etwa
30 Minuten
Kochzeit etwa
45 Minuten
1 Portion enthält:
2432 kJ/579 kcal
74 mg Cholesterin
23 g Fett
21 g Eiweiß
69 g Kohlenhydrate

Für 4 Portionen

1 Zwiebel
2 EL Öl
100 g schwarze Linsen
$1/2$ TL getrockneter Oregano
$1/4$ l Wasser
$1/4$ TL Gemüsebrüheextrakt
300 g Vollkornnudeln
Salz
200 g kleine Zucchini
250 g Möhren
1 große Tomate
100 g Crème fraîche
Saft von $1/2$ Zitrone
weißer Pfeffer
50 g Walnüsse
1 Bund Petersilie

■ Die Zwiebel abziehen, hacken und in 1 EL Öl glasig braten. Die Linsen mit Oregano, Wasser und Gemüsebrüheextrakt zugeben, aufkochen und zugedeckt bei schwacher Hitze in etwa 45 Minuten gerade eben weich garen. Abkühlen lassen.

■ Die Nudeln in reichlich Salzwasser bissfest kochen, abgießen, abtropfen lassen und mit dem restlichen Öl mischen.

■ Die Zucchini waschen, putzen und in dünne Stifte schneiden. Die Möhren schälen, waschen und grob raspeln. Die Tomate waschen, abtrocknen und in kleine Würfel schneiden; den Stielansatz dabei entfernen.

■ Linsen, Nudeln, Zucchini, Möhren, Tomate und Crème fraîche mischen. Mit Zitronensaft, Salz und Pfeffer abschmecken und auf Tellern verteilen. Die Nüsse hacken. Die Petersilie waschen, trockentupfen und ebenfals hacken. Beides über den Salat streuen.

Selbst gemachte Nudeln

Arbeitszeit etwa
45 Minuten
Ruhezeit 50 Minuten
1 Portion enthält:
1084 kJ/258 kcal
175 mg Cholesterin
4 g Fett
11 g Eiweiß
41 g Kohlenhydrate

Die Nudeln schmecken auch einfach mit Olivenöl und Kräutern vermischt zu Salat oder als Beilage.

Für 4 Portionen

250 g Weizenvollkornmehl
Salz
2 Eier
3–4 EL kaltes Wasser
bei Bedarf Butter und Käse zum Anrichten

■ Mehl mit einer kräftigen Prise Salz in einer Schüssel mischen. Die Eier und zunächst 3 EL Wasser zugeben und alle Zutaten mit den Knethaken des Handrührgerätes zu einem bröckeligen Teig vermischen.

■ Dann den Teig auf der bemehlten Arbeitsfläche kneten, bis er geschmeidig ist. Dabei nach Bedarf tropfenweise das restliche Wasser unterkneten. Den Teig in Frischhaltefolie wickeln und 50 Minuten bei Zimmertemperatur ruhen lassen.

■ In 3 Portionen teilen, auf Mehl dünn ausrollen und die Platten 10 Minuten trocknen lassen.

■ Die Teigplatten aufrollen und mit dem Messer zu breiten oder schmalen Nudeln schneiden oder mit der Nudelmaschine schneiden. Nudeln auf Küchentüchern ausbreiten und 1 Stunde ruhen lassen.

■ Die Nudeln in reichlich Salzwasser aufkochen und in 1–2 Minuten bissfest garen. Abgießen, abtropfen lassen und mit Butter und/oder Käse vermischt anrichten.

Vollkornnudeln mit Gemüse

Für 4 Portionen

2 Auberginen (etwa 400 g)

1 Bund Lauchzwiebeln

2 Knoblauchzehen

600 g Tomaten

6 EL Öl

1 EL Olivenöl

Salz

weißer Pfeffer

1 Prise Zucker

1 Bund Basilikum

400 g Vollkornnudeln

100 g geriebener Parmesan

■ Die Auberginen waschen, abtrocknen und in Würfel schneiden. Die Zwiebeln putzen, waschen und mit allen saftigen grünen Blättern in feine Ringe schneiden. Die Knoblauchzehen abziehen und hacken. Die Tomaten abziehen und achteln.

■ Das Öl erhitzen. Die Auberginen darin zugedeckt bei schwacher Hitze in etwa 20 Minuten weich schmoren.

■ Olivenöl zugeben und erhitzen. Zwiebeln und Knoblauch darin bei schwacher Hitze anbraten. Tomaten zugeben und bei mittlerer bis starker Hitze unter Rühren schmoren, bis die Flüssigkeit, die sich bildet, zum größten Teil wieder verdampft ist. Mit Salz, Pfeffer und Zucker würzen. Basilikum fein hacken und untermischen.

■ Während das Gemüse schmort, eine große Schüssel vorwärmen. Die Nudeln in reichlich Salzwasser bissfest garen, abgießen, abtropfen lassen und mit dem Gemüse mischen. In die Schüssel füllen und mit dem Parmesan bestreuen.

Arbeitszeit etwa
50 Minuten
1 Portion enthält:
2768 kJ/659 kcal
80 mg Cholesterin
28 g Fett
27 g Eiweiß
73 g Kohlenhydrate

Zu dem Gericht passt gemischter Salat. Im Winter kann man die Nudeln mit klein geschnittenem Stangensellerie, Tomaten aus der Dose und reichlich Petersilie zubereiten.

Südtiroler Schlutzkrapfen mit Spinat

Arbeitszeit etwa
1¹/₂ Stunden
1 Portion enthält:
1735 kJ/413 kcal
275 mg Cholesterin
21 g Fett
19 g Eiweiß
34 g Kohlenhydrate

Diese großen Nudel-
taschen sind den
schwäbischen Maul-
taschen ähnlich und
können wie diese mit
Fleisch gefüllt werden.
Zu Maultaschen gibt
es oft geröstete
Semmelbrösel und
auch gebratene Zwie-
beln, doch Schlutz-
krapfen bestreut man
auf die italienische
Art mit frisch gerie-
benem Parmesan.
Dazu passt Kopf-
salat mit Kräuter-
vinaigrette.

Für 6 Portionen

Teig:

100 g Roggenvollkornmehl

200 g Weizenvollkornmehl

Salz

3 mittelgroße Eier

1 TL Zitronensaft

4–5 EL Wasser

¹/₂ EL Öl

Mehl für die Arbeitsfläche

Füllung:

1 Packung TK-Blattspinat (300 g)

1 Gemüsezwiebel

1 Bund Petersilie

1 unbehandelte Zitrone

1 EL Butterschmalz

Salz, weißer Pfeffer aus der Mühle

1 Ei

50 g Butter

100 g Parmesan

■ Aus den beiden Mehlsorten, Salz, Eiern, Zitronensaft, Wasser und Öl einen Nudelteig kneten, in Pergamentpapier wickeln und bei Zimmertemperatur ruhen lassen, bis die Füllung zubereitet ist.

■ Für die Füllung den Spinat auftauen lassen und gut ausdrücken. Die Zwiebel abziehen. Die Petersilie waschen und trockentupfen. Beides fein zerkleinern. Die Zitrone waschen, abtrocknen und etwa 1 TL Schale abreiben.

■ Butterschmalz erhitzen, Spinat, Zwiebel und Petersilie darin bei schwacher Hitze etwa 5 Minuten schmoren. Alles mit Zitronenschale, Salz und Pfeffer kräftig würzen und abkühlen lassen. Das Ei untermischen.

■ Den Teig in 2 Portionen teilen und auf wenig Mehl zu zwei möglichst gleich großen, dünnen Platten ausrollen. Diese in Rechtecke von 5 × 12 cm schneiden. Die Füllung jeweils in die Mitte darauf geben.

■ Die Teigränder mit Wasser bestreichen. Jedes Rechteck zusammenklappen und die Ränder mit den Zinken einer Gabel gut festdrücken.

■ Die Butter bei schwacher Hitze schmelzen und bräunen.

■ Teller vorwärmen. Schlutzkrapfen in reichlich sprudelnd kochendem Salzwasser etwa 3 Minuten garen, bis sie an die Oberfläche steigen. Herausnehmen, auf den Tellern anrichten und mit der Butter übergießen. Parmesan darüber reiben und sofort servieren.

Nudeltäschchen mit Roten Beten

Für 5 Portionen

Teig:
300 g Weizenvollkornmehl
Salz
2 Eier
5 EL Milch
2 EL Öl
bei Bedarf Wasser
Mehl für die Arbeitsfläche

Füllung:
250 g Zwiebeln
300 g Rote Beten
1 mehlig kochende Kartoffel (etwa 150 g)
1 EL Öl
3 EL Gemüsebrühe
Salz, weißer Pfeffer
1 TL getrockneter Majoran
50 g Butter

■ Für den Teig Mehl, Salz, Eier, Milch und Öl in einer Schüssel verrühren. Zuerst mit den Knethaken des Handrührgerätes vermischen, bis der Teig bröckelig ist. Dann den Teig auf die Arbeitsfläche geben und mit den Händen so lange durchkneten, bis er geschmeidig ist, nicht mehr an den Fingern klebt und sich gut ausrollen lässt. Sollte der Teig zu fest oder bröckelig sein, tropfenweise kaltes Wasser unterkneten.

■ Den Teig in Pergamentpapier wickeln und 1 Stunde bei Zimmertemperatur ruhen lassen.

■ Inzwischen für die Füllung 1 Zwiebel hacken. Rote Beten und Kartoffel schälen, waschen und fein reiben. Das Öl in einem großen Topf erhitzen. Die Zwiebel darin unter häufigem Wenden bei schwacher Hitze glasig braten. Rote Beten und Kartoffel zugeben und unter Rühren einige Minuten schmoren. Brühe, Salz, Pfeffer und Majoran zugeben. Das Gemüse zugedeckt etwa 15 Minuten garen. In eine Schüssel geben und lauwarm abkühlen lassen.

■ Arbeitsfläche dünn mit Mehl bestauben. Teig in 2 Portionen teilen und auf der Arbeitsfläche möglichst dünn ausrollen. Mit einer Kaffeetasse Kreise ausstechen. Jeweils etwas Füllung in die Mitte der Kreise setzen. Teigkreise rundherum an den Rändern mit Wasser bestreichen, über der Füllung zu Halbmonden zusammenklappen und am Rand leicht festdrücken.

■ Die restlichen Zwiebeln halbieren, in dünne Scheiben hobeln und in der heißen Butter bei schwacher Hitze unter Wenden in etwa 15 Minuten weich und goldbraun braten.

■ Reichlich Wasser mit Salz aufkochen. Nudeltäschchen in das sprudelnd kochende Salzwasser geben und etwa 3 Minuten garen. Abgießen, abtropfen lassen und auf heißen Tellern anrichten. Die gebratenen Zwiebeln darüber verteilen.

Arbeitszeit etwa
3 Stunden
1 Portion enthält:
1882 kJ/448 kcal
165 mg Cholesterin
19 g Fett
13 g Eiweiß
54 g Kohlenhydrate

Diese Frau aus Matmata, einer kleinen Gebirgsstadt südlich von Gabès in Tunesien, mahlt ihr Mehl noch auf eine seit Jahrtausenden übliche Weise. Zwischen zwei Mahlsteinen werden die Getreidekörner durch Drehen des oberen Mahlsteins zerrieben. Das Mehl fällt an den Seiten auf den Boden.

Vollkornlasagne mit Gemüse

Für 6 Portionen

Teig:

200 g Weizenvollkornmehl

Salz

1 EL Öl

1 Ei

2–3 Eigelb

Mehl für die Arbeitsfläche

Füllung:

1 kg gemischtes Gemüse wie Brokkoli, Zucchini, Pilze, Stangensellerie und/oder Möhren

1 Bund Lauchzwiebeln

300 g Mozzarella

2 Knoblauchzehen

2 Bund Petersilie

75 g Parmesan

75 g Pistazien oder Sonnenblumenkerne

3/4 l Milch

40 g Weizenvollkornmehl

1 EL getrockneter Oregano

Salz, weißer Pfeffer

Cayennepfeffer

■ Für den Nudelteig Mehl mit Salz, Öl, dem Ei und zunächst nur 2 Eigelben verkneten. Falls der Teig zu trocken ist, das dritte Eigelb unterkneten. In Pergamentpapier wickeln und bei Zimmertemperatur ruhen lassen, bis die Füllung vorbereitet ist.

■ Das gemischte Gemüse putzen, schälen oder waschen und mittelfein zerkleinern. Die Lauchzwiebeln putzen, waschen und mit allen saftigen grünen Blättern in dünne Ringe schneiden. Mozzarella abtropfen lassen und würfeln.

■ Für die Gemüsesauce die Knoblauchzehen abziehen, die Petersilie waschen und trockentupfen und den Käse in Stücke brechen. Diese Zutaten mit einem Drittel des Gemüses und den Pistazien oder Sonnenblumenkernen im Blitzhacker pürieren.

■ Püree mit Milch, Mehl, Oregano, Salz und den beiden Pfeffersorten kräftig verrühren, bis die Sauce glatt ist.

■ Den Teig in 3 Portionen teilen und auf Mehl oder in der Nudelmaschine zu dünnen Platten ausrollen. Teigplatten in etwa 6 × 15 cm große Stücke schneiden.

■ Eine flache Gratinform mit etwas Gemüsesauce ausgießen. Abwechselnd die Teigplatten, das zerkleinerte Gemüse, die Lauchzwiebelringe und die Mozzarellawürfel in die Form schichten. Jede Schicht mit Gemüsesauce begießen. Obenauf die restliche Sauce und die restlichen Mozzarellawürfel geben.

■ Die Lasagne auf die mittlere Schiene des kalten Backofens schieben und bei 220 °C (Umluft 200 °C, Gas Stufe 4) etwa 45 Minuten backen.

Scharfe Bohnenpaste ist in Asienläden und manchen Feinkostgeschäften erhältlich. Die rote Creme stammt aus dem Süden Chinas, wo scharf gewürzte Speisen sehr beliebt sind. Sie besteht meist aus Sojabohnen oder getrockneten dicken Bohnen, die gekocht und gemahlen werden. Dazu kommen gehackte Chilischoten und Salz. Mit Bohnenpaste kann man auch andere Gerichte scharf würzen.

Chinanudeln mit Currygemüse

Für 3 Portionen

400 g Möhren

3 kleine säuerliche Äpfel (Cox Orange oder Boskoop)

1 Stück frische Ingwerwurzel (etwa 2 cm lang)

250 g chinesische Eiernudeln

Salz

3 EL Erdnussöl

$1/2$ TL Kurkumapulver (Gelbwurz)

$1/2$ TL Ingwerpulver

$1/4$ TL gemahlener Koriander

$1/4$ TL gemahlener Kreuzkümmel

1 Stück Muskatblüte

2 EL Sojasauce

$1/8$ l Gemüsebrühe

1 TL scharfe Bohnenpaste oder Cayennepfeffer nach Geschmack

■ Die Möhren schälen, waschen und in streichholzdünne Stifte schneiden. Die Äpfel waschen oder schälen, achteln und vom Kerngehäuse befreien. Die Ingwerwurzel schälen und fein zerkleinern.

■ Die Nudeln in reichlich Salzwasser 3 Minuten sprudelnd kochen, abgießen, abtropfen lassen und in einer Schüssel mit 1 EL Öl mischen.

■ Das restliche Öl in einer Pfanne oder im Wok erhitzen. Möhren und Äpfel darin bei starker Hitze unter Rühren etwa 1 Minute kräftig anbraten.

■ Gewürze, Sojasauce, Brühe und Nudeln zugeben. Gemüse aufkochen und zugedeckt bei mittlerer bis starker Hitze etwa 2 Minuten kochen lassen, bis die Nudeln weich sind.

■ Mit Bohnenpaste oder Cayennepfeffer und Salz würzen.

Arbeitszeit etwa 30 Minuten

1 Portion enthält:
2197 kJ/523 kcal
78 mg Cholesterin
13 g Fett
14 g Eiweiß
84 g Kohlenhydrate

*R*isotto mit Käse und Tomaten

Gesamtzeit etwa	**Für 4 Portionen**
1 Stunde	2 EL Olivenöl
1 Portion enthält:	1 kleine Zwiebel
3293 kJ / 784 kcal	1 Knoblauchzehe
92 mg Cholesterin	400 g Risottoreis (Arborio oder Vialone)
36 g Fett	1 l Gemüsebrühe
24 g Eiweiß	Salz
86 g Kohlenhydrate	weißer Pfeffer aus der Mühle
	500 g Tomaten
	200 g Schlagsahne
	150 g Parmesan
	2 EL gehackte Petersilie
	1 EL Butter

Im Wasser stehend setzen die Frauen die Reispflanzen um.

■ Das Öl erhitzen. Die Zwiebel und die Knoblauchzehe abziehen, dann fein hacken und mit dem Reis bei mittlerer Hitze unter Rühren etwa 3 Minuten braten.

■ Etwa ein Drittel der Gemüsebrühe zugießen, Salz und Pfeffer dazugeben. Den Reis aufkochen und zugedeckt bei schwacher Hitze 10 Minuten garen. Die restliche Gemüsebrühe nach und nach zugießen. Den Risotto weitere 20–30 Minuten aufgedeckt garen und häufig mit einer Gabel durchrühren.

■ Teller vorwärmen. Die Tomaten abziehen und würfeln, dabei die Stielansätze entfernen. Tomaten und Sahne zum Reis geben und den Risotto bei starker Hitze unter Rühren etwa 3 Minuten schmoren, bis die Tomaten heiß sind, aber noch nicht zerfallen.

■ Den Parmesan reiben. Käse, Petersilie und Butter mit einer Gabel unter den Risotto ziehen. Mit Salz und Pfeffer abschmecken und auf den Tellern anrichten.

*R*isotto mit Spargel und Zuckerschoten

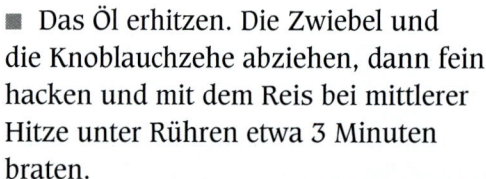

Gesamtzeit etwa	**Für 4 Portionen**
45 Minuten	1 EL Olivenöl
1 Portion enthält:	1 Zwiebel
2407 kJ / 573 kcal	1 Knoblauchzehe
39 mg Cholesterin	400 g Risottoreis
17 g Fett	1¼ l Gemüsebrühe
14 g Eiweiß	⅛ l trockener Weißwein
87 g Kohlenhydrate	250 g Zuckerschoten
	250 g grüner Spargel
	50 g Butter
	50 g Parmesan
	Salz, weißer Pfeffer

Für alle Rezepte mit Parmesan kann man auch fertig geriebenen nehmen, frisch gerieben hat er jedoch mehr Aroma.

■ Das Öl erhitzen. Die Zwiebel und die Knoblauchzehe abziehen, fein hacken und bei schwacher Hitze glasig braten. Den Reis untermischen und einige Male umrühren. Etwa ein Drittel der Brühe zugießen und langsam zum Kochen bringen. Den Reis zugedeckt bei schwacher Hitze 10 Minuten garen, dann offen in 20–30 Minuten fertig garen. Nach und nach den Wein und die Brühe zugießen.

■ Zuckerschoten und Spargelstangen putzen und waschen. Spargelköpfe abschneiden und beiseite legen. Stangen in etwa 3 cm lange Stücke schneiden.

■ Die Butter in einem Topf schmelzen, aber nicht bräunen. Die Spargelstücke darin bei schwacher Hitze anbraten und zugedeckt 10 Minuten schmoren.

■ Spargelköpfe und Schoten zugeben, ebenfalls anbraten und weitere 5 Minuten schmoren. Den Parmesan reiben und unter den Reis mischen. Den Risotto mit Salz und Pfeffer abschmecken.

Knoblauchrisotto mit Pilzen ✓

Für 4 Portionen

1 Packung getrocknete Steinpilze oder Mischpilze (etwa 20 g)

$1/8$ l lauwarmes Wasser

1 Zwiebel

3 Knoblauchzehen

100 g Austernpilze

3 EL Olivenöl

1 TL getrockneter Thymian

1 TL Safranfäden

400 g Risottoreis

$1^1/_4$ l Gemüsebrühe

75 g Parmesan

50 g Butter

Salz, weißer Pfeffer aus der Mühle

■ Die Pilze etwa 15 Minuten im Wasser einweichen.

■ Die Zwiebel und die Knoblauchzehen abziehen und fein hacken. Die Austernpilze putzen und in Streifen schneiden.

■ 2 EL Öl und Thymian erhitzen, Austernpilze darin bei starker Hitze etwa 2 Minuten kräftig braten. Beiseite stellen.

■ 1 EL Öl erhitzen. Zwiebel und Knoblauch darin bei schwacher Hitze glasig braten. Den Safran zerreiben, mit dem Reis mischen und einige Male umrühren. Die eingeweichten Pilze mit dem Einweichwasser und etwa einem Drittel der Brühe zugeben. Den Risotto langsam zum Kochen bringen, zugedeckt bei schwacher Hitze 10 Minuten garen, dann offen in 20–30 Minuten fertig garen. Nach und nach die restliche Brühe zugießen.

■ Die Austernpilze untermischen und erhitzen. Den Parmesan reiben, mit der Butter unter den Risotto mischen, mit Salz und Pfeffer abschmecken.

Gesamtzeit etwa
1 Stunde
1 Portion enthält:
2663 kJ/634 kcal
43 mg Cholesterin
24 g Fett
17 g Eiweiß
84 g Kohlenhydrate

Die beste Reissorte für Risotto ist Arborio oder Avario. Andere gute Sorten sind Vialone, Roma und Carnaroli. Sind sie nicht erhältlich, nimmt man normalen Milchreis mit kleineren Körnern.

Sahnereis mit Kompott

Arbeitszeit etwa
20 Minuten
Kochzeit etwa
45 Minuten
1 Portion enthält:
2709 kJ/645 kcal
66 mg Cholesterin
24 g Fett
25 g Eiweiß
90 g Kohlenhydrate

Zu dem Gericht passt auch Kompott aus anderen Früchten, z. B. aus Kirschen und Äpfeln.

Für 3 Portionen

1 unbehandelte Zitrone
125 g Naturrundkornreis
3/4 l Milch
1 Prise Salz
50 g Zuckerrohrgranulat
300 g Zwetschgen
300 g feste vollreife Birnen
100 ml Zwetschgensaft
1 kräftige Prise Ingwerpulver
1 TL Honig
100 g Schlagsahne
2 EL gehackte Cashewnüsse

■ Die Zitrone waschen, abtrocknen und die Hälfte der Schale abreiben. Reis mit Milch, Salz, Zuckerrohrgranulat und Zitronenschale zum Kochen bringen.

Zugedeckt bei schwächster Hitze in etwa 45 Minuten quellen lassen.

■ Während der Reis gart, die Zwetschgen waschen, halbieren und den Stein entfernen. Die Birnen vierteln, schälen, vom Kerngehäuse befreien und in Stücke teilen.

■ Das Obst mit dem Zwetschgensaft und dem Ingwer aufkochen und 5 Minuten auf der abgeschalteten Kochstelle ziehen lassen. Den Honig untermischen.

■ Die Sahne halb steif schlagen und unter den Reis rühren. Reis auf Tellern anrichten und das Kompott darauf geben. Mit den Nüssen bestreut sofort servieren.

Zum Milchreis kann man auch anderes Obst der Saison nehmen, z. B. Ananas, Trauben, Zwetschgen, Äpfel und Bananen.

Milchreis mit Obst

Für 4 Portionen

1 unbehandelte Zitrone

120 g Naturrundkornreis

1–2 EL Zuckerrohrgranulat

$^3/_4$ l Milch

1 Prise Salz

400 g gemischtes Obst, z. B. Erdbeeren, Pfirsiche und Aprikosen

knapp $^1/_8$ l heller Fruchtsaft

150 g Schlagsahne

■ Die Zitrone waschen, abtrocknen und etwa 1 TL Schale abreiben. Reis mit Zuckerrohrgranulat, Milch, Salz und Zitronenschale aufkochen und zugedeckt bei schwacher Hitze in etwa 40 Minuten weich garen. Abkühlen lassen.

■ Das Obst waschen oder schälen und zerkleinern. Reisbrei mit Fruchtsaft und Obst verrühren. Sahne steif schlagen und unterziehen. Den Milchreis sofort servieren, damit er locker und sahnig ist.

Arbeitszeit etwa 15 Minuten

Koch- und Kühlzeit etwa 1 Stunde

1 Portion enthält:

1772 kJ / 422 kcal

63 mg Cholesterin

20 g Fett

10 g Eiweiß

49 g Kohlenhydrate

Reissuppe mit Tomaten

Gesamtzeit etwa
30 Minuten
1 Portion enthält:
525 kJ/125 kcal
7 mg Cholesterin
4 g Fett
3 g Eiweiß
18 g Kohlenhydrate

Suppen mit Reis muss man sofort servieren. Bei längerem Stehen quellen die Körner in der heißen Suppe auf und werden zu weich.

Für 3 Portionen

1 Knoblauchzehe
2 Zweige frischer Thymian
1 TL Öl
50 g parboiled Reis
1/2 l Gemüsebrühe
300 g Tomaten
1 Bund Schnittlauch
1 EL Crème fraîche
Salz
1 Prise Zucker
Cayennepfeffer

■ Die Knoblauchzehe abziehen und hacken. Die Thymianzweige waschen und die Blättchen abstreifen. Das Öl in einem Topf erhitzen. Knoblauch, Thymian und Reis darin bei mittlerer Hitze unter ständigem Rühren etwa 1 Minute anbraten.

■ Die Brühe zugießen, die Suppe aufkochen und zugedeckt bei schwacher Hitze 15 Minuten garen, bis der Reis weich ist.

■ Inzwischen die Tomaten abziehen und würfeln, dabei die Stielansätze entfernen. Schnittlauch waschen und fein zerkleinern.

■ Tomaten und Crème fraîche in die Suppe geben, erneut aufkochen und zugedeckt etwa 1 Minute kochen lassen.

■ Suppe mit Salz, Zucker und Cayennepfeffer abschmecken, mit dem Schnittlauch bestreuen und anrichten.

Reis mit Kohlrabi

Gesamtzeit etwa
45 Minuten
1 Portion enthält:
2150 kJ/512 kcal
43 mg Cholesterin
19 g Fett
11 g Eiweiß
74 g Kohlenhydrate

Dazu passt Tomaten- oder Gurkensalat mit Kräutern.

Parboiled Reis ist für Ungeübte leichter zu kochen. Er wird schön körnig und ist in etwa 30 Minuten auf dem Tisch. Richtig gegarter Reis hat die Flüssigkeit ganz aufgesogen.

Für 3 Portionen

1 Knoblauchzehe
1 EL Olivenöl
250 g Langkornreis
1/4 l Gemüsebrühe
500 g Kohlrabi
1 Lauchzwiebel
1 Bund Dill
100 g Crème double
Salz
schwarzer Pfeffer aus der Mühle
geriebene Muskatnuss
1 EL Zitronensaft

■ Die Knoblauchzehe abziehen und hacken. Das Öl erhitzen. Reis und Knoblauch darin bei mittlerer Hitze unter Rühren etwa 2 Minuten anbraten. Brühe zugießen und aufkochen. Reis zugedeckt bei schwacher Hitze 20 Minuten garen.

■ Inzwischen die Kohlrabi schälen, waschen und grob raspeln. Alle zarten Kohlrabiblätter waschen und hacken. Die Lauchzwiebel putzen, waschen und fein zerkleinern. Den Dill hacken.

■ Kohlrabiraspel und -blätter, die Hälfte der Zwiebel und Crème double zum Reis geben, erneut aufkochen und zugedeckt etwa 5 Minuten kochen lassen.

■ Mit Salz, Pfeffer, Muskat und Zitronensaft abschmecken und auf Tellern verteilen. Restliche Lauchzwiebel und Dill darüber streuen.

Zitronenreis mit Zucchini

Für 4 Portionen

600 g kleine Zucchini
1 große Zwiebel
2 Knoblauchzehen
1 große Tomate
1 rote Pfefferschote
$^{1}/_{2}$ Bund Petersilie
50 g ungesalzene Pistazien
4 EL Öl
Salz
1 unbehandelte Zitrone
1 EL Butter
250 g Langkornreis
$^{1}/_{2}$ l Gemüsebrühe
50 g Korinthen

■ Zucchini waschen und würfeln. Zwiebel und Knoblauchzehen abziehen und fein hacken. Tomate abziehen und würfeln, den Stielansatz entfernen. Pfefferschote halbieren, von den Kernen befreien, waschen und fein zerkleinern.

Petersilie abspülen und grob hacken. Pistazien ebenfalls grob hacken.

■ Öl erhitzen. Zucchiniwürfel darin rundherum braun anbraten. Die Hälfte von Zwiebel, Knoblauch und Pfefferschote zugeben und mitbraten. Tomatenwürfel auf den Zucchini verteilen, mit Salz würzen und zugedeckt bei mittlerer Hitze schmoren, bis der Reis gegart ist.

■ Die Zitrone waschen, abtrocknen, von einer Hälfte die Schale abreiben und den Saft auspressen. Butter erhitzen. Reis und restliche Zwiebel, Knoblauch und Pfefferschote darin bei starker Hitze unter Rühren etwa 1 Minute schmoren. Zitronenschale und -saft mit der Brühe zum Reis geben, aufkochen und in etwa 20 Minuten weich garen.

■ Die Korinthen, die Pistazien und die Hälfte der Petersilie unter den Reis mischen. Die Zucchini mit der restlichen Petersilie bestreuen.

Gesamtzeit etwa
1 Stunde
1 Portion enthält:
2125 kJ / 506 kcal
12 mg Cholesterin
22 g Fett
11 g Eiweiß
64 g Kohlenhydrate

Zur Abwechslung kann man das Gemüse mit Auberginen und Salbei zubereiten oder die Pistazien weglassen. Statt der Zucchini kann man frische Okraschoten nehmen: In Wasser mit einem Schuss Essig 5 Minuten kochen.

Reis mit Gemüsecurry

Arbeitszeit etwa	Für 4 Portionen
30 Minuten	1 kg Kürbis
Kochzeit 20 Minuten	500 g Lauchzwiebeln
1 Portion enthält:	200 g Langkornreis
2188 kJ/521 kcal	1/2 l Gemüsebrühe
12 mg Cholesterin	4 EL Öl
27 g Fett	3 gestrichene EL Currypulver
13 g Eiweiß	Salz
55 g Kohlenhydrate	75 g Kokosraspel
	400 g Joghurt
	2 EL Schnittlauchröllchen

■ Kürbis schälen, putzen und würfeln. Lauchzwiebeln putzen, waschen und in fingerdicke Stücke schneiden.

■ Reis mit etwa 400 ml Gemüsebrühe aufkochen und zugedeckt bei schwacher Hitze 20 Minuten garen.

■ Öl in einer großen Pfanne erhitzen. Kürbis und Zwiebeln darin bei mittlerer Hitze unter ständigem Wenden 3 Minuten braten. Currypulver und Salz zugeben und einige Male umrühren. Die restliche Gemüsebrühe dazugießen und aufkochen. Gemüsecurry zugedeckt bei schwacher Hitze weitere 3 Minuten garen.

■ Reis und Curry vermischen, mit den Kokosraspeln bestreuen. Joghurt mit Schnittlauch verrühren und dazu servieren.

Curryreis mit Radicchio

Arbeitszeit etwa	Für 4 Portionen
40 Minuten	400 g Radicchio
Kochzeit etwa	1 Zwiebel
20 Minuten	1 Stück frische Ingwerwurzel (2 cm lang)
1 Portion enthält:	2 EL Erdnussöl
1894 kJ/451 kcal	400 g Langkornreis
0 mg Cholesterin	2 EL Sojasauce
7 g Fett	1–2 EL Currypulver
12 g Eiweiß	1 l Gemüsebrühe
85 g Kohlenhydrate	Salz, weißer Pfeffer aus der Mühle

■ Radicchio putzen, waschen und in Streifen schneiden. Zwiebel abziehen und mit dem Ingwer fein hacken. Öl erhitzen. Darin alle Zutaten mit dem Reis bei starker Hitze etwa 2 Minuten braten.

■ Sojasauce und Currypulver untermischen. Brühe zugießen und zum Kochen bringen. Reis zugedeckt bei schwacher Hitze in etwa 20 Minuten körnig weich garen. Mit Salz und Pfeffer abschmecken.

Reis mit Tofu, Tomaten und Kräutern

Für 4 Portionen

10 g getrocknete Spitzmorcheln

1 1/8 l Wasser

500 g Langkornreis

Salz

500 g Tomaten

1 Zwiebel

1 Bund frischer Majoran

250 g Tofu

4 EL Olivenöl

1/8 l Instantgemüsebrühe

Saft von 1/2 Zitrone

1/2 Bund Petersilie

■ Die Morcheln in 1/8 l Wasser 3 Stunden zugedeckt einweichen. Herausnehmen und in einem Sieb kalt abspülen. Das Einweichwasser durch eine Kaffeefilter-tüte gießen und für die Sauce beiseite stellen.

■ Den Reis mit dem restlichen Wasser und Salz in einem Topf aufkochen und zugedeckt bei schwächster Hitze in 20 Minuten weich garen.

■ Tomaten abziehen und würfeln, dabei Stielansätze entfernen. Zwiebel abziehen und hacken. Majoran waschen und fein zerkleinern. Tofu in fingerdicke Schei-ben, dann in schmale Streifen schneiden.

■ 1 EL Öl in einer Pfanne erhitzen. Zwie-bel darin bei schwacher Hitze unter Rühren glasig braten. Morcheln, Tomaten, Majoran und Pilzwasser zugeben und aufkochen. Bei starker Hitze unter Rühren etwa 2 Minuten kochen lassen. Zugedeckt warm halten.

■ Das restliche Öl in einer zweiten Pfan-ne erhitzen. Den Tofu darin bei mittlerer Hitze etwa 30 Sekunden braten. Zur Morchelmischung geben. Gemüsebrühe und Zitronensaft in die Pfanne geben und den Bratfond damit lösen.

■ Eine Schüssel vorwärmen. Die Petersilie waschen, trocken-tupfen und fein hacken. Den Reis in die Schüssel geben. Die Tomaten mit dem Tofu und dem Bratfond aus der Pfanne darun-ter mischen. Mit Salz abschme-cken, mit Petersilie bestreuen und sofort servieren.

Arbeitszeit etwa
50 Minuten
Einweichzeit
3 Stunden
Kochzeit 20 Minuten
1 Portion enthält:
2587 kJ/616 kcal
0 mg Cholesterin
14 g Fett
15 g Eiweiß
106 g Kohlenhydrate

Eine Reispflanze mit reifen Körnern im Detail gesehen

Gemüsereis mit gebratenen Bananen

Arbeitszeit etwa
45 Minuten
1 Portion enthält:
4141 kJ/986 kcal
53 mg Cholesterin
44 g Fett
18 g Eiweiß
125 g Kohlenhydrate

Parboiled Reis enthält aufgrund einer bestimmten Verarbeitung mehr Vitamine und Mineralstoffe.

Für 2 Portionen

250 g parboiled oder Naturlangkornreis
½ l Wasser
Salz
1 Zwiebel
1 Knoblauchzehe
1 rote Paprikaschote
1 gelbe Paprikaschote
2 kleine Zucchini
4 EL Erdnussöl
100 g Crème fraîche
2 feste Bananen
2 EL Mandelblättchen
weißer Pfeffer
geriebene Muskatnuss
2 EL gehackte Petersilie

■ Reis mit Wasser und Salz in einem Topf aufkochen und bei schwacher Hitze weich garen; parboiled Reis braucht etwa 20, Naturreis etwa 40 Minuten.

■ Zwiebel und Knoblauchzehe abziehen und fein hacken. Paprikaschoten halbieren, putzen, waschen und in kleine Stücke schneiden. Zucchini waschen, putzen und in dünne Scheiben schneiden.

■ 2 EL Öl in einem Topf erhitzen. Zwiebel, Knoblauch, Paprika und Zucchini darin bei mittlerer Hitze unter Rühren etwa 3 Minuten schmoren. Crème fraîche zugeben und alles zugedeckt bei mittlerer, dann bei schwacher Hitze 3 Minuten schmoren, bis das Gemüse bissfest ist.

■ Bananen schälen, dann einmal quer und einmal längs halbieren. In einer zweiten Pfanne das restliche Öl erhitzen. Die Bananen mit den Mandelblättchen darin bei mittlerer Hitze etwa 4 Minuten braten. Dabei einmal wenden.

■ Den Reis mit dem Gemüse im Topf vermischen, mit Salz, Pfeffer und Muskatnuss abschmecken und mit der Petersilie bestreut auf heißen Tellern verteilen. Die Bananen mit den Mandeln daneben anrichten.

Reispfannkuchen mit Gemüse

Für 4 Portionen

100 g fein gemahlener Reis
100 g Mehl
Salz
300 ml Wasser
3 Eier
100 g schwarze Oliven
1 große Zwiebel
500 g Zucchini
500 g rote, grüne und gelbe Paprikaschoten
500 g Tomaten
Öl oder Pflanzenfett zum Backen
1 EL Olivenöl
Cayennepfeffer
250 g Rahmfrischkäse
1/2 Bund Basilikum oder Petersilie

■ Reis, Mehl und Salz in eine Schüssel geben. Das Wasser, dann nacheinander die Eier unterrühren. Den Teig zugedeckt 15 Minuten ruhen lassen.

■ Inzwischen die Oliven entsteinen und zerkleinern. Die Zwiebel abziehen und fein hacken. Die Zucchini waschen, putzen und würfeln. Die Paprikaschoten waschen, putzen und in Streifen schneiden. Die Tomaten abziehen und würfeln.

■ Das Fett in einer Pfanne erhitzen. Aus dem Reisteig nacheinander 12 Pfannkuchen backen und bei 50 °C (Gas Stufe 1/2) im Backofen warm halten.

■ Das Olivenöl in der Pfanne erhitzen. Zwiebel darin glasig braten. Oliven, Zucchini, Paprikaschoten und Tomaten zugeben und bei starker Hitze unter Rühren einige Sekunden braten. Zugedeckt bei schwacher Hitze etwa 5 Minuten garen. Mit Salz und Cayennepfeffer würzen. Käse in Stücke teilen und locker untermischen. Basilikum oder Petersilie fein zerkleinern und darüber streuen. Das Gemüse zu den Pfannkuchen servieren.

Arbeitszeit etwa
1 Stunde
1 Portion enthält:
2885 kJ/687 kcal
310 mg Cholesterin
42 g Fett
24 g Eiweiß
48 g Kohlenhydrate

Die Pfannkuchen lassen sich gut einfrieren. Man kann auch 200 g Hackfleisch oder Schinkenstreifen mit dem Gemüse braten oder statt der Oliven Kapern und gehackte Cashewnüsse nehmen.

Pilaw mit Gemüse

Arbeitszeit etwa

45 Minuten

Kochzeit etwa

45 Minuten

1 Portion enthält:

2696 kJ/642 kcal

0 mg Cholesterin

22 g Fett

15 g Eiweiß

93 g Kohlenhydrate

Pfefferschoten und Gewürzpaprika – grüne wie rote, frische wie getrocknete – enthalten das brennend scharfe Capsaicin, das beim Putzen der Schoten an den Fingern haften bleibt. Während der Vorbereitung nicht die Augen reiben und anschließend die Hände gründlich waschen.

Für 3 Portionen

8 Trockenpflaumen

500 ml Wasser

1 große Zwiebel

2 Knoblauchzehen

3 EL Öl

300 g Naturlangkornreis

³/₄ l Gemüsebrühe

Salz

1 rote Pfefferschote

1 TL Safranfäden

1 rote Paprikaschote

1 grüne Paprikaschote

100 g Wurzelspinat

1 Dose Kichererbsen (Einwaage etwa 400 g)

50 g Pistazien

Saft von ¹/₂ Zitrone

■ Pflaumen im Wasser zugedeckt einweichen, bis der Pilaw fast gar ist.

■ Zwiebel und Knoblauchzehen abziehen und hacken. 1 EL Öl in einem ofenfesten Topf erhitzen. Zwiebel, Knoblauch und Reis darin bei mittlerer Hitze unter Rühren anbraten. Gemüsebrühe, Salz, unzerkleinerte Pfefferschote und Safran zugeben und einmal aufkochen.

■ Den Topf zugedeckt auf die untere Schiene des kalten Backofens stellen und den Pilaw bei 180 °C (Umluft 160 °C, Gas Stufe 2–3) etwa 30 Minuten garen.

■ Paprikaschoten putzen, waschen und in kleine Stücke schneiden. Spinat verlesen, waschen und trockenschwenken. Kichererbsen abtropfen lassen und mit dem Gemüse unter den Pilaw mischen. Pilaw weitere 15 Minuten garen.

■ Das restliche Öl in einer Pfanne erhitzen. Pistazien unter Rühren darin bei mittlerer Hitze 3 Minuten rösten, herausnehmen und auf einem Teller beiseite stellen.

■ Pflaumen mit Einweichwasser und Zitronensaft in die Pfanne geben und unter Rühren erhitzen. Den Pilaw damit mischen und mit den Pistazien bestreuen.

Reisgrütze mit Früchten

Für 4 Portionen

1 unbehandelte Zitrone
1 EL Butter
125 g Reisflocken
$\frac{1}{4}$ l Milch
$\frac{1}{4}$ l Wasser
1 Prise Salz
100 g Schlagsahne
2 EL Zucker
1 TL gemahlene Vanille
1 kleine Banane
1 Kiwi
100 g frische Ananas
2 Orangen
40 g gehackte Erdnüsse
2 EL Honig

■ Die Zitrone waschen, abtrocknen und ein Stück von der Schale abschneiden. Die Butter in einem Topf zerlassen. Die Reisflocken darin bei schwacher Hitze unter Rühren etwa 1 Minute rösten. Milch, Wasser, Zitronenschale und Salz zugeben, aufkochen und zugedeckt bei schwächster Hitze 15 Minuten kochen. Anschließend auf der abgeschalteten Kochstelle oder bei Zimmertemperatur noch 10 Minuten quellen lassen.

■ Inzwischen die Sahne mit dem Zucker und der gemahlenen Vanille steif schlagen.

■ Die Banane schälen und in Scheiben schneiden. Die Kiwi schälen und in kleine Stücke schneiden. Die Ananas schälen, den harten Kern herausschneiden und das Fruchtfleisch zerkleinern. Eine Orange so schälen, dass sie ganz von dem weißen Häutchen befreit wird, und filetieren. Die zweite Orange auspressen.

■ Reisgrütze mit Orangensaft und der Hälfte der Sahne verrühren und auf Portionsteller geben. Obst und Nüsse darauf verteilen. Grütze mit Sahnetupfen garnieren, mit Honig beträufeln und sofort servieren.

Arbeitszeit etwa
25 Minuten
1 Portion enthält:
1793 kJ/427 kcal
47 mg Cholesterin
20 g Fett
8 g Eiweiß
52 g Kohlenhydrate

Reisernte in Huai Krai in Thailand. Reis ist eines der Hauptnahrungsmittel in Südasien, wo er vermutlich auch herstammt.

Obst, Nüsse und Samen

Gemischtes Obst

Beeren

Steinobst

Kernobst

Exotische Früchte
und Südfrüchte

Nüsse und Samen

Alle Obstsorten sollten ihren
Platz in der täglichen
Ernährung haben.
Köstlich sind im Winter die
Bratäpfel auf Seite 275.

Obstcocktail

Arbeitszeit etwa	**Für 4 Portionen**
5 Minuten	200 g Wassermelone
1 Portion enthält:	1 Kiwi
470 kJ/112 kcal	1 Banane
0 mg Cholesterin	2 Zweige Petersilie
0 g Fett	4 Eiswürfel
2 g Eiweiß	3/8 l Johannisbeersaft
26 g Kohlenhydrate	1/4 l Gemüsesaft

■ Die Melone schälen und von allen Kernen befreien. Die Kiwi und die Banane ebenfalls schälen. Die Petersilie waschen.
■ Alle Früchte mit der Petersilie, den Eiswürfeln und den beiden Säften im Mixer oder Blitzhacker pürieren.
■ Den Obstcocktail in hohen Gläsern sofort servieren.

Vitaminstoß

Arbeitszeit etwa	**Für 3 Portionen**
10 Minuten	1 Stück frische Ananas (etwa 100 g)
1 Portion enthält:	1 Kiwi
609 kJ/145 kcal	1/2 l Orangensaft
0 mg Cholesterin	2 EL ungesüßter Sanddornsirup
0 g Fett	1 EL Honig
2 g Eiweiß	1/4 TL Zimtpulver
34 g Kohlenhydrate	

■ Die Ananas und die Kiwi schälen. Die Früchte mit dem Orangensaft im Mixer pürieren.
■ Den Sanddornsirup und den Honig mit dem Saft mischen.
■ Den Saft in Gläser gießen und mit dem Zimtpulver bestreuen.

Sahnequark mit Früchten

Arbeitszeit etwa	**Für 4 Portionen**
30 Minuten	80 g Nektarinen
1 Portion enthält:	80 g Pflaumen
1457 kJ/347 kcal	80 g Himbeeren
172 mg Cholesterin	250 g Schlagsahne
24 g Fett	1 TL Zuckerrohrgranulat
12 g Eiweiß	1/4 TL gemahlene Vanille
17 g Kohlenhydrate	1 Eigelb
	1 EL flüssiger Honig
	1 EL Zitronensaft
	250 g Magerquark
	1 EL Raspelschokolade
	1 EL ungesalzene Pistazien

■ Die Nektarinen und die Pflaumen waschen und in kleine Stücke schneiden. Die Himbeeren verlesen.
■ Dann die Sahne mit dem Zuckerrohrgranulat und der Vanille steif schlagen.
■ Eigelb mit Honig und Zitronensaft schaumig schlagen. Den Quark esslöffelweise unter die Creme mischen und die Sahne unterziehen.
■ Die Pistazien hacken.
■ Die Creme locker mit dem Obst mischen, mit der Raspelschokolade und den gehackten Pistazien bestreuen.

Obstsalat

Für 4 Portionen

1 Orange

1 Kiwi

2 Birnen

1 Apfel

100 g frische Litschis

1 Granatapfel

2 EL Crème de Cassis oder roter Fruchtsaft

1 EL Ahornsirup oder Honig

75 g beliebige Nüsse

■ Die Orange schälen, in Schnitze teilen und in Stücke schneiden. Die Kiwi schälen, längs halbieren und in Scheiben schneiden. Die Birnen und den Apfel waschen, vierteln, vom Kerngehäuse befreien und in Stücke schneiden. Alles in einer Schüssel mischen.

■ Die Litschis aus den Schalen lösen, die Kerne mit einem kleinen spitzen Messer entfernen, die Früchte einmal durchschneiden und in die Schüssel geben.

■ Den Granatapfel quer halbieren. Die Kerne mit einem Löffel herausholen und zum Obst geben.

■ Likör oder Saft, Ahornsirup oder Honig und Nüsse unter den Obstsalat mischen.

Arbeitszeit etwa
30 Minuten
1 Portion enthält:
1214 kJ/289 kcal
0 mg Cholesterin
12 g Fett
4 g Eiweiß
36 g Kohlenhydrate

Spanien trägt ihn im Wappen, Städte sind nach ihm benannt, er gilt als Symbol für Liebe, Blut, Leben und Tod – wohl kaum eine Frucht hat die Menschen so zum Nachdenken angeregt wie der Granatapfel.

Obströsti

Arbeitszeit etwa
45 Minuten

1 Portion enthält:

2242 kJ / 534 kcal

36 mg Cholesterin

16 g Fett

8 g Eiweiß

86 g Kohlenhydrate

Für 4 Portionen

300 g altbackenes Vollkorntoastbrot

60 g Butter

1 unbehandelte Zitrone

300 g feste Birnen

400 g Zwetschgen

75 g Zuckerrohrgranulat

1 TL Zimtpulver

1 TL gemahlene Vanille

75 g Korinthen

1/8 l ungesüßter Apfelsaft

■ Das Toastbrot in kleine Würfel schneiden. Etwa zwei Drittel der Butter in einer Pfanne erhitzen und die Brotwürfel bei schwacher Hitze darin rösten.

■ Die Zitrone waschen, abtrocknen, etwas Schale abreiben und den Saft auspressen. Die Birnen vierteln, schälen, vom Kerngehäuse befreien und in Scheiben schneiden. Die Zwetschgen waschen und vierteln; dabei die Steine entfernen.

■ Das Obst mischen und den Zitronensaft darüber gießen.

■ Die restliche Butter in der Pfanne erhitzen und das Obst darin unter Wenden anbraten.

■ Zuckerrohrgranulat, Zimt, Zitronenschale und Vanille mischen. Die Korinthen mit der Zuckermischung über das Obst streuen und den Apfelsaft an den Seiten zugießen.

■ Die Pfanne schließen und das Obst bei schwacher Hitze 5 Minuten garen.

■ Die Brotwürfel mit dem Obst mischen und die Rösti sofort servieren.

Obstsuppe mit Grießklößchen

Für 4 Portionen

Klößchen:

75 g Weizenvollkorngrieß

1 Prise Salz

150 ml Milch

2 unbehandelte Zitronen

75 g Weizenvollkornmehl

1 Ei

$^1/_2$ TL gemahlene Vanille

$1^1/_2$ EL Zuckerrohrgranulat

Suppe:

1 Vanilleschote

$^1/_2$ l Wasser

1 Zimtstange

2 Gewürznelken

300 g Sauerkirschen

2 reife Pfirsiche

300 g Himbeeren

40 g Zuckerrohrgranulat oder Vollzucker

■ Den Grieß mit der Prise Salz in einer Schüssel mischen. Die Milch aufkochen und über den Grieß gießen. Den Grieß zugedeckt 10 Minuten quellen lassen.

■ Die Zitronen (für die Klößchen und die Suppe) waschen, abtrocknen, die Schale von $1^1/_2$ Zitronen abreiben und Saft einer halben Zitrone auspressen.

■ Mehl, Ei, Vanille, Schale einer halben Zitrone, 1 EL Zitronensaft und Zucker untermischen.

■ Salzwasser in einem Topf zum Kochen bringen.

■ Zwei Teelöffel in kaltes Wasser tauchen und 16 Klößchen vom Grieß-teig abstechen. Bei mittlerer, dann bei schwacher Hitze etwa 5 Minuten sanft kochen lassen, bis die Klößchen an die Oberfläche steigen. Bei schwacher Hitze weitere 20 Minuten ziehen lassen; dabei den Topf nicht ganz zudecken.

■ Die Klößchen herausnehmen und warm halten. Während die Klößchen garen, die Vanilleschote der Länge nach aufschneiden und das Mark herauskratzen.

■ Wasser mit Vanillemark, Vanilleschote, der restlichen Zitronenschale, Zimtstange und Nelken aufkochen. Den Sud etwa 15 Minuten bei schwächster Hitze ziehen lassen.

■ Die Sauerkirschen waschen, abzupfen und entkernen. Die Pfirsiche abziehen, klein schneiden, die Steine entfernen. Die Himbeeren verlesen und mit etwa einem Viertel der Pfirsiche auf Portionstellern verteilen.

■ Den Sud durch ein Sieb gießen; die festen Bestandteile mit einem Löffel ausdrücken und wegwerfen.

■ Die Sauerkirschen, die restlichen Pfirsiche und das Zuckerrohrgranulat oder den Vollzucker im Sud aufkochen und zugedeckt 5 Minuten ziehen lassen.

■ Suppe in die Teller mit dem Obst geben und die Klößchen darauf verteilen.

Arbeitszeit etwa

1 Stunde

1 Portion enthält:

1281 kJ/305 kcal

92 mg Cholesterin

4 g Fett

9 g Eiweiß

56 g Kohlenhydrate

Im Sommer gibt es auf dem Markt frisches Obst in Hülle und Fülle – ein Fest für das Auge.

Obstpastete

Arbeitszeit etwa
50 Minuten
Backzeit etwa
40 Minuten
1 Portion enthält:
1621 kJ/386 kcal
140 mg Cholesterin
22 g Fett
7 g Eiweiß
38 g Kohlenhydrate

Für die Obstpastete eignen sich Früchte der Saison, z. B. im Sommer Erdbeeren, Pfirsiche und Aprikosen; im Herbst Äpfel, Birnen und Zwetschgen.

Für 8 Portionen

Teig:

125 g Mehl

1 Prise Salz

3 EL Zucker

60 g weiche Butter

2 EL kaltes Wasser

Füllung:

1 kg gemischtes frisches Obst

75 g Semmelbrösel

75 g gehackte Haselnüsse

1 Ei

200 g Crème fraîche

Mehl für die Arbeitsfläche

1 Eigelb zum Bestreichen

1 TL Milch zum Bestreichen

■ Für den Mürbeteig Mehl, Salz, 1 EL Zucker, Butter und Wasser verkneten. Den Teig 40 Minuten kühl stellen.

■ Für die Füllung das Obst waschen oder schälen, in kleine Stücke schneiden und in eine flache Gratinform geben.

■ Die Semmelbrösel und die gehackten Haselnüsse mischen und über die Obststücke streuen.

■ Den restlichen Zucker mit dem Ei und der Crème fraîche verquirlen und über das Obst gießen.

■ Den Teig auf einer bemehlten Arbeitsfläche zu einer Platte ausrollen, die etwas größer als die Gratinform sein sollte.

■ Ein Loch in die Teigplatte stechen, diese um das Nudelholz wickeln, über dem Obst abrollen und leicht andrücken.

■ Das Eigelb mit der Milch verrühren und den Teigdeckel damit bestreichen.

■ Die Obstpastete in den kalten Backofen stellen und bei 220 °C (Umluft 200 °C, Gas Stufe 4) etwa 40 Minuten backen.

 bsttorte

Für 12 Stücke

Teig:
2 Eier
1 EL kaltes Wasser
50 g Zuckerrohrgranulat oder Vollzucker
1 unbehandelte Zitrone
40 g Weizenvollkornmehl
40 g fein gemahlene Hirse
$1/2$ TL Backpulver
Butter für die Form

Belag:
1 gehäufter TL Agar-Agar (3 g)
$1/8$ l Milch
150 g Magerjoghurt
25 g Zuckerrohrgranulat oder Vollzucker
125 g Schlagsahne
je 1 Banane, Orange und Apfel (etwa 900 g)
100 g frische Datteln
25 g Mandelstifte

■ Für den Teig die Eier trennen. Eiweiß mit dem Wasser steif schlagen. Zuckerrohrgranulat oder Vollzucker zugeben und den Eischnee weiterschlagen, bis er glänzt.

■ Die Zitrone waschen, abtrocknen und die Hälfte der Schale abreiben. Den Saft der halben Zitrone auspressen und für den Belag beiseite stellen.

■ Zitronenschale und Eigelb vorsichtig unter den Eischnee mischen, dann Mehl, Hirse und Backpulver mischen, über den Eischnee sieben und mit dem Schneebesen unterziehen.

■ Eine Tortenbodenform mit 28 cm Ø einfetten, den Teig in die Form füllen und glatt streichen.

■ Die Form auf die mittlere Schiene des Backofens stellen und bei 180 °C (Umluft 160 °C, Gas Stufe 2–3) etwa 35 Minuten backen. Den Tortenboden nach etwa 10 Minuten aus der Form lösen und auf einem Kuchengitter erkalten lassen.

■ Für den Belag Agar-Agar mit 2 EL Milch glatt rühren. Die restliche Milch aufkochen, den Agar-Agar unter Rühren hinzufügen und noch 1 Minute kochen lassen. Anschließend die Creme etwas abkühlen lassen.

■ Joghurt, Zuckerrohrgranulat oder Vollzucker und 1 EL Zitronensaft zur Creme geben und mit dem Schneebesen gut verrühren.

■ Sahne steif schlagen und unterziehen.

■ Das Obst schälen und zerkleinern. Die Datteln in Stifte schneiden, die Kerne dabei entfernen. Das Obst, die Datteln und die Mandelstifte mischen und auf den Tortenboden geben. Die Joghurtcreme darüber verteilen.

■ Die Torte vor dem Servieren etwa 30 Minuten kühl stellen.

Arbeitszeit etwa
1 Stunde
Backzeit etwa
35 Minuten
Kühlzeit etwa
30 Minuten
1 Tortenstück enthält:
731 kJ / 174 kcal
73 mg Cholesterin
7 g Fett
4 g Eiweiß
23 g Kohlenhydrate

Datteln sind bei uns Winterfrüchte und kommen meist aus Israel.
Sie enthalten viel Vitamin C, Eisen und Kalzium.

Cremetorte mit Obst

Arbeitszeit etwa	**Für 12 Stücke**
1¹/4 Stunden	Teig:
Gesamtzeit etwa	6 Eier
2¹/4 Stunden	3 EL kaltes Wasser
1 Tortenstück enthält:	1 Prise Salz
1025 kJ/244 kcal	100 g Zucker
256 mg Cholesterin	2 TL Vanillezucker
12 g Fett	80 g Weizenvollkornmehl
8 g Eiweiß	40 g fein gemahlener Reis
25 g Kohlenhydrate	1 TL Backpulver
	Creme und Belag:
	¹/2 Vanilleschote
	¹/8 l Milch
	1 Prise Salz
Wählen Sie für die	2 frische Eier
Torte Früchte der Sai-	1 EL Zucker
son, z.B. im Sommer	2 TL fein gemahlener Reis
Pfirsiche, Heidel-	125 g Sahnejoghurt
beeren und Kirschen;	2 EL Orangenmarmelade
im Herbst Zwetschgen	300 g gemischtes frisches Obst
und Trauben; im Win-	200 g Schlagsahne
ter Orangen, Äpfel	1 EL ungesalzene Pistazien
und Bananen.	

■ Für den Biskuitteig die Eier trennen und das Eiweiß mit Wasser und Salz halb steif schlagen.

■ Zucker und Vanillezucker zugeben und den Eischnee aufschlagen, bis er steif und cremig ist.

■ Die Eigelbe nacheinander unterrühren, bis die Creme gleichmäßig gelb ist.

■ Das Mehl mit dem gemahlenen Reis und dem Backpulver vermischen, durch ein Sieb auf die Eiercreme streuen und mit einem Schneebesen unterrühren.

■ Eine Springform mit 26 cm Ø mit Pergamentpapier auslegen. Den Teig in die Form geben und glatt streichen. Die Form auf die untere Schiene des kalten Backofens stellen und bei 180 °C (Umluft 160 °C, Gas Stufe 2–3) etwa 40 Minuten backen. Die Garprobe machen.

■ Die Form aus dem Backofen nehmen, den Tortenboden etwa 10 Minuten stehen lassen, dann aus der Form lösen und auf einem Kuchengitter erkalten lassen.

■ Für die Creme die Vanilleschote mit einem spitzen Messer der Länge nach aufschneiden, das Mark herauskratzen. Die Milch mit dem Mark und Salz aufkochen.

■ Die Eier trennen. Die Eigelbe und Zucker in einem Topf mit den Quirlen des Handrührgerätes schaumig schlagen. Den Reis untermischen.

■ Unter Rühren die heiße Milch zur Eiercreme gießen. Den Topf auf die Kochstelle setzen. Die Creme mit einem Kochlöffel kräftig rühren und erhitzen, bis sie dickflüssig ist.

■ Den Topf in eine Schüssel mit kaltem Wasser und einigen Eiswürfeln stellen.

*Zur Abwechslung:
Den Biskuitboden
mit Mehl, Reis und
einem gehäuften Ess-
löffel Kakaopulver
zubereiten; die Creme
mit einer Tüte Vanille-
pudding und nur
300 ml Milch kochen;
die Eier weglassen
und stattdessen
250 g Schlagsahne
nehmen; die Torte mit
Zitronenmelisseblät-
tern verzieren.*

Die Creme unter häufigem Umrühren abkühlen lassen.

■ Eiweiße steif schlagen. Den Joghurt,
die Orangenmarmelade und zum Schluss
den Eischnee unter die Creme ziehen.

■ Den Tortenboden waagrecht ein- oder
zweimal durchschneiden, die Creme verteilen und glatt streichen.

■ Das Obst waschen oder schälen und in
kleine Stücke schneiden. Den obersten
Tortenboden mit dem Obst belegen.

■ Die Sahne steif schlagen, in einen
Spritzbeutel füllen und die Torte üppig
mit Sahnetupfen oder -kringeln verzieren.
Die Pistazien hacken und
über die Torte streuen.

Beeren mit Mascarponecreme

Arbeitszeit etwa
25 Minuten
1 Portion enthält:
1806 kJ/430 kcal
65 mg Cholesterin
20 g Fett
19 g Eiweiß
41 g Kohlenhydrate

Für 4 Portionen

500 g Johannisbeeren, Brombeeren, Stachelbeeren, Heidelbeeren und Himbeeren gemischt

100 g Zucker

1 TL Vanillezucker

2 Eiweiß

250 g Mascarpone

250 g Magerquark

1 EL Ahornsirup

■ Die Beeren verlesen oder waschen und in einem Sieb gut abtropfen lassen. Alle in eine Schüssel geben, den Zucker und Vanillezucker bis auf 2 EL untermischen.

■ Die Eiweiße steif schlagen, dabei 1 EL Zucker zufügen.

■ Mascarpone, Quark, den restlichen Zucker und Ahornsirup verrühren. Den Eischnee und die Beeren locker unter die Creme ziehen.

Beerencocktail mit Pfirsichsauce

Arbeitszeit etwa
30 Minuten
1 Portion enthält:
866 kJ/206 kcal
18 mg Cholesterin
6 g Fett
3 g Eiweiß
32 g Kohlenhydrate

Für 4 Portionen

600 g Johannisbeeren, Brombeeren, Stachelbeeren, Heidelbeeren und Himbeeren gemischt

2 reife gelbe Pfirsiche

1 EL Vanillezucker

125 g Sahnejoghurt

1 EL Crème double

12 schöne Blätter Zitronenmelisse

Puderzucker zum Bestreuen

■ Die Beeren verlesen oder in einer Schüssel mit kaltem Wasser kurz waschen und in einem Sieb gut

abtropfen lassen. Größere Stachelbeeren halbieren.

■ Die Pfirsiche abziehen – bei Bedarf mit kochendem Wasser überbrühen und dann abziehen – und halbieren, dabei den Stein entfernen. Die Pfirsiche mit Vanillezucker, Sahnejoghurt und Crème double pürieren.

■ Die Beeren auf Portionstellern verteilen. Die Pfirsichsauce über die Beeren gießen.

■ Den Beerencocktail mit den Zitronenmelisseblättern garnieren und dünn mit Puderzucker bestreuen.

Beerenmarmelade

Für 5 Gläser je 125 ml

200 g Erdbeeren

100 g Heidelbeeren

300 g Gelierzucker

¼ TL Zimtpulver

1 Gläschen Himbeergeist

■ Die Erdbeeren waschen, von den Stielansätzen befreien und grob zerkleinern. Die Heidelbeeren verlesen und waschen.

■ Die Beeren in einem hohen Topf mit dem Pürierstab grob pürieren.

■ Den Gelierzucker untermischen. Die Beeren unter Rühren aufkochen und bei mittlerer Hitze unter ständigem Rühren etwa 5 Minuten sprudelnd kochen lassen, bis die Marmelade dick wird.

■ Die Gläser heiß spülen und auf ein feuchtes Tuch stellen.

■ Wenn die Marmelade anfängt zu gelieren, Zimtpulver und Himbeergeist unterrühren, kochend heiß in die Gläser füllen und sofort verschließen.

Arbeitszeit etwa

25 Minuten

Kochzeit etwa

5 Minuten

1 Glas enthält:

1130 kJ/269 kcal

0 mg Cholesterin

0 g Fett

1 g Eiweiß

66 g Kohlenhydrate

Zum Schutz vor Feuchteschäden werden Erdbeeren mit Stroh gemulcht. Frisch gepflückte Erdbeeren sind eine Delikatesse.

Vierbeerentorte mit Zimtcreme

Arbeitszeit etwa
1¹/₂ Stunden
Backzeit etwa
40 Minuten
1 Stück enthält:
1069 kJ/255 kcal
48 mg Cholesterin
18 g Fett
4 g Eiweiß
20 g Kohlenhydrate

Für 8 Stücke

1 kleine unbehandelte Zitrone

50 g Tofu

50 g Sojamilch

100 g weiche Butter oder Margarine

50 g Zuckerrohrgranulat oder Vollzucker

1 Prise Salz

knapp 300 ml Milch

100 g Weizenvollkornmehl

¹/₂ TL Backpulver

Fett für die Form

5 g Agar-Agar

2 EL hellen Fruchtsaft

1 TL gemahlene Naturvanille

¹/₂ TL Zimt

je 150 g Himbeeren, Brombeeren, Heidelbeeren und Johannisbeeren

150 g Schlagsahne

■ Die Zitrone waschen und abtrocknen. Die Hälfte der Schale abreiben. Ein großes Stück Schale dünn abschneiden.

■ Den abgetropften Tofu mit der Sojamilch pürieren.

■ Butter oder Margarine, die Hälfte des Zuckerrohrgranulats oder Vollzuckers und das Salz schaumig rühren. Die

Brombeerernte am Bodensee

Hälfte der Zitronenschale, 2 EL Milch und esslöffelweise das Tofupüree darunter mischen. Mehl und Backpulver mischen und unter den Teig rühren, bis er cremig ist.

■ Eine Tortenbodenform mit 28 cm Ø fetten und den Teig darin glatt streichen. Den Tortenboden auf die mittlere Schiene des kalten Backofens stellen und bei 180 °C (Umluft 160 °C, Gas Stufe 2–3) etwa 40 Minuten backen. Abkühlen lassen.

■ Für die Creme den Agar-Agar mit dem Saft glatt rühren. Die restliche Milch mit Vanille, Zimt, dem Rest des Zuckerrohrgranulats oder Vollzuckers und der Zitronenschale in einen Topf geben und aufkochen.

■ Den angerührten Agar-Agar zufügen. Die Creme bei schwacher Hitze unter ständigem Rühren etwa 1 Minute kochen. Den Topf von der Kochstelle nehmen und die Creme unter häufigem Umrühren lauwarm abkühlen lassen.

■ Die Beeren waschen oder verlesen. Die Sahne steif schlagen und unter die Creme ziehen. Auf den Tortenboden streichen und mit den Beeren belegen.

Erdbeermilch

Für 2 Portionen

200 g TK-Erdbeeren
1 EL Honig
1 EL ungesüßter Sanddornsirup
300 g Dickmilch
1/8 l Milch

■ Die Erdbeeren unaufgetaut in einen Mixer geben, den Honig, den Sanddornsirup, die Dickmilch und die Milch zufügen und alles auf höchster Stufe pürieren.

■ Die Erdbeermilch sofort servieren.

Arbeitszeit etwa
10 Minuten
1 Portion enthält:
886 kJ/211 kcal
15 mg Cholesterin
5 g Fett
8 g Eiweiß
33 g Kohlenhydrate

Erdbeercreme

Für 4 Portionen

300 g Joghurt
50 g fein gemahlene Hirse
75 g Honig
1/2 TL gemahlene Vanille
200 g Schlagsahne
1 EL Sanddornsirup
500 g Erdbeeren
50 g Carobtafel oder Borkenschokolade

■ Den Joghurt in einem Kochtopf mit der Hirse, dem Honig und der Vanille kräftig verrühren. Den Topf auf die Kochstelle setzen und den Inhalt unter ständigem Rühren erhitzen und aufkochen, bis er dick wie Pudding wird. Die Creme von der Kochstelle nehmen und unter Rühren abkühlen lassen.

■ Inzwischen die Sahne steif schlagen, dann den Sanddornsirup und die Sahne unterziehen.

■ Die Erdbeeren waschen und abzupfen. Die Hälfte davon mit einer Gabel zerdrücken und unter die Creme mischen.

■ Die Creme in Dessertschalen verteilen, mit den restlichen Erdbeeren belegen und mit geraspelter Carobtafel oder zerbröckelter Borkenschokolade bestreuen.

Arbeitszeit etwa
40 Minuten
1 Portion enthält:
1781 kJ/424 kcal
64 mg Cholesterin
24 g Fett
8 g Eiweiß
43 g Kohlenhydrate

Carob wird aus den Schoten des Johannisbrotbaumes hergestellt und ist als Pulver oder Tafel in Naturkostläden erhältlich.

Erdbeerbecher

Arbeitszeit etwa
20 Minuten
1 Portion enthält:
2117 kJ/504 kcal
59 mg Cholesterin
18 g Fett
8 g Eiweiß
74 g Kohlenhydrate

Für 4 Portionen

600 g frische Erdbeeren

2 EL Zucker

2 Baiserböden (fertig gekauft)

125 g Schlagsahne

250 g Eiscreme

■ Erdbeeren verlesen, falls erforderlich waschen und abzupfen. Die Hälfte davon halbieren, mit Zucker bestreuen und zugedeckt ziehen lassen, bis die anderen Zutaten vorbereitet sind.

■ Von den Baiserböden die tupfenförmigen Ränder vorsichtig zum Garnieren abheben. Die Böden zerbröckeln und in hohe Dessertgläser verteilen. Die restlichen Erdbeeren mit einer Gabel zerdrücken und auf das Baiser geben.

■ Die Sahne steif schlagen. Das Erdbeermus in die Gläser verteilen, das Eis portionieren und auf das Mus geben. Mit der Schlagsahne verzieren und mit den halben Erdbeeren und den Baisertupfen belegen.

Erdbeertorte mit Pfirsichcreme

Für 12 Stücke

Teig:

1 unbehandelte Zitrone

200 g Weizenvollkornmehl

50 g Zuckerrohrgranulat oder Vollzucker

1 Prise Salz

1 Ei

100 g weiche Butter

1–2 EL kaltes Wasser

Fett für die Form

Pergamentpapier und etwa
150 g beliebige Hülsenfrüchte

Belag:

500 g reife Pfirsiche

250 g Tofu

1 EL Honig

1 EL Zitronensaft

200 g Schlagsahne

600 g Erdbeeren

■ Die Zitrone waschen, abtrocknen und die Hälfte der Schale abreiben. Mehl, Zuckerrohrgranulat oder Vollzucker, Salz, Zitronenschale, Ei, Butter und 1 EL Wasser zu einem glatten Teig kneten. Falls er zu trocken ist, das restliche Wasser unterkneten.

■ Eine Springform mit 26 cm Ø einfetten und mit dem Teig auskleiden, dabei einen 3 cm hohen Rand formen. Den Teigboden einstechen und 30 Minuten kühl stellen.

■ Den Teigboden mit Pergamentpapier auslegen und mit Hülsenfrüchten füllen, auf die mittlere Schiene des kalten Backofens schieben und bei 180 °C (Umluft 160 °C, Gas Stufe 2–3) etwa 40 Minuten blind backen. Das Pergamentpapier mit den Hülsenfrüchten abnehmen.

■ Die Pfirsiche abziehen, halbieren und dabei die Steine entfernen. Mit Tofu, Honig und Zitronensaft pürieren. Die Sahne steif schlagen und unter das Püree ziehen.

■ Die Creme auf den kalten Tortenboden streichen und mit den Erdbeeren belegen.

Arbeitszeit etwa
1 Stunde
Gesamtzeit etwa
1 1/2 Stunden
1 Stück enthält:
1046 kJ/249 kcal
67 mg Cholesterin
14 g Fett
5 g Eiweiß
24 g Kohlenhydrate

Himbeersahne

Arbeitszeit etwa
15 Minuten
1 Portion enthält:
1407 kJ/335 kcal
68 mg Cholesterin
25 g Fett
4 g Eiweiß
20 g Kohlenhydrate

Für 4 Portionen

500 g Himbeeren
3 EL Crème de Cassis oder roter Fruchtsaft
1 EL Orangensaft
2 EL Zucker
250 g Schlagsahne
2 EL Kokosflocken
2 EL Raspelschokolade

■ Die Himbeeren verlesen, mit einer Gabel fein zerdrücken und mit der Crème de Cassis oder dem Fruchtsaft, dem Orangensaft und dem Zucker mischen.

■ Die Sahne steif schlagen und mit den Kokosflocken unter das Mus ziehen.

■ Himbeersahne in Dessertschalen geben und mit der Raspelschokolade bestreuen.

Himbeeren mit Joghurtcreme

Arbeitszeit etwa
20 Minuten
Kühlzeit etwa
3 Stunden
1 Portion enthält:
832 kJ/198 kcal
41 mg Cholesterin
11 g Fett
5 g Eiweiß
17 g Kohlenhydrate

Für 4 Portionen

300 g Himbeeren
3 EL Zuckerrohrgranulat
1 TL Vanillezucker
1 TL Agar-Agar
$1/8$ l Milch
400 g Sahnejoghurt
1 TL Zitronensaft

■ Die Himbeeren verlesen, auf vier Dessertschälchen verteilen, mit 2 EL Zuckerrohrgranulat und Vanillezucker bestreuen.

■ Dann den Agar-Agar mit der Milch und dem restlichen Zuckerrohrgranulat verrühren und aufkochen, bis die Masse cremig ist.

■ Den Sahnejoghurt und den Zitronensaft unter die noch weiche Masse rühren.

■ Die Joghurtcreme über den Himbeeren in den Dessertschälchen verteilen und etwa 3 Stunden zugedeckt kühl stellen, bis sie halb fest ist.

Himbeersorbet

Für 4 Portionen

600 g TK-Himbeeren
$^1/_8$ l trockener Weißwein
$^1/_8$ l Sekt oder Prosecco
1 EL Crème de Cassis
einige Minzeblätter

■ Die Beeren unaufgetaut mit dem Wein im Mixer pürieren und in eisgekühlte hohe Gläser geben. Püree mit Sekt oder Prosecco aufgießen und etwas Crème de Cassis in die Gläser träufeln. Mit Minzeblättern garnieren und sofort servieren.

Arbeitszeit etwa
5 Minuten
1 Portion enthält:
433 kJ / 103 kcal
0 mg Cholesterin
0 g Fett
2 g Eiweiß
11 g Kohlenhydrate

Eisdessert mit Brombeeren

Für 4 Portionen

12 Vollkornkekse
3 EL Orangenlikör oder Orangensaft
200 g Brombeeren
300 g Vanilleeis
125 g Schlagsahne
1 EL Mandelblättchen

■ Die Kekse in Stücke brechen, auf Dessertteller verteilen und mit Orangenlikör oder Orangensaft beträufeln.

■ Die Brombeeren verlesen, waschen und trocknen lassen.
■ Das Vanilleeis in einer Schüssel antauen lassen, dann mit einem Schneebesen cremig rühren.
■ Die Brombeeren vorsichtig unter die Eiscreme mischen und auf die Kekse geben.
■ Die Sahne steif schlagen. Das Eisdessert mit Sahnetupfen und Mandelblättchen garnieren.

Arbeitszeit etwa
25 Minuten
1 Portion enthält:
1999 kJ / 476 kcal
75 mg Cholesterin
24 g Fett
8 g Eiweiß
50 g Kohlenhydrate

Grießkuchen mit Johannisbeeren

Arbeitszeit etwa
1¼ Stunden

Backzeit etwa
1¼ Stunden

1 Stück enthält:
895 kJ/213 kcal
101 mg Cholesterin
7 g Fett
8 g Eiweiß
27 g Kohlenhydrate

Für 12 Stücke

⅜ l Milch
1 Prise Salz
100 g Weizenvollkorngrieß
3 Eier
750 g rote und schwarze Johannisbeeren gemischt
1 unbehandelte Zitrone
50 g weiche Butter
125 g Zuckerrohrgranulat
1 TL gemahlene Vanille
300 g Magerquark
50 g Weizenvollkornmehl
1 TL Backpulver
Fett für die Form

■ Die Milch mit dem Salz zum Kochen bringen. Den Grieß zugeben, aufkochen und den Topf von der Kochstelle nehmen. Den Grießbrei unter häufigem Rühren 10 Minuten quellen und abkühlen lassen.

■ Die Eier trennen. Die Johannisbeeren waschen und von den Stielen streifen.

■ Die Zitrone waschen, abtrocknen, die Hälfte der Schale abreiben und den Saft der halben Zitrone auspressen.

■ Für den Teig Butter, Zucker, Vanille, Zitronenschale und -saft schaumig rühren. Die Eigelbe nacheinander unterrühren. Grießbrei und Quark esslöffelweise untermischen.

■ Die Beeren auf den Teig geben. Das Eiweiß steif schlagen und auf die Beeren geben. Mehl und Backpulver mischen, darüber sieben und alles verrühren.

■ Den Teig in einer gefetteten Springform mit 26 cm Ø glatt streichen und auf die mittlere Schiene des kalten Backofens stellen. Bei 180 °C (Umluft 160 °C, Gas Stufe 2–3) etwa 1¼ Stunden backen, den Kuchen etwa 10 Minuten abkühlen lassen und dann aus der Form lösen.

Grießgratin mit Stachelbeeren

Für 4 Portionen

1 Vanilleschote
1/2 l Milch
1 Prise Salz
150 g Zuckerrohrgranulat
125 g Weizenvollkorngrieß
2 Eier
2 EL Crème fraîche
600 g Stachelbeeren
1 EL Zitronensaft
Fett für die Gratinform

■ Die Vanilleschote der Länge nach aufschneiden und das Mark herauskratzen. Die Milch mit Vanillemark, Vanilleschote, Salz und 2 EL Zuckerrohrgranulat aufkochen. Den Grieß unter Rühren zugeben und zugedeckt bei schwacher Hitze 5 Minuten garen. Die Vanilleschote entfernen und den Grieß etwas abkühlen lassen.

■ Die Eier trennen, Eigelb und Crème fraîche unter den Grießbrei rühren.
■ Eine flache Gratinform fetten und den Grießbrei in der Form glatt streichen.
■ Die Stachelbeeren waschen, trocknen, auf den Grießbrei geben und mit der Hälfte des verbliebenen Zuckerrohrgranulats bestreuen. Das Gratin auf die mittlere Schiene des kalten Backofens schieben und bei 200 °C (Umluft 180 °C, Gas Stufe 3) 40 Minuten backen.
■ Eiweiß mit dem Zitronensaft und dem restlichen Zuckerrohrgranulat sehr steif schlagen und über den Stachelbeeren glatt streichen.
■ Gratin wieder in den Backofen schieben und bei 250 °C (Umluft 230 °C, Gas Stufe 5) etwa 5 Minuten überbacken, bis der Eischnee gebräunt ist.

Arbeitszeit etwa
45 Minuten
Backzeit etwa
45 Minuten
1 Portion enthält:
2117 kJ/504 kcal
200 mg Cholesterin
14 g Fett
13 g Eiweiß
80 g Kohlenhydrate

Stachelbeeren kurz vor der Ernte

Stachelbeertorte

Für 16 Stücke

250 g Weizenvollkornmehl
1/2 Päckchen Backpulver
125 g weiche Butter
75 g Zucker
1/2 TL gemahlene Vanille
abgeriebene Schale von 1/4 Zitrone
1 Prise Salz
2 Eier
1/8 l Milch
Fett für die Form
500 g Stachelbeeren
250 g Schlagsahne
50 g Puderzucker
100 g Marzipanrohmasse
1 EL Rum

■ Mehl und Backpulver mischen. Butter, Zucker, Vanille, Zitronenschale und Salz schaumig rühren. Eier, Mehlmischung und Milch nacheinander dazugeben.
■ Eine Tortenbodenform mit 28 cm Ø fetten, den Teig einfüllen, auf die untere Schiene des kalten Backofens stellen und bei 180 °C (Umluft 160 °C, Gas Stufe 2–3) 35 Minuten backen.
■ Stachelbeeren waschen und trocknen. Sahne mit der Hälfte des Puderzuckers steif schlagen. Marzipan mit Rum und dem restlichen Puderzucker verkneten, in kleine Stücke schneiden und mit den Stachelbeeren unter die Sahne mischen; alles auf dem Tortenboden verteilen.

Arbeitszeit etwa
1 Stunde
Backzeit etwa
35 Minuten
1 Tortenstück enthält:
1100 kJ/262 kcal
80 mg Cholesterin
15 g Fett
4 g Eiweiß
25 g Kohlenhydrate

Tofuauflauf mit Heidelbeeren

Arbeitszeit etwa
30 Minuten

Backzeit etwa
1 Stunde

1 Portion enthält:
2755 kJ/656 kcal
438 mg Cholesterin
44 g Fett
18 g Eiweiß
44 g Kohlenhydrate

Für 4 Portionen

1 unbehandelte Zitrone
50 g Butter
50 g ungeschälte Sesamsamen
300 g frische Heidelbeeren (Blaubeeren)
250 g Tofu
200 g Crème fraîche
50 g Zuckerrohrgranulat
4 Eier
1 Prise Salz
60 g Semmelbrösel
Butter und Semmelbrösel für die Form

■ Die Zitrone waschen, abtrocknen, von einer Hälfte die Schale abreiben und den Saft auspressen. 1 TL Butter in einer Pfanne zerlassen. Die Sesamsamen darin unter Rühren anrösten, bis sie einen zar-ten Duft ausströmen. Die Heidelbeeren verlesen, waschen und trockentupfen. Tofu mit Crème fraîche im Mixer pürieren.

■ Die restliche Butter mit dem Zuckerrohrgranulat schaumig rühren. Eier trennen. Eigelbe nach und nach unterrühren. Zuerst das Tofupüree, dann die Zitronenschale und den -saft untermischen.

■ Die Eiweiße mit Salz sehr steif schlagen und auf den Teig geben. Sesamsamen, Heidelbeeren und Semmelbrösel darüber verteilen und alles mischen.

■ Eine hohe Auflaufform fetten, mit Semmelbröseln ausstreuen, den Teig darin glatt streichen und auf die untere Schiene des kalten Backofens schieben. Bei 180 °C (Umluft 160 °C, Gas Stufe 2–3) etwa 1 Stunde backen.

Heidelbeerpfannkuchen

Für 6 Portionen

250 g Mehl
1 Prise Salz
250 g Dickmilch
1/4 l Milch
2 Eier
600 g frische Heidelbeeren (Blaubeeren)
50 g Butterschmalz
50 g flüssiger Honig

■ Mehl mit Salz, Dickmilch, Milch und Eiern zu einem dicken Eierkuchenteig verrühren. Zugedeckt bei Zimmer-temperatur ruhen lassen, bis die Beeren vorbereitet sind.

■ Heidelbeeren verlesen und vorsichtig waschen.

■ Butterschmalz in einer Pfanne erhitzen. Etwa eine Schöpfkelle Teig hineingeben, verteilen und bei mittlerer Hitze etwa 3 Minuten backen.

■ Den Pfannkuchen mit den Beeren bestreuen, mit Honig beträufeln und in etwa 3 Minuten fertig backen. Warm stellen. Aus den restlichen Zutaten fünf weitere Pfannkuchen backen.

Arbeitszeit etwa
45 Minuten
Backzeit etwa
40 Minuten
1 Portion enthält:
1781 kJ/424 kcal
155 mg Cholesterin
15 g Fett
11 g Eiweiß
60 g Kohlenhydrate

Preiselbeermarmelade

Für 4 Gläser je 250 ml

500 g frische Preiselbeeren
1/8 l Wasser
1 unbehandelte Orange
150 g Korinthen
400 g Zucker
150 g gehackte Walnüsse

■ Die Preiselbeeren waschen und abtropfen lassen. Mit dem Wasser in einem Topf aufkochen und 15–20 Minuten zugedeckt bei schwacher Hitze kochen lassen, bis die Beeren aufplatzen. Dabei hin und wieder umrühren.

■ Die Orange waschen und abtrocknen. Die Schale ganz dünn abschneiden und hacken. Mit Korinthen und Zucker unter die Beeren mischen. Marmelade weitere 20 Minuten kochen, bis sie dick ist. Die Nüsse untermischen und sofort in Gläser füllen. Im Kühlschrank aufbewahren.

Gesamtzeit etwa
55 Minuten
1 Glas enthält:
3347 kJ/797 kcal
0 mg Cholesterin
24 g Fett
7 g Eiweiß
136 g Kohlenhydrate

Pfirsiche mit Quarkcreme

Arbeitszeit etwa
30 Minuten
1 Portion enthält:
1932 kJ/460 kcal
245 mg Cholesterin
21 g Fett
40 g Eiweiß
15 g Kohlenhydrate

Für 4 Portionen

1 TL Butter

40 g Mandelblättchen

4 reife Pfirsiche

1 unbehandelte Zitrone

250 g Magerquark

2 Eigelb

1 EL Vanillezucker

50 g Zuckerrohrgranulat

8 EL Johannisbeersaft

125 g Schlagsahne

8 EL Preiselbeerkompott

■ Die Butter in einer Pfanne erhitzen und die Mandelblättchen darin unter Wenden goldgelb rösten.

■ Die Pfirsiche mit kochendem Wasser übergießen, abziehen, halbieren und die Steine entfernen.

■ Die Zitrone waschen, abtrocknen, etwa 1/2 TL Schale abreiben und den Saft auspressen.

■ Den Quark mit den Eigelben, dem Vanillezucker, dem Zuckerrohrgranulat, der Zitronenschale und 1–2 EL Zitronensaft glatt rühren.

■ Vier Pfirsichhälften zusammen mit dem Johannisbeersaft pürieren und unter den Quark mischen.

■ Die Sahne steif schlagen und ebenfalls unter den Quark ziehen.

■ Die restlichen Pfirsichhälften auf Desserttellern verteilen und mit der Quarkcreme überziehen. Die Creme in der Mitte mit Tupfen vom Preiselbeerkompott garnieren und mit den Mandelblättchen bestreuen.

Biskuitrolle mit Pfirsichsahne

Für 12 Stücke

Teig:

4 Eier

1 EL kaltes Wasser

60 g Zucker

2 TL Vanillezucker

100 g Weizenvollkornmehl

Füllung:

1 unbehandelte Zitrone

500 g reife Pfirsiche

1/2 Vanilleschote

200 g Schlagsahne

50 g Honig

■ Die Eier trennen. Eiweiße und Wasser halb steif schlagen. Zucker und Vanillezucker mischen, die Mischung langsam zu dem Eischnee geben und weiterschlagen, bis er steif, aber elastisch ist.

■ Alle Eigelbe nacheinander unterrühren, bis ein gleichmäßig gelber, glatter Teig entstanden ist. Dann das Mehl vorsichtig mit dem Schneebesen unterziehen.

■ Ein Backblech mit gefettetem Pergamentpapier auslegen und den Teig darauf glatt streichen. Auf die untere Schiene des kalten Backofens schieben und bei 180 °C (Umluft 160 °C, Gas Stufe 2–3)

15–20 Minuten backen. Dann die Biskuitplatte so auf ein feuchtes Küchentuch stürzen, dass das Pergamentpapier oben liegt. Mit einem zweiten feuchten Tuch bedecken und ganz auskühlen lassen.

■ Die Zitrone waschen, abtrocknen, etwas Schale abreiben und den Saft einer Hälfte auspressen.

■ Die Pfirsiche mit kochendem Wasser übergießen, abziehen, halbieren und in Stücke schneiden, dabei die Steine entfernen. 1 EL Zitronensaft über die Pfirsichstücke gießen und vermischen.

■ Die Vanilleschote der Länge nach aufschneiden und das Mark herauskratzen.

■ Die Sahne mit dem Vanillemark und der Zitronenschale steif schlagen.

■ Die Pfirsiche und 1 EL Honig locker unter die Sahne mischen.

■ Das Küchentuch von der Biskuitplatte nehmen und das Pergamentpapier abziehen. Etwa zwei Drittel der Pfirsichsahne auf die Platte streichen, die Platte aufrollen und mit dem Rest der Sahne bestreichen. Den restlichen Honig darüber träufeln. Die Biskuitrolle vor dem Servieren etwa 30 Minuten ziehen lassen.

Arbeitszeit etwa

40 Minuten

Backzeit etwa

20 Minuten

1 Stück enthält:

693 kJ/165 kcal

135 mg Cholesterin

8 g Fett

4 g Eiweiß

18 g Kohlenhydrate

Bei vollreifen Pfirsichen kann man die Haut abziehen, ohne sie vorher mit kochendem Wasser zu überbrühen.

Pfirsichtorte mit Pistazien

*Diese Pfirsichtorte
können Sie warm oder
kalt essen.*

Für 6 Stücke

300 g TK-Vollkornblätterteig

Mehl für die Arbeitsfläche

100 g Schlagsahne

2 Eigelb

50 g Zucker

1 Prise gemahlene Vanille

1 TL Orangenlikör

1 EL Mehl

3 reife Pfirsiche

20 g ungesalzene Pistazien

1 EL Aprikosenkonfitüre

■ Die Blätterteigplatten auftauen lassen.

■ Die Arbeitsfläche mit Mehl bestreuen.
Die Teigplatten zu einem Viereck legen
und zu einem Quadrat mit etwa 30 cm
Kantenlänge ausrollen.

■ Ein Backblech kalt abspülen, den Teig

auf das Blech legen und an den Rändern
hochziehen.

■ In einem Topf Sahne, Eigelbe, Zucker,
Vanille, Likör und Mehl bei mittlerer
Hitze unter ständigem Rühren aufkochen, dann vom Herd nehmen und
erkalten lassen.

■ Inzwischen die Pfirsiche mit kochendem Wasser übergießen, abziehen, halbieren und die Steine dabei entfernen.

■ Die Creme auf den Teigboden streichen, mit Pfirsichen belegen und mit
Pistazien bestreuen.

■ Die Torte auf die mittlere Schiene
des kalten Backofens schieben und
bei 200 °C (Umluft 180 °C, Gas
Stufe 3) etwa 30 Minuten backen.
Die noch heiße Torte mit Konfitüre
bestreichen.

Aprikosentorte mit Schokoladenschnee

Für 8 Stücke

Teig:

200 g Weizenvollkornmehl

50 g Zucker

Salz

1 Ei

100 g weiche Butter

1–2 EL kaltes Wasser

Fett für die Form

Belag:

500 g Aprikosen

50 g Haselnüsse

40 g Zartbitterschokolade

3 Eiweiß

2 EL Zitronensaft

1 EL Puderzucker

■ Für den Teig Mehl, Zucker, Salz, Ei, Butter und zunächst 1 EL Wasser in einer Schüssel mit den Knethaken des Handrührgerätes vermischen, bis die Masse krümelig ist. Mit den Händen die Masse zu einem glatten Teig kneten. Falls er nicht zusammenhält, das restliche Wasser unterkneten.

■ Eine Springform mit 26 cm Ø einfetten und mit dem Teig auskleiden, dabei einen etwa 2 cm hohen Rand formen.

■ Den Teigboden mit einer Gabel mehrmals einstechen und 30 Minuten kühl stellen.

■ Die Springform auf die mittlere Schiene des kalten Backofens schieben und bei 200 °C (Umluft 180 °C, Gas Stufe 3) 20 Minuten vorbacken.

■ Für den Belag die Aprikosen abziehen, halbieren und entsteinen. Die Haselnüsse und die Schokolade mittelfein hacken.

■ Die Eiweiße mit Zitronensaft steif schlagen. Den Puderzucker unter ständigem Schlagen zu dem Eischnee geben und die Nüsse und die Schokolade unterheben.

■ Den Tortenboden mit den Aprikosenhälften belegen. Den Schokoladenschnee darauf verteilen und glatt streichen.

■ Die Torte bei 180 °C (Umluft 160 °C, Gas Stufe 2–3) 25 Minuten backen, bis der Schokoladenschnee fest ist.

■ Die Torte noch 10 Minuten stehen lassen, dann aus der Form herauslösen und auf einem Kuchengitter kalt werden lassen.

Arbeitszeit etwa
1 Stunde
Backzeit etwa
45 Minuten
1 Tortenstück enthält:
1415 kJ/337 kcal
74 mg Cholesterin
18 g Fett
7 g Eiweiß
33 g Kohlenhydrate

Aprikosen wurden erstmals vor 4000 Jahren in China kultiviert. Die Aprikosen auf dem Foto wachsen in der Wachau, einem Hauptanbaugebiet in Österreich, wo der berühmte Aprikosenschnaps, der Marillenbrand, hergestellt wird.

Gebackene Aprikosenklöße

Arbeitszeit etwa	**Für 5 Portionen**
1 Stunde	500 g Magerquark
Backzeit etwa	1 unbehandelte Zitrone
50 Minuten	1 Messerspitze gemahlene Vanille
1 Portion enthält:	1 Prise Salz
2050 kJ/488 kcal	150 g Mehl
119 mg Cholesterin	50 g Semmelbrösel
19 g Fett	1 Ei
20 g Eiweiß	10 reife Aprikosen
56 g Kohlenhydrate	100 g Butter
	75 g Zucker
	1–2 TL Zimtpulver

■ Den Quark in ein Sieb geben und etwa 10 Minuten abtropfen lassen.

■ Die Zitrone waschen, abtrocknen und ein Viertel der Schale abreiben.

■ Quark, Zitronenschale, Vanille, Salz, Mehl, Semmelbrösel und Ei zu einem glatten Teig rühren, der sich mit den Händen formen lässt, ohne zu kleben.

■ Die Aprikosen waschen, abtrocknen, auf einer Seite längs aufschneiden und vorsichtig die Steine entfernen.

■ Für jeden Kloß ein Stück Teig auf dem Handballen flach drücken, eine Aprikose darauf legen und mit dem Teig umhüllen.

■ Die Butter in einem großen Bräter erhitzen. Die Klöße nebeneinander in die Butter legen. Den Bräter zugedeckt auf die mittlere Schiene des kalten Backofens schieben. Bei 180 °C (Umluft 160 °C, Gas Stufe 2–3) 20 Minuten backen.

■ Den Deckel entfernen und die Klöße weitere 30 Minuten backen, bis sie leicht gebräunt sind.

■ Zucker und Zimt mischen, über die heißen Klöße streuen. Sofort servieren.

Zwetschgenschmarren

Für 2 Portionen

200 g Weizenvollkornmehl
300 ml Milch
300 g Zwetschgen
1 unbehandelte Zitrone
1 Prise Salz
2 Eier
30 g Butterschmalz
100 g Zucker
1/2 TL Zimtpulver

■ Das Weizenvollkornmehl mit der Milch zu einem Teig verrühren und zugedeckt quellen lassen, bis die Zwetschgen vorbereitet sind.

■ Die Zwetschgen waschen, abtrocknen, in Stücke schneiden und dabei die Steine entfernen.

■ Die Zitrone waschen, abtrocknen und die Hälfte der Schale abreiben.

■ Den Teig mit Salz, der Zitronenschale und den Eiern verrühren und die Zwetschgenstücke darunter mischen.

■ Das Butterschmalz in einer großen Pfanne erhitzen. Den Teig hineingießen und zugedeckt bei schwacher Hitze etwa 10 Minuten backen, bis er an der Unterseite fest ist. Dann in der Pfanne mit einer Gabel in Stücke teilen und diese bei mittlerer Hitze unter häufigem Wenden goldbraun backen.

■ Zucker und Zimt mischen und den Schmarren damit bestreuen, ihn einige Male in der Pfanne wenden, vom Herd nehmen und zugedeckt kurz ziehen lassen.

Gesamtzeit etwa
45 Minuten
1 Portion enthält:
3965 kJ/944 kcal
418 mg Cholesterin
29 g Fett
26 g Eiweiß
139 g Kohlenhydrate

Zwetschgenstrudel

Arbeitszeit etwa
1 Stunde
Backzeit etwa
50 Minuten
1 Portion enthält:
3478 kJ/828 kcal
304 mg Cholesterin
40 g Fett
28 g Eiweiß
85 g Kohlenhydrate

Strudel schmecken mit vielen Obstsorten. Gut geeignet sind z. B. Heidelbeeren, Johannisbeeren, Weintrauben und Kirschen. Für saftiges Obst braucht man mehr Semmelbrösel und Nüsse oder man rührt eine Creme aus Magerquark, Eiern und Schlagsahne an und streicht sie auf den Teig, bevor das Obst darauf verteilt wird. Bei saurem Obst wie Johannisbeeren nimmt man statt der Semmelbrösel fein zerkleinerte Löffelbiskuits oder trockene Kuchenreste.

Für 6 Portionen

Teig:

250 g feines Mehl

1 Prise Salz

etwa 1/8 l lauwarmes Wasser

3 EL Öl

1 Eigelb

Pergamentpapier

Füllung:

600 g Zwetschgen

100 g gemahlene Haselnüsse

100 g Semmelbrösel

1 unbehandelte Zitrone

2 Eier

500 g Magerquark

200 g Crème fraîche

75 g Zuckerrohrgranulat

2 EL Vanillezucker

1 Prise Salz

zum Backen:

50 g Butter

1/4 l Milch

50 g Honig

1 Ei

Mehl für die Arbeitsfläche

■ Für den Teig Mehl, Salz, Wasser, Öl und Eigelb verkneten: Der Teig soll glatt sein, elastisch nachgeben, wenn man ihn eindrückt, und nicht kleben.

■ Einen Topf mit heißem Wasser ausspülen. Den Teig zu einem Kloß formen, in Pergamentpapier wickeln, in den Topf legen und darin zugedeckt ruhen lassen.

■ Inzwischen für die Füllung die Zwetschgen waschen, vierteln, dabei entsteinen, und mit den Nüssen und den Semmelbröseln mischen.

■ Die Zitrone waschen, abtrocknen und die Hälfte der Schale abreiben.

■ Die Eier trennen. Eigelbe mit Quark, Crème fraîche, Zuckerrohrgranulat, Vanillezucker, Zitronenschale und Salz verrühren. Eiweiße steif schlagen und unter die Eigelbmasse ziehen.

■ Eine ofenfeste Form mit niedrigem Rand mit der Hälfte der Butter ausfetten.

■ Den Teigkloß in zwei Stücke schneiden. Diese ausrollen und ausziehen, bis sie ganz dünn sind. Die Teigplatten mit der Quarkcreme bestreichen und mit Zwetschgen belegen; am Rand genügend Platz lassen, damit die Füllung nicht herausquillt.

■ Die Strudel aufrollen und in die Form legen. Die restliche Butter in der Milch erhitzen, mit Honig und Ei verrühren und rings um die Strudel gießen.

■ Die Form auf die mittlere Schiene des kalten Backofens stellen und bei 200 °C (Umluft 180 °C, Gas Stufe 3) etwa 50 Minuten backen. Während der Backzeit den Strudel zwei- oder dreimal mit der Flüssigkeit begießen, die sich am Boden der Form sammelt.

Tofucreme mit Zwetschgen

Arbeitszeit etwa

45 Minuten

1 Portion enthält:

1537 kJ / 366 kcal

27 mg Cholesterin

20 g Fett

10 g Eiweiß

37 g Kohlenhydrate

Statt des Vollzuckers können Sie auch Zuckerrohrgranulat nehmen.

Für 4 Portionen

500 g reife Zwetschgen

250 g Tofu

2 EL Orangensaft

2 EL Apfelkraut

100 g Schlagsahne

1 TL Sonnenblumenöl

50 g Haferflocken

1 EL Vollzucker

50 g Mandelstifte

1 TL Zimtpulver

■ Die Zwetschgen waschen, halbieren und die Steine dabei entfernen. Etwa ein Drittel der Zwetschgen in kleine Stücke schneiden und beiseite legen. Dann die restlichen mit dem Tofu, dem Orangensaft und dem Apfelkraut pürieren.

■ Die Sahne steif schlagen und unter das Püree ziehen.

■ Das Öl in einer Pfanne erhitzen. Haferflocken, Vollzucker, Mandeln und Zimt zugeben und bei schwacher bis mittlerer Hitze unter Rühren etwa 3 Minuten rösten.

■ Die Zwetschgenstückchen und die Tofucreme auf Dessertschälchen verteilen. Die Flockenmischung darüber streuen.

Herbstliches Kompott

Arbeitszeit etwa

45 Minuten

1 Portion enthält:

626 kJ / 149 kcal

0 mg Cholesterin

0 g Fett

2 g Eiweiß

34 g Kohlenhydrate

Heißer Holunderbeersaft ist gut gegen Erkältungen.

Für 4 Portionen

300 g Zwetschgen

2 feste, saftige Birnen (etwa 300 g)

1 unbehandelte Zitrone

300 ml Holunderbeersaft

50 g Zuckerrohrgranulat

1 Stück Zimtstange

1 TL Speisestärke

1 EL kaltes Wasser

■ Die Zwetschgen waschen, halbieren und entsteinen. Die Birnen vierteln, schälen, vom Kerngehäuse befreien und in Stücke schneiden. Die Zitrone waschen, abtrocknen und von der Schale etwa $1/2$ TL abreiben.

■ Das Obst mit Holunderbeersaft, Zuckerrohrgranulat, Zimtstange und Zitronenschale in einem Topf aufkochen und zugedeckt bei schwacher Hitze etwa 3 Minuten garen.

■ Die Speisestärke mit Wasser glatt rühren, unter das Kompott mischen und einmal aufkochen.

Süßer Kartoffelkuchen mit Zwetschgen

Für 20 Stücke

Teig:

350 g mehlig kochende Kartoffeln

200 g Mehl

40 g frische Hefe

75 g Zuckerrohrgranulat

1/4 l Milch

1/4 l heißes Wasser

2 unbehandelte Zitronen

1 Prise Salz

Belag:

1 1/2 kg Zwetschgen

100 g Korinthen

500 g Sahnequark

2 Eier

2 EL Crème double

1 EL Erdnussmus

1 TL Zimtpulver

1/2 TL Ingwerpulver

1/4 TL gemahlene Vanille

50 g Butter

Fett für das Blech

■ Für den Teig die Kartoffeln waschen und ungeschält in wenig Wasser weich kochen. Abgießen, abschrecken, schälen, mit einer Gabel fein zerdrücken und lauwarm abkühlen lassen.

■ Das Mehl unter die Kartoffeln mischen und eine Mulde hineindrücken.

■ Die Hefe zerkrümeln, in die Mulde geben und 1 TL Zuckerrohrgranulat zufügen. Milch und Wasser vermischen, etwa 4 EL davon zur Hefe geben und mit etwas Mehl vom Rand verrühren. Diesen Vorteig zugedeckt bei Zimmertemperatur 15 Minuten ruhen lassen, bis er sichtbar aufgegangen ist.

■ Inzwischen die Zitronen waschen, abtrocknen und von einer Zitrone die Schale abreiben. Beide Zitronen auspressen. Salz, die Hälfte der abgeriebenen Zitronenschale und die Milchmischung zum Vorteig geben. 5 Minuten rühren, bis er Blasen bildet.

■ Den Teig zugedeckt etwa 45 Minuten ruhen lassen, bis sich sein Volumen verdoppelt hat.

■ Die Zwetschgen waschen, in kleine Stücke schneiden und dabei entsteinen. In einer Schüssel mit Zitronensaft und Korinthen vermischen.

■ Den Quark mit dem restlichen Zuckerrohrgranulat, der restlichen Zitronenschale, Eiern, Crème double, Nussmus, Zimt, Ingwer und Vanille verrühren.

■ Den Teig auf ein gefettetes Backblech streichen. Quarkcreme auf dem Teig glatt streichen und Zwetschgen darauf verteilen. Butter schmelzen und darüber träufeln.

■ Den Kuchen auf die mittlere Schiene des kalten Backofens schieben und bei 180 °C (Umluft 160 °C, Gas Stufe 2–3) etwa 50 Minuten backen. Anschließend noch 10 Minuten auskühlen lassen.

Arbeitszeit etwa
1 Stunde 10 Minuten
Backzeit etwa
50 Minuten
1 Stück enthält:
857 kJ/204 kcal
22 mg Cholesterin
8 g Fett
6 g Eiweiß
27 g Kohlenhydrate

Die Zwetschge ist eine Unterart der Pflaume. Man verwendet sie in Kuchen, kocht sie zu Kompott, Mus und Marmelade, brennt sie zu Zwetschgenwasser und trocknet sie.

Zwetschgentorte mit Hirse

Arbeitszeit etwa
1 Stunde
Backzeit etwa
1 Stunde
1 Stück enthält:
1369 kJ/326 kcal
100 mg Cholesterin
15 g Fett
6 g Eiweiß
39 g Kohlenhydrate

Mürbeteig ist sehr fest und lässt sich nur schwer formen. Es geht einfacher, ihn in die Form zu drücken oder auszurollen, solange er noch weich ist. Gekühlt wird er dann in der Form.

Für 12 Stücke

Teig:

1 unbehandelte Zitrone

200 g Weizenvollkornmehl

50 g Zucker

1 Prise Salz

4 EL kaltes Wasser

100 g weiche Butter

Belag:

125 g Hirse

3/8 l Milch

75 g Zucker

1 EL Vanillezucker

1 EL Sauerkirschkonfitüre

800 g Zwetschgen

2 Eier

200 g Schlagsahne

■ Die Zitrone waschen, abtrocknen, die Schale abreiben und den Saft der halben Zitrone auspressen. Die Hälfte der abgeriebenen Schale und den Saft für den Belag beiseite stellen.

■ Mehl, Zucker, die restliche Zitronenschale, Salz, Wasser und Butter vermischen und zu einem Mürbeteig kneten.

■ Eine Springform mit 26 cm Ø mit dem Teig auskleiden, dabei einen etwa 3 cm hohen Rand formen. Den Teigboden

mehrmals mit der Gabel einstechen und kühl stellen.

■ Für den Belag die Hirse mit Milch, Zucker, Vanillezucker und Zitronenschale aufkochen und zugedeckt bei schwacher Hitze 30 Minuten garen. Den Zitronensaft und die Konfitüre darunter mischen.

■ Die Zwetschgen waschen, halbieren, dabei entsteinen und in kleine Stücke schneiden.

■ Nun den Tortenboden auf die mittlere Schiene des kalten Backofens stellen und bei 200 °C (Umluft 180 °C, Gas Stufe 3) 10 Minuten vorbacken.

■ Die Eier trennen. Eigelbe unter die Hirse rühren. Eiweiße und Sahne getrennt steif schlagen und unter die Hirse ziehen. Zum Schluss die Hälfte der Zwetschgenstücke untermischen.

■ Die restlichen Zwetschgenstücke auf den Teigboden legen. Den Hirsebrei darüber verteilen.

■ Die Torte bei 180 °C (Umluft 160 °C, Gas Stufe 2–3) in etwa 50 Minuten fertig backen.

Ausgebackene Trockenpflaumen

Für 4 Portionen

20 große entsteinte Trockenpflaumen

50 g Marzipanrohmasse

20 ganze geschälte Mandeln

2 EL Orangensaft

1 unbehandelte Zitrone

40 g Mehl

1 Prise Salz

75 ml Weißwein oder Mineralwasser

1 Ei

Öl oder Pflanzenfett zum Frittieren

2 EL Raspelschokolade

■ Die Trockenpflaumen einschneiden und jede mit etwas Marzipan und einer Mandel füllen. Mit Orangensaft beträufeln und etwa 30 Minuten ziehen lassen.

■ Inzwischen die Zitrone waschen, abtrocknen und die Hälfte der Schale abreiben.

■ Mehl mit Salz und der Zitronenschale mischen. Wein oder Wasser langsam dazugießen und kräftig unterrühren.

■ Das Ei trennen. Das Eiweiß steif schlagen. Erst das Eigelb, dann das Eiweiß unter den Teig ziehen.

■ Öl oder Fett erhitzen. Die Pflaumen in den Teig tauchen und 1–2 Minuten im Fett backen, mit zwei Gabeln wenden und fertig backen, bis sie goldbraun sind. Auf Küchenkrepp abtropfen lassen.

■ Die Pflaumen auf Desserttellern anrichten, mit Raspelschokolade bestreuen und servieren.

Arbeitszeit etwa

1 Stunde

1 Portion enthält:

1789 kJ/426 kcal

87 mg Cholesterin

26 g Fett

7 g Eiweiß

38 g Kohlenhydrate

Die Pflaumen schmecken mit Schlagsahne und Eis.

Teepflaumen mit Baisersahne

Für 6 Portionen

1 unbehandelte Orange

250 g entsteinte Trockenpflaumen

1 EL Honig

1 EL Zitronensaft

200 ml Wasser

1 Teebeutel (Assam, Jasmintee oder Earl Grey)

250 g Schlagsahne

1 Baisertörtchen

■ Die Orange waschen, abtrocknen, ein Stück Schale abschneiden und den Saft auspressen.

■ Die Pflaumen mit Honig, 1 EL Zitronensaft, 3 EL Orangensaft, Orangenschale und Wasser in einem Topf aufkochen. Den Teebeutel in die Flüssigkeit hängen und auf der abgeschalteten Kochstelle 5 Minuten ziehen lassen. Dann den Teebeutel entfernen und die Pflaumen abkühlen lassen.

■ Sahne steif schlagen. Baisertörtchen zerbröckeln und locker untermischen.

■ Die Pflaumen auf Portionstellern verteilen. Die Sahne daneben anrichten und jeweils mit einigen Tropfen Pflaumensud beträufeln. Sofort servieren.

Arbeitszeit etwa

30 Minuten

1 Portion enthält:

1050 kJ/250 kcal

45 mg Cholesterin

14 g Fett

2 g Eiweiß

29 g Kohlenhydrate

Variante: Pflaumen aus dem Sud nehmen, Sud dick wie Sirup einkochen und um die Sahne träufeln.

Kirsch-Quark-Auflauf

Arbeitszeit etwa
35 Minuten
Backzeit 40 Minuten
1 Portion enthält:
3419 kJ / 814 kcal
91 mg Cholesterin
32 g Fett
16 g Eiweiß
113 g Kohlenhydrate

Zu diesem Auflauf
schmeckt Vanille-
sauce.

Für 4 Portionen

$1/2$ Vanilleschote
100 g Butter
150 g Zuckerrohrgranulat
250 g Magerquark
2 EL Milch
125 g saure Sahne
1 EL Honig
125 g Grieß
80 g Stärkemehl
1 TL Backpulver
600 g Kirschen
6 Zwieback
Fett für die Form

■ Vanilleschote längs aufschneiden, das Mark auskratzen. Butter mit 100 g Zucker und Vanillemark schaumig rühren. Quark, Milch, Sahne, Honig, Grieß, Stärkemehl und Backpulver unterrühren. Die Kirschen waschen, abzupfen und entkernen.

■ Eine Auflaufform fetten, Zwieback hineinlegen und die Hälfte der Quark-masse darüber geben. Kirschen mit rest-lichem Zucker darauf verteilen. Restli-chen Quark darüber glatt streichen. Auf die mittlere Schiene des kalten Backofens schieben und bei 180 °C (Umluft 160 °C, Gas Stufe 2–3) 40 Minuten backen.

*W*estfälische Götterspeise

Für 4–5 Portionen

500 g Sauerkirschen
100 g Zucker
3 Scheiben Pumpernickel
50 g Baisertörtchen
75 g Haselnüsse
1 unbehandelte Zitrone
250 g Speisequark (20 %)
250 g Schlagsahne
1 EL Vanillezucker
2–3 EL Raspelschokolade

■ Sauerkirschen waschen, abzupfen, entkernen und mit der Hälfte des Zuckers mischen. Pumpernickel toasten, abkühlen lassen und fein zerkleinern. Die Baiser-

törtchen fein zerkrümeln, die Nüsse grob hacken.

■ Die Zitrone waschen, abtrocknen, von einer Hälfte die Schale abreiben und den Saft auspressen. Den Quark mit dem restlichen Zucker, Zitronenschale und -saft verrühren. Die Sahne mit dem Vanillezucker steif schlagen und unter die Creme ziehen.

■ Quarkcreme, Sauerkirschen, Pumpernickel, Baiserkrümel und Nüsse schichtweise in eine hohe Schüssel geben und zugedeckt im Kühlschrank mindestens 5 Stunden ziehen lassen. Vor dem Servieren mit der Raspelschokolade bestreuen.

Arbeitszeit etwa
50 Minuten
1 Portion enthält:
2415 kJ/575 kcal
63 mg Cholesterin
30 g Fett
13 g Eiweiß
60 g Kohlenhydrate

Diese Götterspeise stammt aus der klassischen Küche und hat nur den Namen mit dem Wackelpudding gemeinsam.

Crêpes mit Kirschen und Eis

Arbeitszeit etwa
50 Minuten

Backzeit etwa
15 Minuten

1 Portion enthält:

2041 kJ/486 kcal

265 mg Cholesterin

32 g Fett

10 g Eiweiß

36 g Kohlenhydrate

Für 4 Portionen

200 g Sauerkirschen

60 g Butter

150 ml Milch

50 g Schlagsahne

75 g Mehl

1 Prise Salz

2 Eier

2 EL Zucker

1 TL Vanillezucker

1/2 unbehandelte Zitrone

1/8 l Orangensaft

100 g Schokoladeneis

100 g Crème fraîche

1–2 EL Eierlikör oder Sanddornsirup

Zitronenmelisseblätter zum Garnieren

■ Die Sauerkirschen waschen, trocknen, von den Stielen zupfen und entkernen. Die Butter in einem Topf bei schwacher Hitze schmelzen, aber nicht bräunen.

■ Milch und Sahne in eine Schüssel gießen. Mehl darüber sieben, Salz zugeben und mit dem Schneebesen glatt rühren. Zuerst die Eier, dann 2 EL flüssige Butter untermischen.

■ Eine Pfanne mit 16 cm Ø erhitzen. Mit etwas flüssiger Butter auspinseln und etwa eine halbe Schöpfkelle Teig hineingeben.

■ Die Crêpe zugedeckt bei schwacher Hitze etwa 2 Minuten backen, bis sie sich leicht vom Pfannenboden löst. Wenden und in der offenen Pfanne in etwa 1 Minute fertig backen. Die restlichen Crêpes ebenso backen, dabei die Pfanne hin und wieder mit etwas Butter auspinseln.

■ Für die Sauce die restliche flüssige Butter – etwa 1 EL sollte noch übrig sein –, Zucker und Vanillezucker in die Pfanne geben. Die Zitronenhälfte auf eine Gabel spießen und damit die Mischung in der Pfanne durchrühren. Die Zuckermischung erhitzen, bis sich der Zucker aufgelöst hat. Den Orangensaft zugeben. Die Sauerkirschen darin heiß werden lassen.

■ Die Crêpes in der Sauce wenden und auf heiße Dessertteller legen. Die Kirschen darauf geben. Schokoladeneis portionieren und daneben anrichten. Crème fraîche mit Likör oder Sirup mischen, darüber träufeln und mit Melisseblättern garnieren.

Damit die Zuckermischung nicht an der Gabel haften bleibt, rührt man sie lieber mit einer Zitronen- oder Orangenhälfte um. Saft und Fruchtöle aus der Schale, die dabei frei werden, geben zusätzlich Aroma.

Sauerkirschauflauf

Für 4 Portionen

8 Weizenbrötchen vom Vortag
knapp 1/4 l Milch
750 g Sauerkirschen
1 unbehandelte Zitrone
75 g Butter
75 g Zucker
1 TL Vanillezucker
3 Eier
1 Prise Salz
Fett für die Form
1 EL Butter
1 EL Puderzucker

■ Die Weizenbrötchen in dünne Scheiben schneiden. Die Milch lauwarm erwärmen und über die Brötchenscheiben gießen. Solange stehen lassen, bis sie weich geworden sind.

■ Inzwischen Sauerkirschen waschen, von den Stielen zupfen und entkernen. Die Zitrone waschen, abtrocknen und die Hälfte der Schale abreiben.

■ Butter mit Zucker und Vanillezucker schaumig rühren. Die Eier trennen. Die Eigelbe, die Zitronenschale und Salz, dann nach und nach die eingeweichten Brötchen unterrühren, bis sich alles miteinander verbunden hat. Die Eiweiße steif schlagen und unter den Teig ziehen. Zum Schluss die Kirschen untermischen.

■ Eine Auflaufform mit hohem Rand fetten. Den Teig einfüllen, mit einigen Butterflöckchen belegen und mit Puderzucker bestreuen. Auf die untere Schiene des kalten Backofens schieben und bei 180 °C (Umluft 160 °C, Gas Stufe 2–3) etwa 45 Minuten backen.

Arbeitszeit etwa
30 Minuten
Backzeit etwa
45 Minuten
1 Portion enthält:
2877 kJ/685 kcal
326 mg Cholesterin
29 g Fett
17 g Eiweiß
84 g Kohlenhydrate

Kirschkuchen

Arbeitszeit etwa
40 Minuten
Backzeit etwa
50 Minuten
1 Stück enthält:
764 kJ/182 kcal
76 mg Cholesterin
10 g Fett
3 g Eiweiß
19 g Kohlenhydrate

Für 20 Stücke

750 g Sauerkirschen
1 unbehandelte Zitrone
1 Vanilleschote
200 g weiche Butter oder Margarine
150 g Zuckerrohrgranulat
1 Prise Salz
3 große Eier
100 g Weizenvollkornmehl
100 g Maismehl
1 Prise Backpulver
Fett für die Form
Puderzucker zum Bestreuen

Den Kuchen kann man auch außerhalb der Kirschsaison mit Sauerkirschen aus dem Glas backen. Vorher muss man sie gründlich abtropfen lassen.

■ Die Kirschen waschen, abzupfen und entkernen.

■ Die Zitrone waschen, abtrocknen, von einer Hälfte die Schale abreiben und den Saft auspressen. Die Vanilleschote der Länge nach aufschneiden und das Mark mit einem spitzen Messer herauskratzen.

■ Die Butter oder Margarine, Zuckerrohrgranulat, Vanillemark, Salz, Zitronenschale und -saft mit den Quirlen des Handrührgerätes schaumig rühren.

■ Die Eier nacheinander unterrühren. Das Weizenmehl, das Maismehl und das Backpulver mischen, auf die Masse sieben und unterrühren.

■ Eine Springform mit 26 cm Ø ausfetten. Den Teig darin glatt streichen. Die Kirschen darauf verteilen.

■ Den Kuchen auf die untere Schiene des kalten Backofens stellen und bei 180 °C (Umluft 160 °C, Gas Stufe 2–3) etwa 50 Minuten backen.

■ Den Kuchen aus dem Ofen nehmen und in der Form etwa 10 Minuten stehen lassen. Herauslösen und auf einem Kuchengitter auskühlen lassen. Mit Puderzucker bestreuen.

Kirschtorte

Für 16 Stücke

Teig:

6 Eier

1 unbehandelte Zitrone

90 g Zucker

150 g Weizenvollkornmehl

30 g Carobpulver

1 TL Kakaopulver

1 TL Backpulver

Butter und Pergamentpapier für die Form

Füllung und Garnierung:

500 g Süßkirschen

200 g Sauerkirschen

50 g Zucker

4 TL Agar-Agar

3/8 l ungesüßter Kirschsaft

500 g Schlagsahne

1/2 EL Vanillezucker

1 EL Honig

50 g Raspelschokolade

■ Die Eier trennen. Die Eiweiße mit den Quirlen des Handrührgerätes steif schlagen. Die Zitrone waschen, abtrocknen und die Schale abreiben. Mit dem Zucker mischen und unter den Eischnee ziehen. Die Eigelbe nacheinander unterrühren. Das Mehl mit Carob-, Kakao- und Backpulver mischen, auf die Eiercreme sieben und unterziehen.

■ Den Teig in einer gefetteten, mit Pergamentpapier ausgelegten Springform mit 26 cm Ø glatt streichen, auf die untere Schiene des kalten Backofens stellen und bei 180 °C (Umluft 160 °C, Gas Stufe 2–3) etwa 40 Minuten backen. Herausnehmen, den Tortenboden in der Form 10 Minuten ruhen lassen, herauslösen und zum Abkühlen auf ein Kuchengitter legen.

■ Alle Kirschen waschen, abzupfen und entkernen. 16 Süßkirschen beiseite legen. Den Rest mit Zucker mischen.

■ Agar-Agar mit 2 EL Kirschsaft verrühren. 1/4 l Saft aufkochen, Agar-Agar zugeben und unter Rühren etwa 1 Minute kochen. Mit den Kirschen mischen und abkühlen lassen. Die Sahne mit dem Vanillezucker steif schlagen.

■ Den Tortenboden zweimal waagrecht durchschneiden. Den unteren Boden dünn mit Sahne bestreichen und die gekochten Kirschen darauf verteilen. Den zweiten darauf legen. Den restlichen Kirschsaft mit Honig verrühren und den zweiten Boden mit etwa der Hälfte dieser Mischung tränken. Zwei Drittel der Schlagsahne darauf streichen und mit dem oberen Tortenboden bedecken. Mit der restlichen Saftmischung tränken.

■ Die Torte mit Schlagsahne überziehen und mit 16 Sahnetupfen garnieren. Die Kirschen auf die Tupfen legen. Die Torte mit der Raspelschokolade bestreuen.

Arbeitszeit etwa
1 Stunde 20 Minuten
Backzeit etwa
40 Minuten
1 Stück enthält:
1159 kJ/276 kcal
167 mg Cholesterin
15 g Fett
6 g Eiweiß
27 g Kohlenhydrate

Wild wachsende Süßkirschbäume findet man in Europa, Westsibirien und Vorderasien. Die Sauerkirschen stammen aus dem Kaukasus und aus Kleinasien; die Kulturformen sind hauptsächlich in Mitteleuropa verbreitet.

Äpfel sind sehr gesund: Sie enthalten mehr als 20 Mineralstoffe, darunter Eisen für das Blut und Kalzium für Knochen und Zähne. Ein Apfel deckt etwa 60 % des täglichen Vitamin-C-Bedarfs. Äpfel, roh verzehrt, helfen den Cholesterinspiegel niedrig zu halten und können sogar erhöhte Blutfettwerte senken.

Apfeljoghurt

Arbeitszeit etwa
15 Minuten
1 Portion enthält:
1025 kJ/244 kcal
18 mg Cholesterin
8 g Fett
8 g Eiweiß
32 g Kohlenhydrate

Für 2 Portionen

1 großer Apfel
4 getrocknete Aprikosen
$1/2$ Orange
1 EL Cashewnüsse
300 g Joghurt (mit 3,5 % Fett)
1 EL Ahornsirup
$1/2$ TL Zimt
2 EL Weizenflocken

■ Apfel vierteln, vom Kerngehäuse befreien, schälen und auf der Rohkostreibe raspeln. Aprikosen waschen, abtropfen lassen und klein schneiden.

■ Orange auspressen, Nüsse hacken.

■ Joghurt mit dem Schneebesen kräftig durchschlagen, Aprikosen, Apfel, Orangensaft, Sirup und Zimt untermischen, mit Nüssen und Flocken bestreuen.

Äpfel mit Vanillecreme

Für 6 Portionen

150 g altbackenes Roggenvollkornbrot

75 g gemahlene Mandeln

50 g Zuckerrohrgranulat

20 g Butter

1 unbehandelte Zitrone

600 g säuerliche Äpfel

¼ l ungesüßter Apfelsaft

¼ l Milch

1 Prise Salz

¼ TL gemahlene Vanille

2 Eier

40 g Weizenvollkornmehl

125 g Schlagsahne

75 g gehackte Haselnüsse

■ Das Brot fein reiben, mit Mandeln und 1 EL Zuckerrohrgranulat in der heißen Butter unter Rühren rösten und erkalten lassen.

■ Die Zitrone waschen, abtrocknen, etwa ein Viertel der Schale abreiben und den Saft auspressen. Einen Apfel beiseite legen. Die anderen vierteln, schälen, vom Kerngehäuse befreien und in Stücke schneiden; dann mit etwas Zitronenschale, 2 EL Zitronensaft und dem Apfelsaft aufkochen und zugedeckt bei schwacher Hitze 10 Minuten köcheln lassen. Mit einem Kochlöffel kräftig durchrühren und das Mus auch erkalten lassen.

■ Die Milch mit dem Salz, der restlichen Zitronenschale und der Vanille bis knapp unter den Siedepunkt erhitzen.

■ Die Eier trennen; die Eigelbe mit dem restlichen Zuckerrohrgranulat im Topf zu einer schaumigen Creme aufschlagen. Das Mehl untermischen und die Milch unter ständigem Schlagen zugießen und aufkochen, bis sie dick wie Pudding ist. Unter häufigem Rühren erkalten lassen.

■ Die Eiweiße und die Sahne getrennt steif schlagen und unter die Creme ziehen. Schichtweise die Brotmischung, das Apfelmus und die Creme in eine Schüssel füllen und 30 Minuten kühl stellen.

■ Den restlichen Apfel schälen und raspeln. Mit dem Rest des Zitronensaftes und den Nüssen mischen und auf der Creme verteilen.

Arbeitszeit etwa
30 Minuten
Kühlzeit etwa
30 Minuten
1 Portion enthält:
2054 kJ/489 kcal
152 mg Cholesterin
28 g Fett
12 g Eiweiß
43 g Kohlenhydrate

Schneller ist die Creme mit Vanillepudding aus der Tüte zubereitet.

Überbackene Äpfel

Arbeitszeit etwa	**Für 4 Portionen**
30 Minuten	700 g säuerliche Äpfel (Boskoop, Graven-
Backzeit etwa	steiner oder Glockenäpfel)
30 Minuten	¹/₄ l Milch
1 Portion enthält:	200 g Crème fraîche
2793 kJ/665 kcal	1 Ei
156 mg Cholesterin	100 g Korinthen
38 g Fett	100 g Vollkornkekse
12 g Eiweiß	100 g Haselnüsse
66 g Kohlenhydrate	1 EL Zucker
	2 TL Zimtpulver

■ Die Äpfel vierteln, schälen, vom Kerngehäuse befreien und in dünne Scheiben schneiden. Die Scheiben schuppenartig in eine flache Gratinform legen.

■ Milch, Crème fraîche und Ei verquirlen und über die Äpfel gießen. Die Korinthen darauf verteilen. Die Kekse fein zerbröckeln und die Nüsse grob hacken. Beide Zutaten mit Zucker und Zimt mischen und auf die Äpfel streuen.

■ Die Gratinform auf die mittlere Schiene des kalten Backofens stellen und bei 200 °C (Umluft 180 °C, Gas Stufe 3) etwa 30 Minuten backen, bis die Äpfel oben schön gebräunt sind und die Flüssigkeit aufgesogen haben.

Bratäpfel mit Müslifüllung

Für 4 Portionen

50 g Butter

4 große säuerliche Äpfel (Boskoop oder Glockenäpfel)

6 entsteinte Trockenpflaumen

4 getrocknete Aprikosen

2 EL Korinthen

6 EL Müslimischung

3 EL Zuckerrohrgranulat

1/2 TL Lebkuchengewürz

3 EL Honig

■ Die Butter schmelzen, aber nicht bräunen.

■ Die Äpfel waschen und abtrocknen. Das Kerngehäuse mit einem Ausstecher entfernen, dabei die Äpfel nicht ganz durchstechen, damit sie unten geschlossen sind. Die Öffnung mit einem kleinen spitzen Messer vergrößern, sodass man sie leichter füllen kann. Die Äpfel nebeneinander in eine flache Gratinform setzen.

■ Für die Füllung das herausgeschnittene Apfelfleisch, die Trockenpflaumen und die Aprikosen fein hacken.

■ Die Obststückchen mit den Korinthen, der Müslimischung, 4 EL flüssiger Butter, 2 EL Zuckerrohrgranulat und dem Lebkuchengewürz mischen.

■ Die Füllung vorsichtig in die ausgehöhlten Äpfel geben. Die Äpfel mit der restlichen Butter begießen und mit dem Rest des Zuckerrohrgranulats bestreuen.

■ Die Form auf die mittlere Schiene des kalten Backofens schieben und bei 200 °C (Umluft 180 °C, Gas Stufe 3) 30–35 Minuten backen. Die Äpfel mit Honig beträufeln und servieren.

Arbeitszeit etwa
30 Minuten

Backzeit etwa
35 Minuten

1 Portion enthält:
2793 kJ/665 kcal
156 mg Cholesterin
38 g Fett
12 g Eiweiß
66 g Kohlenhydrate

Apfelernte auf einer der selten gewordenen Streuobstwiesen bei Bühl in Baden

Apfelsoufflé

Für 6 Portionen

3 Nuss- oder Mandellebkuchen ohne Guss (etwa 240 g)

1/4 l Milch

1 unbehandelte Orange

4 mittelgroße säuerliche Äpfel

3 Eier

■ Die Lebkuchen in Stücke schneiden, in eine Schüssel geben und mit der Milch übergießen; zugedeckt etwa 30 Minuten ziehen lassen, bis die Stücke ganz weich geworden sind.

■ Inzwischen die Orange waschen und abtrocknen. Die Schale etwa zur Hälfte dünn abreiben. Den Saft auspressen.

■ Die Äpfel vierteln, schälen, vom Kerngehäuse befreien und grob raspeln, dann mit Orangensaft und -schale vermischen.

■ Die Eier trennen. Die Eigelbe unter die Lebkuchen rühren, dann die Äpfel untermischen. Die Eiweiße steif schlagen und unterziehen.

■ Eine Auflaufform ausfetten und den Teig darin glatt streichen. Auf die untere Schiene des kalten Backofens schieben und bei 200 °C (Umluft 180 °C, Gas Stufe 3) etwa 45 Minuten backen.

Arbeitszeit etwa
30 Minuten

Backzeit etwa
45 Minuten

1 Portion enthält:
1390 kJ/331 kcal
194 mg Cholesterin
10 g Fett
9 g Eiweiß
50 g Kohlenhydrate

Zum heißen Soufflé schmeckt Vanillesauce, Eis oder Schlagsahne.

Apfelbeignets

Arbeitszeit etwa
1 Stunde

1 Portion enthält:
2029 kJ/483 kcal
192 mg Cholesterin
29 g Fett
7 g Eiweiß
45 g Kohlenhydrate

Besonders gut
schmecken die
Beignets mit Vanille-
eis und/oder Schlag-
sahne.

Für 4 Portionen

1 EL Butterschmalz

100 g Mehl

1 Prise Salz

2 Eier

1/8 l Bier oder Mineralwasser

4 säuerliche Äpfel wie Boskoop oder
Ingrid Marie (etwa 600 g)

Butterschmalz, Kokosfett oder
Öl zum Frittieren

1 TL Zimtpulver

50 g Honig

■ Den Backofen auf 50 °C (Gas
Stufe 1/2) vorheizen.

■ Butterschmalz schmelzen und mit
Mehl mischen. Salz, Eier und Bier zugeben und zu einem dicken Teig verrühren.

■ Die Äpfel schälen, mit einem Apfelausstecher vom Kerngehäuse befreien
und in Scheiben von knapp 1 cm Dicke
schneiden.

■ Das Frittierfett in einem hohen Topf
oder in einer Fritteuse erhitzen.

■ Die Apfelscheiben portionsweise in
den Teig tauchen und bei mittlerer bis
schwacher Hitze 2–3 Minuten im Fett
backen, mit zwei Gabeln wenden und
weiterbacken, bis sie goldbraun sind.

■ Die fertigen Beignets herausnehmen
und auf Küchenkrepp legen, damit das
überschüssige Fett aufgesaugt wird;
dann im Backofen warm halten, bis alle
Beignets gebacken sind.

■ Die Beignets mit Zimt bestreuen, mit
Honig beträufeln und heiß servieren.

Apfelpfannkuchen

Für 4 Portionen

250 g Mehl

Salz

1/2 l Buttermilch

3 Eier

500 g säuerliche Äpfel (Glockenäpfel, Boskoop oder Gravensteiner)

2–3 EL Zitronensaft

4 EL Zucker

2 EL gemahlene Mandeln

2 TL Zimtpulver

eventuell Mineralwasser

knapp 4 EL Butterschmalz

■ Mehl mit Salz, Buttermilch und Eiern verrühren. Den Teig zugedeckt 30 Minuten ruhen lassen.

■ Inzwischen die Äpfel vierteln, vom Kerngehäuse befreien, schälen, hobeln oder in ganz dünne Spalten schneiden und mit Zitronensaft beträufeln. Zucker mit Mandeln und Zimtpulver mischen.

■ Den Teig noch einmal durchrühren. Falls er zu dickflüssig ist, etwas Mineralwasser dazugeben.

■ In einer Pfanne das Butterschmalz erhitzen, eine knapp gefüllte Schöpfkelle Teig hineingießen und durch Schwenken verteilen, sodass der Teig den Pfannenboden vollkommen bedeckt.

■ Die Apfelspalten auf den Teig legen und mit der Zucker-Mandel-Mischung bestreuen; zugedeckt bei mittlerer Hitze etwa 5 Minuten backen, bis der Teig sich vom Pfannenboden löst. Die Temperatur zurückschalten, den Pfannkuchen wenden und bei schwacher Hitze backen, bis er goldbraun ist. Im Backofen warm halten, bis alle Pfannkuchen fertig sind.

Gesamtzeit etwa
1 Stunde
1 Portion enthält:
2759 kJ / 657 kcal
335 mg Cholesterin
29 g Fett
18 g Eiweiß
75 g Kohlenhydrate

Ein üppig belegter Eierkuchen lässt sich besser wenden, wenn man ihn mit dem Pfannenmesser löst und aus der etwas geneigten Pfanne auf einen Teller schiebt. Dann legt man einen zweiten Teller darüber, dreht das Ganze um und lässt den Eierkuchen wieder in die Pfanne gleiten.

Schaumomelett mit Apfelfüllung

Arbeitszeit etwa
1 Stunde
1 Portion enthält:
1499 kJ/357 kcal
192 mg Cholesterin
19 g Fett
9 g Eiweiß
35 g Kohlenhydrate

Für 4 Portionen

Füllung:

200 g Äpfel

1–2 EL Ahornsirup

2 EL ungesüßtes Preiselbeerkompott

2 EL Crème fraîche

Teig:

2 Eier

100 g Mehl

1 Prise Salz

1/4 l Milch

Butterschmalz oder Öl zum Backen

Zucker und Zimt zum Bestreuen

und Milch verrühren, die Eigelbe unterrühren, dann den Eischnee unter den Teig ziehen.

■ Die Pfanne erhitzen, mit etwas Butterschmalz oder Öl auspinseln und etwa eine Schöpfkelle Teig hineingeben. Gut zugedeckt bei mittlerer bis schwacher Hitze 5 Minuten backen. Während dieser Zeit die Pfanne nicht öffnen, sonst fällt das Omelett zusammen.

■ Das Omelett wenden und ohne Deckel in etwa 2 Minuten fertig backen. Warm stellen. Nacheinander drei weitere backen und ebenfalls warm stellen.

■ Die Omeletts mit der Apfelfüllung bestreichen, zusammenklappen, mit Zucker und Zimt bestreuen und servieren.

*Bäuerinnen beim
Äpfelschälen*

■ Die Äpfel vierteln, schälen, vom Kerngehäuse befreien und raspeln. Sirup, Preiselbeerkompott und Crème fraîche darüber geben und alles verrühren.

■ Die Eier trennen. Die Eiweiße steif schlagen. Mehl mit Salz

Apfelstrudel mit Mohn

Für 6 Portionen

Teig:

250 g Mehl

1 Prise Salz

$^1/_8$ l lauwarmes Wasser

5 EL Öl

1 Eigelb

Füllung:

1 unbehandelte Zitrone

$^1/_8$ l Milch

1 Prise Salz

$^1/_2$ TL Lebkuchengewürz

100 g gemahlener Mohn

600 g säuerliche Äpfel

100 g Zuckerrohrgranulat

1 TL Zimtpulver

2 EL Rum oder Apfelsaft

50 g Rosinen

50 g gehackte Haselnüsse

70 g Butter zum Einfetten und Bestreichen

3 EL Schlagsahne zum Backen

200 g saure Sahne

■ Für den Teig alle Zutaten verkneten; er soll glatt sein, elastisch nachgeben, wenn man ihn eindrückt, und nicht kleben.

■ Einen Topf mit heißem Wasser ausspülen. Den Teig zu einem Kloß formen und in Pergamentpapier wickeln, in den Topf legen und darin zugedeckt ruhen lassen.

■ Die Zitrone waschen, abtrocknen, die Hälfte der Schale abreiben und den Saft auspressen.

■ Für die Füllung Milch, Salz, Zitronenschale und Lebkuchengewürz aufkochen. Mohn einrühren. Den Topf von der Kochstelle nehmen. Den Mohn zugedeckt 10 Minuten quellen, dann abkühlen lassen.

■ Die Äpfel vierteln, schälen, vom Kerngehäuse befreien und in dünne Schnitze teilen. 2 EL Zitronensaft, Zuckerrohrgranulat, Zimt, Rum, Rosinen und Nüsse darunter mischen. Etwa die Hälfte der Butter zerlassen, aber nicht bräunen. Den Rest in Stücke teilen und mit der Schlagsahne in eine ofenfeste Form mit niedrigem Rand geben.

■ Ein Küchentuch auf der Arbeitsfläche ausbreiten und mit wenig Mehl bestauben. Den Teigkloß in drei Stücke schneiden. Diese auf dem Mehl ausrollen und ausziehen, bis sie ganz dünn sind, und den Rand mit etwas flüssiger Butter bestreichen. Je ein Drittel der Mohnmischung, der Apfelmischung und der sauren Sahne darauf verteilen; dabei am Rand 2 cm frei lassen, damit die Füllung nicht herausquillt.

■ Die Strudel aufrollen und in die Form legen. Auf die mittlere Schiene des kalten Backofens stellen. Die Strudel bei 200 °C (Umluft 180 °C, Gas Stufe 3) etwa 1 Stunde und 10 Minuten backen. Dabei zwei- bis dreimal mit der Flüssigkeit bestreichen, die sich am Boden der Form sammelt. Die Strudel im abgeschalteten Backofen 5 Minuten ziehen lassen.

Arbeitszeit etwa
1$^1/_4$ Stunden
Backzeit etwa
1$^1/_4$ Stunden
1 Portion enthält:
2961 kJ/705 kcal
124 mg Cholesterin
41 g Fett
12 g Eiweiß
60 g Kohlenhydrate

Apfelstrudel schmeckt warm als süßes Hauptgericht oder üppiges Dessert. Er kann auch kalt, dünn mit Puderzucker bestreut, wie Kuchen zum Kaffee gegessen werden.

Apfelschnecken

Arbeitszeit etwa
1 Stunde
Backzeit etwa
25 Minuten
1 Stück enthält:
1474 kJ/351 kcal
121 mg Cholesterin
20 g Fett
8 g Eiweiß
33 g Kohlenhydrate

Die Oberfläche eines gut aufgegangenen Hefeteiges ist glatt; die lockere Struktur erkennt man an den unterschiedlich großen Poren. Die Apfelschnecken schmecken gerade eben abgekühlt am besten.

Für 12 Stück

Teig:

300 g Weizenvollkornmehl

½ Würfel Hefe (etwa 20 g)

200 ml Milch

30 g Zucker

1 unbehandelte Zitrone

75 g Butter

1 Prise Salz

2 zimmerwarme Eier

Mehl zum Ausrollen

Füllung:

½ Päckchen Vanillepuddingpulver

200 ml Milch

1 EL Zucker

1 kleines Ei

5 EL Schlagsahne

50 g Butter

100 g gehackte Haselnüsse

50 g Honig

500 g säuerliche Äpfel

Fett für das Blech

■ Das Mehl in eine Schüssel geben und eine Mulde in die Mitte drücken. Die Hefe zerbröckeln, mit 2 EL lauwarmer Milch und 1 TL Zucker in die Mulde geben und mit etwas Mehl vom Rand verrühren. Diesen Vorteig zugedeckt bei Zimmertemperatur 15 Minuten ruhen lassen.

■ Die Zitrone waschen, abtrocknen, die Hälfte der Schale abreiben und 2 EL Saft für die Füllung auspressen.

■ Die Butter in der restlichen Milch schmelzen lassen. Den Vorteig mit dem Mehl verrühren; die Milchmischung, Salz, Eier und Zitronenschale zugeben. Mit dem Handrührgerät etwa 5 Minuten verkneten, bis der Teig Blasen bildet und sich vom Schüsselrand löst. Zugedeckt etwa 1 Stunde gehen lassen, bis sich sein Volumen verdoppelt hat.

■ Inzwischen für die Füllung das Puddingpulver mit 3 EL Milch glatt

rühren. Die restliche Milch mit dem Zucker aufkochen; das aufgelöste Puddingpulver einrühren und aufkochen, bis die Masse dick ist. Unter häufigem Umrühren abkühlen lassen. Das Ei und 3 EL Sahne darunter mischen.

■ Die Butter mit Nüssen, Honig und der restlichen Sahne in einem Topf unter Rühren aufkochen und abkühlen lassen.

■ Die Arbeitsfläche mit Mehl bestauben. Den Teig darauf mit der bemehlten Nudelrolle zu einer Platte mit etwa 5 mm Dicke ausrollen und mit der Nussmischung bestreichen. Die Platte von der breiten Seite her aufrollen und in zwölf Scheiben schneiden. Die Teigscheiben auf ein gefettetes Backblech legen und zugedeckt 15 Minuten gehen lassen.

■ Die Äpfel vierteln, schälen, vom Kerngehäuse befreien, grob raspeln und mit dem Zitronensaft vermischen.

■ Die Teigscheiben in der Mitte mit einem Löffel etwas eindrücken. Die Vanillecreme und die Apfelraspel in die Mulden füllen.

■ Die Apfelschnecken auf die mittlere Schiene des kalten Backofens schieben. Bei 200 °C (Umluft 180 °C, Gas Stufe 3) etwa 25 Minuten backen.

Apfeltorte mit Orangenlikör

Für 12 Stücke

Teig:

1 unbehandelte Zitrone

200 g fein gemahlener Dinkel

50 g Zuckerrohrgranulat oder Vollzucker

1 Prise Salz

3–4 EL kaltes Wasser

100 g weiche Butter

Belag:

1 EL Butter

100 g gemahlene Mandeln

50 g Zuckerrohrgranulat oder Vollzucker

1 TL gemahlene Vanille

1 TL Zimtpulver

750 g säuerliche Äpfel
(Cox Orange oder Boskoop)

1 Stück frische Ingwerwurzel (1 cm lang)

50 g Apfeldicksaft

5 EL Orangenlikör

■ Die Zitrone waschen, abtrocknen, die Schale abreiben und den Saft der halben Zitrone auspressen.

■ Dinkel, Zuckerrohrgranulat oder Vollzucker, die Hälfte der Zitronenschale, Salz, Wasser und Butter miteinander mischen und zu einem glatten Mürbeteig kneten.

■ Eine Springform mit 26 cm Ø damit auskleiden, dabei einen etwa 3 cm hohen Rand formen. Den Teigboden mehrmals einstechen und kühlen, bis der Belag vorbereitet ist.

■ Für den Belag die Butter schmelzen. Die Mandeln darin bei schwacher Hitze goldbraun rösten und in einer Schüssel mit Zuckerrohrgranulat oder Vollzucker, Vanille und Zimt mischen.

■ Die Äpfel vierteln, schälen, vom Kerngehäuse befreien und in Stücke schneiden. Den Ingwer schälen und fein reiben. Die restliche Zitronenschale und den Zitronensaft mit den Äpfeln mischen.

■ Den Teigboden auf die mittlere Schiene des kalten Backofens stellen und bei 200 °C (Umluft 180 °C, Gas Stufe 3) 10 Minuten vorbacken. Mandelmischung und Äpfel darauf verteilen. Die Torte in etwa 45 Minuten fertig backen.

■ Den Apfeldicksaft leicht erwärmen, mit dem Orangenlikör verrühren und auf die heiße Torte streichen.

Arbeitszeit etwa
1 Stunde
Backzeit etwa
55 Minuten
1 Stück enthält:
1155 kJ/275 kcal
24 mg Cholesterin
14 g Fett
4 g Eiweiß
31 g Kohlenhydrate

Nach 30 Minuten Backzeit deckt man die Torte mit Alufolie ab, sonst wird der Belag zu dunkel. Die Torte, die zur Abwechslung auch mit Zwetschgen, Birnen oder Aprikosen zubereitet werden kann, schmeckt mit Schlagsahne oder Vanilleeis.

Birnenkuchen

Arbeitszeit etwa
40 Minuten
Backzeit etwa
1¹/₂ Stunden
1 Stück enthält:
1109 kJ/264 kcal
89 mg Cholesterin
16 g Fett
5 g Eiweiß
24 g Kohlenhydrate

Für 12 Stücke

1 unbehandelte Zitrone
150 g weiche Butter
100 g Zuckerrohrgranulat
je 1 TL gemahlene Vanille, Zimt- und Ingwerpulver
je ¹/₂ TL gemahlenes Piment und gemahlene Muskatblüte
1 Prise Salz
2 Eier
100 g Weizenvollkornmehl
75 g gemahlene Erdnüsse
1 TL Backpulver
etwa 5 EL Milch
Fett für die Form
750 g feste, saftige Birnen
Saft von 1 kleinen Zitrone
50 g Birnenkraut

■ Die Zitrone waschen, abtrocknen, von einer Hälfte die Schale abreiben und den Saft auspressen. Butter, Zuckerrohrgranulat, alle Gewürze, Salz, Zitronenschale und -saft schaumig rühren. Die Eier nacheinander unterrühren.

■ Mehl mit Nüssen und Backpulver mischen und zufügen. So viel Milch unterrühren, dass sich alle Zutaten zu einem cremigen Teig verbinden. Eine Springform mit 26 cm Ø fetten und den Teig darin glatt streichen.

■ Die Birnen halbieren, schälen, vom Kerngehäuse befreien und mit der Höhlung nach unten auf den Teig legen. Den Zitronensaft mit dem Birnenkraut verrühren und die Birnen damit bestreichen.

■ Kuchen auf die untere Schiene des kalten Backofens stellen und bei 180 °C (Umluft 160 °C, Gas Stufe 2–3) etwa 1¹/₂ Stunden backen.

Birnen mit Makronensahne

Für 4 Portionen

2 feste, saftige Birnen (etwa 400 g)

1 EL Zitronensaft

4 EL schwarzer Johannisbeerlikör oder roter Fruchtsaft

250 g Schlagsahne

40 g Mandelmakronen

70 g Borkenschokolade

■ Die Birnen schälen, vierteln, vom Kerngehäuse befreien und in Schnitze schneiden. Dann mit Zitronensaft und Johannisbeerlikör oder rotem Fruchtsaft mischen und bei Zimmertemperatur 15 Minuten ziehen lassen.

■ Die Sahne steif schlagen. Die Makronen und die Schokolade in einen Gefrierbeutel geben, mit der Nudelrolle darüber rollen, bis Makronen und Schokolade fein zerkleinert sind. Beides unter die Sahne mischen.

■ Makronensahne zu Kugeln formen. Mit den Birnenschnitzen in Dessertschalen anrichten.

Arbeitszeit etwa

30 Minuten

Ruhezeit 15 Minuten

1 Portion enthält:

1756 kJ/418 kcal

68 mg Cholesterin

28 g Fett

5 g Eiweiß

29 g Kohlenhydrate

Quittenschnitten

Arbeitszeit etwa
45 Minuten

Backzeit etwa
25 Minuten

1 Stück enthält:
256 kJ/61 kcal
30 mg Cholesterin
3 g Fett
2 g Eiweiß
6 g Kohlenhydrate

Für 60 Stück

6 Scheiben Vollkornzwieback
250 g Quitten (geputzt abgewogen)
Saft von 1 kleinen Zitrone
5 Eier
2 EL kaltes Wasser
120 g Zuckerrohrgranulat oder Vollzucker
300 g gemahlene Cashewnüsse
50 g fein gemahlener Reis
1 TL Zimtpulver
1 TL gemahlene Vanille
Fett und Pergamentpapier für das Backblech
3 EL Schlagsahne
2 EL Honig
1 EL Mandelstifte

■ Den Zwieback fein zerkleinern.
Die Quitten fein reiben und mit
Zitronensaft vermischen.

■ Die Eier trennen. Die Eiweiße mit
dem Wasser steif schlagen. Zuckerrohrgranulat oder Vollzucker unter ständigem
Schlagen zugeben. Die Eigelbe unterrühren.

■ Zwieback, Quitten, Cashewnüsse, Reis,
Zimt und Vanille auf die Masse geben
und darunter ziehen.

■ Ein Backblech mit gefettetem Pergamentpapier auslegen und den Teig darauf
glatt streichen; auf die mittlere Schiene
des kalten Backofens schieben und bei
180 °C (Umluft 160 °C, Gas Stufe 2–3)
20–25 Minuten backen.

■ Die noch heiße Kuchenplatte auf ein
Kuchengitter stürzen und das Papier
abziehen. Zuerst mit Sahne, dann mit
Honig bestreichen, in Rauten schneiden
und mit Mandelstiften bestreuen.

Quittentorte

Für 16 Stücke

Teig:

1 unbehandelte Zitrone

150 g Weizenvollkornmehl

60 g Zucker

1 Prise Salz

1¹/₂ EL Wasser

75 g weiche Butter

Belag:

500 g Quitten

1 unbehandelte Orange

¹/₈ l Apfelsaft

30 g Zucker

100 g Mandelstifte

2 Eier

2 EL Crème fraîche

1 EL Honig

1 TL Zimtpulver

■ Die Zitrone waschen, abtrocknen und die Hälfte der Schale abreiben. Schale, Mehl, Zucker, Salz, Wasser und Butter zu einer krümeligen Masse, dann zu einem glatten Teig kneten, nach Bedarf Wasser zufügen. Eine Springform mit 26 cm Ø mit dem Teig auskleiden; einen etwa 3 cm hohen Rand formen. Mit einer Gabel mehrmals einstechen, kühl stellen.

■ Die Quitten vierteln, schälen, waschen, vom Kerngehäuse befreien und in 1 cm dicke Spalten schneiden.

■ Die Orange waschen, abtrocknen, ein Stück Schale abschneiden und eine Hälfte auspressen. Saft und Schale mit Apfelsaft und Zucker aufkochen. Quitten darin zugedeckt bei schwacher Hitze etwa 5 Minuten dünsten. Abgießen und abtropfen lassen. Sud auffangen und abkühlen lassen. Die Orangenschale entfernen.

■ Den Teigboden mit den Mandelstiften bestreuen, auf die mittlere Schiene des kalten Backofens stellen und bei 200 °C (Umluft 180 °C, Gas Stufe 3) 15 Minuten vorbacken.

■ Die Quitten schuppenförmig auf den Teigboden legen. Den Sud mit den Eiern und der Crème fraîche verquirlen und darüber gießen. Die Torte wieder in den Ofen stellen und bei 180 °C (Umluft 160 °C, Gas Stufe 2–3) in etwa 30 Minuten fertig backen.

■ Honig mit Zimt verrühren, die Torte damit bestreichen und noch etwa 10 Minuten im Ofen stehen lassen. Den Rand der Springform entfernen. Die Torte auf dem Boden auskühlen lassen und auf eine Platte geben.

Arbeitszeit etwa

45 Minuten

Backzeit etwa

45 Minuten

1 Stück enthält:

706 kJ / 168 kcal

58 mg Cholesterin

9 g Fett

4 g Eiweiß

17 g Kohlenhydrate

Die schönen gelben Herbstfrüchte gibt es von September bis November.

Orangen-Möhren-Drink

Arbeitszeit etwa

15 Minuten

1 Portion enthält:

420 kJ/100 kcal

0 mg Cholesterin

3 g Fett

2 g Eiweiß

17 g Kohlenhydrate

Für 2 Portionen

300 g junge Möhren

3 Orangen

2 EL Zitronensaft

1 TL Erdnussöl

2 TL gehackter Kerbel

■ Die Möhren schaben, waschen und durch den elektrischen Entsafter lassen. Die Orangen auspressen.

■ Den ausgepressten Möhren- und Orangensaft mit Zitronensaft, Öl und Kerbel mischen.

Honigeis mit Orangen

Arbeitszeit etwa

30 Minuten

Kühlzeit etwa

4 Stunden

1 Portion enthält:

1222 kJ/291 kcal

153 mg Cholesterin

16 g Fett

6 g Eiweiß

27 g Kohlenhydrate

Für 6 Portionen

1 unbehandelte Orange

100 g Honig

2 Eier

1 Prise Ingwerpulver

200 g Schlagsahne

500 g Orangen

3 Kiwis

3 EL ungesalzene Pistazien

3 EL Orangenlikör oder Orangensaft

■ Die Orange waschen, abtrocknen und die Hälfte der Schale abreiben.

■ Den Honig über dem Wasserbad flüssig werden lassen. Eier, Ingwerpulver und Orangenschale zugeben und mit dem Schneebesen zu einer dicken Creme schlagen.

■ Die Schüssel in kaltes Wasser mit einigen Eiswürfeln stellen und die Creme rühren, bis sie kalt ist.

■ Die Sahne steif schlagen und unter die Honigcreme ziehen.

■ Die Schüssel zugedeckt in das Gefriergerät stellen und das Eis in etwa 4 Stunden fest werden lassen. Dabei immer wieder mit dem Schneebesen kräftig durchrühren, damit es geschmeidig wird.

■ Die Orangen schälen, von den weißen Häutchen befreien und in dünne Scheiben schneiden. Die Kerne entfernen und den Saft auffangen. Die Kiwis schälen und ebenfalls in Scheiben schneiden. Alle Früchte auf Tellern verteilen.

■ Die Pistazien hacken. Die Früchte mit Orangensaft oder -likör beträufeln und mit den Pistazien bestreuen. Das Honigeis daneben anrichten.

Zitronencreme mit Blüten

Für 4 Portionen

2 unbehandelte Zitronen

2 Eier

¹/₄ l Wasser

30 g Speisestärke

80 g Zucker

5 Zitronenmelisseblätter

100 g Schlagsahne

Blüten von Gundermann, Gänseblümchen oder Borretsch zum Garnieren

■ Eine Zitrone waschen und abtrocknen. Die Hälfte der Schale abreiben. Zitronen auspressen.

■ Die Eier trennen. Das Wasser mit der Speisestärke in einem Topf verrühren. Die Eigelbe, Zucker, Zitronenschale und Zitronensaft untermischen.

■ Alles erhitzen und dabei mit dem Handrührgerät rühren, bis die Creme dick wird. Von der Kochstelle nehmen und unter Rühren erkalten lassen.

■ Die Zitronenmelisseblätter zerkleinern. Die Eiweiße und die Sahne getrennt steif schlagen und dann mit der Zitronenmelisse unter die Creme ziehen.

■ Die Creme 1 Stunde kühlen. Danach anrichten und mit den Blüten garnieren.

Arbeitszeit etwa
30 Minuten
Kühlzeit etwa
1 Stunde
1 Portion enthält:
1021 kJ/243 kcal
202 mg Cholesterin
11 g Fett
5 g Eiweiß
25 g Kohlenhydrate

Bananenmilch

Arbeitszeit etwa	**Für 2 Portionen**
5 Minuten	1 Banane
1 Portion enthält:	1 EL Zucker
638 kJ/152 kcal	1 EL Zitronensaft
10 mg Cholesterin	500 g Buttermilch
1 g Fett	
9 g Eiweiß	
25 g Kohlenhydrate	

■ Zwei Gläser kühlen.

■ Die Banane schälen und mit Zucker, Zitronensaft und Buttermilch im Mixer pürieren.

■ Die Bananenmilch in die Gläser füllen.

Bananencreme

Arbeitszeit etwa	**Für 3 Portionen**
15 Minuten	2 EL ungeschälte Sesamsamen
1 Portion enthält:	1 kleine unbehandelte Zitrone
874 kJ/208 kcal	2 reife Bananen
0 mg Cholesterin	2 EL Erdnussmus
10 g Fett	1 feste Banane
6 g Eiweiß	
24 g Kohlenhydrate	

■ Die Sesamsamen in einer Pfanne ohne Fettzugabe bei schwacher bis mittlerer Hitze unter ständigem Rühren so lange rösten, bis sie einen zarten Duft ausströmen.

■ Die Zitrone waschen und abtrocknen. Ein etwa 2 cm langes Stück Schale dünn abschneiden und fein zerkleinern; den Saft auspressen.

■ Die reifen Bananen schälen und mit einer Gabel ganz fein zerdrücken oder im Mixer pürieren. Das Bananenmus mit der Zitronenschale und dem Zitronensaft bis auf etwa 1 TL mischen. Die Creme mit dem Erdnussmus verrühren und in Dessertschälchen füllen.

■ Die feste Banane ebenfalls schälen und schräg in Scheiben schneiden; diese auf der Creme anrichten und mit dem restlichen Zitronensaft beträufeln. Sesam darüber streuen.

Bananenstauden gehören zu den ältesten Kulturpflanzen. Sie stammen aus Südasien und werden heute in den tropischen und teilweise auch subtropischen Gebieten angebaut. Bananen reifen nach: Grüne Bananen legt man an einen warmen Platz, bis sie appetitlich gelb sind. Richtig reif sind sie erst, wenn sie außen kleine braune Punkte bekommen. Kühlschrankkälte vertragen sie nicht.

Bananensplit

Für 4 Portionen

1 Vanilleschote
1 EL Kakaopulver
$1/4$ l Milch
1 Eigelb
1 EL Zucker
1 gehäufter TL Mehl
400 g Schlagsahne
4 reife, feste Bananen
400 g Vanilleeis
2 EL Schokoladenstreusel

■ Vanilleschote längs aufschneiden und das Mark herauskratzen. Das Kakaopulver mit 3 EL Milch glatt rühren. Die restliche Milch mit Vanillemark und Kakao bis knapp unter den Siedepunkt erhitzen.

■ Das Eigelb mit Zucker in einem zweiten Topf zu einer schaumigen Creme aufschlagen. Das Mehl darunter mischen. Den heißen Kakao unter ständigem Schlagen langsam dazugießen und erhitzen, bis die Sauce dickflüssig ist. Den Topf von der Kochstelle nehmen und die Sauce rühren, bis sie kalt ist.

■ Die Sahne steif schlagen. Ein Drittel davon unter die Schokoladensauce ziehen, den Rest in einen Spritzbeutel füllen.

■ Die Bananen schälen, längs halbieren und auf Dessertteller legen. Mit der Sauce überziehen. Das Eis neben den Bananen anrichten und das Bananensplit mit der restlichen Sahne und den Schokoladenstreuseln garnieren.

Arbeitszeit etwa
40 Minuten
1 Portion enthält:
3007 kJ / 716 kcal
259 mg Cholesterin
49 g Fett
11 g Eiweiß
55 g Kohlenhydrate

Wenn man Zeit sparen will, kann man auch fertig gekaufte Schokoladensauce nehmen.

Bananenkuchen

Arbeitszeit etwa	**Für 12 Stücke**
30 Minuten	1 Zitrone
Backzeit etwa	2 reife Bananen
45 Minuten	4 mittelgroße Eier
1 Stück enthält:	100 g Zucker
1016 kJ/242 kcal	2 EL Magerjoghurt
116 mg Cholesterin	100 g Weizenvollkornmehl
14 g Fett	200 g gemahlene Haselnüsse
7 g Eiweiß	4 EL Raspelschokolade
21 g Kohlenhydrate	1 TL Backpulver

Schmeckt gut mit Schlagsahne und/ oder Eis

■ Die Zitrone auspressen. Die Bananen schälen und mit dem Saft zerdrücken. Die Eier trennen. Die Eiweiße mit Zucker steif schlagen. Die Eigelbe und Joghurt unterrühren. Mehl mit Nüssen, Schokolade mit Backpulver mischen, abwechselnd mit dem Bananenmus und dem Eischnee unter den Teig ziehen.

■ Eine Springform mit 26 cm Ø mit Pergamentpapier auslegen, den Teig einfüllen, auf die untere Schiene des kalten Backofens schieben und den Kuchen bei 180 °C (Umluft 160 °C, Gas Stufe 2–3) etwa 45 Minuten backen. Aus dem Backofen nehmen, 10 Minuten ruhen lassen, aus der Form lösen und zum Abkühlen auf ein Kuchengitter legen.

Bananenmarmelade

Arbeitszeit etwa	**Für 4 Gläser zu je 250 ml**
45 Minuten	2 Zitronen
1 Glas enthält:	500 g sehr reife Bananen
2045 kJ/487 kcal	400 g Gelierzucker
1 g Eiweiß	2 EL Weinbrand
118 g Kohlenhydrate	
kein Fett und Eiweiß	

■ Die Zitronen auspressen. Die Bananen schälen, mit dem Zitronensaft zerdrücken und in einem Topf mit dem Gelierzucker mischen und aufkochen.

■ Unter ständigem Rühren bei schwacher Hitze etwa 3 Minuten kochen, bis die Marmelade dick wird. Den Weinbrand untermischen.

■ Gläser heiß ausspülen und die Marmelade heiß einfüllen. Gläser sofort verschließen.

Ananaskuchen

Für 20 Stücke

Teig:

250 g Tofu

10 EL Milch (150 ml)

10 EL Öl (100 ml)

75 g Zuckerrohrgranulat

450 g Weizenvollkornmehl

1/2 Päckchen Backpulver

Fett für das Backblech

Creme und Streusel:

3/8 l Milch

1 Prise Salz

2 Eier

100 g Zuckerrohrgranulat

50 g Weizenvollkornmehl

2 unbehandelte Orangen

150 g Schlagsahne

2 TL Zimtpulver

1/4 TL Ingwerpulver

100 g Butter

100 g gemahlene Haselnüsse

75 g fein gemahlener Grünkern

1 TL gemahlene Vanille

Belag:

1 Ananas (etwa 1,2 kg)

100 g entsteinte Trockenpflaumen

■ Für den Teig den Tofu mit der Milch pürieren. Püree, Öl, Zuckerrohrgranulat und die Hälfte des Mehles mit dem Handrührgerät verkneten. Restliches Mehl und Backpulver mischen und mit den Händen unter den Teig kneten. Ein Backblech einfetten und mit dem Teig auslegen.

■ Für die Creme Milch mit Salz bis knapp unter den Siedepunkt erhitzen. Eier mit 25 g Zuckerrohrgranulat in einem Topf zu einer dicken Creme aufschlagen. Mehl untermischen; Milch unter ständigem Schlagen dazugeben. Aufkochen, bis die Creme dick wie Pudding ist. Von der Kochstelle nehmen und unter häufigem Umrühren abkühlen lassen. Orangen waschen, abtrocknen, von einer halben die Schale abreiben, von anderthalb den Saft auspressen. Sahne steif schlagen. Orangenschale, Saft einer Orange, Zimt, Ingwer, dann Sahne unter die Creme ziehen und sie auf den Teigboden streichen.

■ Butter schmelzen. Nüsse, Grünkern, restlichen Zucker und Vanille mischen. Butter darüber träufeln und alles mit einer Gabel zu Streuseln verkneten.

■ Ananas in Scheiben schneiden, schälen und würfeln. Pflaumen fein zerkleinern, mit Ananas und dem restlichen Orangensaft mischen. Obst auf der Creme verteilen und mit Streuseln bestreuen.

■ Kuchen auf die mittlere Schiene des kalten Backofens schieben und bei 180 °C (Umluft 160 °C, Gas Stufe 2–3) etwa 1 Stunde backen. Herausnehmen, etwa 10 Minuten ruhen lassen, in 20 Stücke schneiden und zum Abkühlen auf ein Kuchengitter legen.

Arbeitszeit etwa

1 1/2 Stunden

Backzeit etwa

1 Stunde

1 Stück enthält:

1453 kJ/346 kcal

58 mg Cholesterin

18 g Fett

7 g Eiweiß

37 g Kohlenhydrate

Bananen werden hauptsächlich in den Tropen kultiviert. Das aromatische Fruchtfleisch hat einen hohen Kaloriengehalt und ist reich an Mineralstoffen und Vitaminen.

Überbackene Ananas

Arbeitszeit etwa
20 Minuten

Backzeit etwa
50 Minuten

1 Portion enthält:
2419 kJ/576 kcal
506 mg Cholesterin
29 g Fett
16 g Eiweiß
57 g Kohlenhydrate

Für 4 Portionen

1 kleine Ananas (etwa 500 g)
1 unbehandelte Zitrone
100 g Mehl
1 Prise Backpulver
1 Prise Salz
300 ml Milch
5 Eier
75 g Puderzucker
1 TL Vanillezucker
200 g Schlagsahne
1 EL Zucker
1/2 TL gemahlener Zimt
Butter für die Form

■ Die Ananas in dicke Scheiben schneiden, die Schale entfernen und den harten Kern heraustrennen. Die Scheiben in Würfel schneiden.

■ Eine flache Gratinform mit niedrigem Rand fetten und die Ananaswürfel darin verteilen.

■ Die Zitrone waschen, abtrocknen und etwa ein Viertel der Schale abreiben. Mehl mit Backpulver, Salz und Milch verrühren. Die Eier trennen. Eigelbe, Zitronenschale, Puder- und Vanillezucker unter den Teig mischen. Die Eiweiße steif schlagen und mit dem Schneebesen unter den Teig ziehen. Den Teig über der Ananas glatt streichen.

■ Form auf die untere Schiene des kalten Backofens stellen und bei 200 °C (Umluft 180 °C, Gas Stufe 3) etwa 50 Minuten backen.

■ Die Sahne mit dem Zucker steif schlagen. Den Zimt darunter mischen. Die Zimtsahne zur Ananas servieren.

Avocadocreme

Für 4 Portionen

2 reife Avocados (etwa 500 g)

Saft von 1 Zitrone

100 g Rahmfrischkäse

100 g Schlagsahne

2–3 EL Honig

1 EL ungesalzene Pistazien, Wal- oder Haselnüsse

■ Die Avocados halbieren, von den Kernen befreien und schälen. Mit Zitronensaft, Frischkäse, Sahne und Honig im Mixer oder mit dem Schneidestab des Handrührgerätes pürieren.

■ Die Creme in gut gekühlte Gläser verteilen, Pistazien oder Nüsse hacken und darüber streuen.

Arbeitszeit etwa

15 Minuten

1 Portion enthält:

1743 kJ/415 kcal

47 mg Cholesterin

37 g Fett

6 g Eiweiß

11 g Kohlenhydrate

Avocadobrote

Für 4 Portionen

1 reife Avocado

4 TL Balsamessig

2 TL Erdnuss- oder Olivenöl

4 große Scheiben Brot

Salz

weißer Pfeffer aus der Mühle

1/4 Bund Schnittlauch

■ Die Avocado halbieren und den Kern herauslösen. In die Höhlung der einen Hälfte 2 TL Essig und 1 TL Öl geben.

■ Das Fruchtfleisch mit einem kleinen spitzen Messer längs und quer so oft einschneiden, bis es sich mit Essig und Öl verbunden hat. Dabei darauf achten, dass die Schale nicht verletzt wird.

■ Die andere Avocadohälfte ebenso füllen und einschneiden. Fruchtfleisch mit einem Esslöffel aus den Schalen holen, auf den Broten verteilen und mit Salz und Pfeffer würzen.

■ Schnittlauch waschen, trockentupfen, in feine Röllchen schneiden und auf die Brote streuen.

Arbeitszeit etwa

20 Minuten

1 Portion enthält:

1046 kJ/249 kcal

0 mg Cholesterin

16 g Fett

5 g Eiweiß

19 g Kohlenhydrate

Feigen gibt es frisch und getrocknet das ganze Jahr über – im Winter werden sie aus Südamerika importiert, im Sommer und Herbst aus Spanien, Italien und Frankreich.

Die besten Früchte sind weich, saftig und groß mit feiner, zarter Haut.

Feigen enthalten relativ viel Kalzium und Eisen – Mineralstoffe, die sonst vor allem von Milchprodukten oder Fleisch geliefert werden.

Weißweinfeigen

Arbeitszeit etwa 15 Minuten

Kühlzeit etwa 2 Stunden

1 Portion enthält:
1264 kJ/301 kcal
55 mg Cholesterin
17 g Fett
4 g Eiweiß
33 g Kohlenhydrate

Für 4 Portionen

750 g frische Feigen

1 unbehandelte Zitrone

1/2 Vanilleschote

1/4 l trockener Weißwein

1 Stück Zimtstange (etwa 2 cm lang)

1 EL Honig

200 g Schlagsahne

1 TL Vanillezucker

■ Die Feigen und die Zitrone waschen und abtrocknen. Eine halbe Zitrone auspressen und ein Stück Schale abschneiden. Die Vanilleschote mit einem spitzen Messer der Länge nach aufschneiden.

■ Den Wein mit der Vanilleschote, der Zimtstange, dem Honig, der Zitronenschale und 2 EL Saft aufkochen. Die Feigen in den Sud geben, erneut aufkochen und bei schwacher Hitze 1 Minute ziehen lassen; mit dem Sud in eine Schüssel geben und etwa 2 Stunden kühlen.

■ Sahne mit Vanillezucker steif schlagen und zu den Feigen servieren.

Passionsfruchtdrink

Für 2 Portionen
1 gelbe Passionsfrucht (Maracuja)
1 unbehandelte Orange
¼ l Möhrensaft
2 EL Zitronensaft

■ Die Passionsfrucht quer halbieren und das Fruchtfleisch mit den Kernen in eine Schüssel geben.

■ Mit dem Schneebesen oder dem Pürierstab auf kleinster Schaltstufe rühren, bis sich die Kerne und das Fruchtfleisch getrennt haben.

■ Alles durch ein Sieb streichen und den Saft in eine Schüssel laufen lassen. Die Kerne wegwerfen.

■ Die Orange waschen, abtrocknen und etwa ¼ TL Schale abreiben. Den Saft auspressen und mit Orangenschale, Möhren- und Zitronensaft unter den Passionsfruchtsaft in der Schüssel mischen.

■ In gekühlten Gläsern servieren.

Arbeitszeit etwa
15 Minuten
1 Portion enthält:
333 kJ/79 kcal
0 mg Cholesterin
0 g Fett
2 g Eiweiß
18 g Kohlenhydrate

Die Passionsfrüchte kommen seit einigen Jahren vor allem im Frühsommer und Sommer frisch aus Afrika, Australien, Neuseeland und von verschiedenen tropischen Inseln auf den Markt.

Nussprinten

Arbeitszeit etwa
1½ Stunden
Backzeit etwa
25 Minuten
1 Stück enthält:
189 kJ/45 kcal
6 mg Cholesterin
3 g Fett
1 g Eiweiß
4 g Kohlenhydrate

Für 70 Stück

100 g Honig

50 g Zuckerrohrgranulat oder Vollzucker

40 g Butter

1 Ei

150 g gemahlene Haselnüsse

1 TL Zimtpulver

je ½ TL Muskatblüten-, Kardamom- und Pimentpulver

175 g Weizenvollkornmehl

½ Päckchen Backpulver

Mehl für die Arbeitsfläche

Fett für die Backbleche

3 EL Milch

70 Haselnüsse

■ Honig mit Zuckerrohrgranulat oder Vollzucker und Butter erwärmen, bis die Butter geschmolzen ist.

■ Die Mischung abkühlen lassen, bis sie lauwarm ist, dann mit dem Ei schaumig rühren. Gemahlene Haselnüsse, Gewürze, Mehl und Backpulver mischen und unterkneten. Den Teig über Nacht zugedeckt stehen lassen.

■ Den Teig durchkneten, auf reichlich Mehl etwa 5 mm dick ausrollen und in 3 × 4 cm große Stücke schneiden.

■ Zwei Backbleche einfetten, die Teigstücke darauf legen, mit Milch bestreichen und mit je einer Nuss belegen.

■ Die Printen auf dem ersten Backblech auf die mittlere Schiene des kalten Backofens schieben und bei 180 °C (Umluft 160 °C, Gas Stufe 2–3) etwa 15 Minuten backen. Die Printen auf dem zweiten Blech etwa 10 Minuten backen. Sofort ablösen und auf ein Kuchengitter geben.

Haselnusskranz

Für 20 Stücke

Hefeteig:

2 unbehandelte Orangen

400 g Weizenvollkornmehl

1/2 Päckchen Trockenhefe

1 EL Zuckerrohrgranulat

1 Prise Salz

180 ml Milch

150 g Butter oder Margarine

2 Eigelb

Füllung:

2 Eiweiß

200 g gemahlene Haselnüsse

100 g Zuckerrohrgranulat

5 EL Schlagsahne

1 TL Ingwerpulver

25 g Butter

Mehl zum Ausrollen

Fett für die Form

100 g Orangenkonfitüre

2 EL Orangenlikör

■ Die Orangen waschen, abtrocknen und die Schale abreiben. Den Saft auspressen. Mehl, Hefe, Zuckerrohrgranulat und Salz vermischen. Die Milch mit dem Fett erwärmen, bis es gerade eben geschmolzen ist, und zu dem Mehl geben. Eigelbe und die Hälfte der Orangenschale zufügen.

■ Den Teig etwa 5 Minuten durchkneten, bis er Blasen bildet und sich vom Schüsselrand löst. Zugedeckt bei Zimmertemperatur etwa 1 Stunde gehen lassen, bis sich das Volumen des Teiges ungefähr verdoppelt hat.

■ Inzwischen die Eiweiße steif schlagen. Nüsse, Zuckerrohrgranulat, die restliche Orangenschale, Sahne, 3 EL Orangensaft, Ingwerpulver und Eischnee zu einer streichfähigen Masse vermischen.

■ Die Butter zerlassen.

■ Ein Küchentuch mit Mehl bestreuen, den Teig darauf mit den Händen noch einmal kräftig durchkneten und zu einer Platte flach drücken. Diese mit wenig Mehl bestreuen und knapp fingerdick zu einem Rechteck ausrollen.

■ Den Teig mit flüssiger Butter bestreichen. Die Nussfüllung darauf verteilen und die Teigplatte mithilfe des Küchentuches aufrollen. Eine Kranzform fetten, die Rolle hineinlegen und zugedeckt 15 Minuten gehen lassen, dann mit Butter bestreichen, auf die mittlere Schiene des kalten Backofens stellen und bei 160 °C (Umluft 140 °C, Gas Stufe 2) etwa 40 Minuten backen. Nach 20 Minuten mit der restlichen Butter bestreichen.

■ Die Orangenkonfitüre mit dem Likör oder 2 EL Orangensaft verrühren. Den heißen Nusskranz damit bestreichen.

Arbeitszeit etwa 50 Minuten

Ruhezeit etwa 1 Stunde

Backzeit etwa 40 Minuten

1 Stück enthält:

1168 kJ/278 kcal

66 mg Cholesterin

16 g Fett

5 g Eiweiß

25 g Kohlenhydrate

Hefegebäck bekommt einen schönen Glanz, wenn man es mit Milch, Sahne, Butter und/oder verquirltem Eigelb bestreicht, sobald es sich zartbraun färbt. Nach dem Backen gibt Honig oder Sirup, vermischt mit flüssiger Butter, schönen Glanz.

*N*usscreme

Arbeitszeit etwa
40 Minuten
1 Portion enthält:
1672 kJ/398 kcal
394 mg Cholesterin
28 g Fett
15 g Eiweiß
18 g Kohlenhydrate

Erdnussmus bekommt man in jedem Supermarkt, Mus aus anderen Nüssen gibt es in Reformhäusern und Naturkostläden zu kaufen.

Für 4 Portionen

- $^1/_2$ Vanilleschote
- $^3/_8$ l Milch
- 1 Prise Salz
- 4 Eier
- 1–2 EL Zuckerrohrgranulat
- 50 g Weizenvollkornmehl
- 2 EL Nussmus
- 125 g Schlagsahne
- 1 EL gehackte Nüsse

■ Die Vanilleschote mit einem spitzen Messer längs aufschneiden und das Mark herauskratzen. Die Milch mit Vanillemark und Salz bis knapp unter den Siedepunkt erhitzen.

■ Die Eier trennen. Die Eigelbe mit Zuckerrohrgranulat in einem Kochtopf sehr schaumig schlagen. Das Mehl in die Masse mischen. Die Vanillemilch unter ständigem Schlagen langsam zugießen. Alles unter Rühren einmal aufkochen, bis die Masse dick wie Pudding ist.

■ Den Topf von der Kochstelle nehmen und die Creme so lange rühren, bis sie kalt ist. Das Nussmus darunter mischen.

■ Eiweiße und Sahne getrennt steif schlagen und unter die Nusscreme ziehen.

■ Die Creme in Schälchen verteilen, mit den gehackten Nüssen bestreuen und bis zum Servieren kühl stellen.

Nusskuchen vom Blech

Für 20 Stücke

50 g Haselnüsse
50 g Sonnenblumenkerne
2 große unbehandelte Orangen
1 unbehandelte Zitrone
100 g getrocknete Datteln
50 g entsteinte Trockenpflaumen
1 getrocknete Aprikose
250 g Weizenvollkornmehl
100 g Kokosraspel
50 g Kakaopulver
1 TL Backpulver
80 g weiche Butter
50 g Zucker
2 Eier
1 TL gemahlene Vanille
1 TL Zimtpulver
1 TL Ingwerpulver
1 Prise Salz
1/8 l Milch
Fett für das Blech
100 g Schlagsahne
50 g Apfeldicksaft
40 g Butter

■ Haselnüsse und Sonnenblumenkerne hacken. Die Orangen und die Zitrone waschen und abtrocknen. Die Schale der Früchte rundherum dünn abschneiden und grob hacken. Den Saft der Orangen und der Zitrone auspressen. Die Datteln entkernen. Datteln, Pflaumen und die Aprikose fein hacken. Alle diese Zutaten mit Mehl, Kokosraspeln, Kakaopulver und Backpulver vermischen.

■ Butter und Zucker schaumig rühren. Nacheinander die Eier, den Saft einer Orange, Vanille, Zimt, Ingwer und Salz hinzufügen und alles mischen.

■ Die Nuss-Mehl-Mischung nach und nach unterrühren. Zum Schluss die Milch untermischen.

■ Ein Backblech einfetten, den Teig darauf glatt streichen und auf die mittlere Schiene des kalten Backofens schieben. Bei 180 °C (Umluft 160 °C, Gas Stufe 2–3) etwa 40 Minuten backen, bis er leicht gebräunt ist.

■ Inzwischen Sahne, Apfeldicksaft und Butter in einem Topf bei schwacher Hitze unter Rühren erwärmen, bis sich alles miteinander verbunden hat.

■ Den restlichen Orangensaft und den Zitronensaft mischen und mit einem Teelöffel auf dem heißen Kuchen verteilen.

■ Den Kuchen nun mit der Sahnemischung bestreichen und auf dem Blech noch etwa 20 Minuten ruhen lassen. In Stücke schneiden, vom Blech lösen und auf einem Kuchengitter auskühlen lassen.

Arbeitszeit etwa
1 Stunde
Backzeit etwa
40 Minuten
1 Stück enthält:
995 kJ/237 kcal
56 mg Cholesterin
15 g Fett
5 g Eiweiß
19 g Kohlenhydrate

Haselnusssträucher sind in den wärmeren Regionen Europas verbreitet. Die Früchte sind reich an Eiweiß. Mit 100 g davon kann man den Tagesbedarf decken.

Erdnussauflauf

Arbeitszeit etwa	**Für 4 Portionen**
30 Minuten	5 Vollkornbrötchen
Backzeit etwa	$1/8$ l Milch
45 Minuten	3 Eier
1 Portion enthält:	60 g Erdnussmus
1886 kJ/449 kcal	50 g Zuckerrohrgranulat
128 mg Cholesterin	1 unbehandelte Orange
22 g Fett	1 Prise Salz
18 g Eiweiß	1 Prise Zimtpulver
42 g Kohlenhydrate	75 g Magerquark
	50 g saure Sahne
	50 g ungesalzene, gemahlene Erdnüsse
	Fett für die Form

■ Die Brötchen in dünne Scheiben schneiden und in eine Schüssel geben. Die Milch aufkochen und über die Brötchen gießen. Zugedeckt ziehen lassen, bis die Milch aufgesogen ist.

■ Die Eier trennen. Erdnussmus und Zuckerrohrgranulat schaumig rühren.

■ Die Orange waschen, abtrocknen und die Schale abreiben. Nacheinander die Eigelbe, die Orangenschale, Salz und Zimt unter das Erdnussmus mischen. Dann esslöffelweise den Quark, die saure Sahne und die eingeweichten Brötchen zugeben und zu einem Teig rühren.

■ Die Eiweiße steif schlagen und auf den Teig geben; die Erdnüsse darüber streuen. Eiweiße, Teig und Nüsse vorsichtig mit einem Kochlöffel vermischen.

■ Eine Auflaufform mit hohem Rand ausfetten, den Teig darin glatt streichen.

■ Den Auflauf auf die mittlere Schiene des kalten Backofens stellen und bei 180 °C (Umluft 160 °C, Gas Stufe 2–3) etwa 45 Minuten backen.

Erdnusskekse

Für 100 Stück

100 g weiche Butter oder Margarine

100 g Erdnussmus

80 g Puderzucker

20 g Zuckerrohrgranulat

1 unbehandelte Orange

$^1/_4$ TL gemahlene Vanille

1 Prise Salz

1 Ei

125 g Weizenvollkornmehl

$^1/_2$ TL Backpulver

■ Butter, Erdnussmus, Puderzucker und Zuckerrohrgranulat mit den Quirlen des Handrührgerätes rühren, bis die Masse dick und sehr locker ist. Die Orange waschen, abtrocknen und die Schale abreiben. Vanille, Salz, Orangenschale und Ei zu der Masse geben. Mehl und Backpulver mischen, alles zu einem Teig rühren und 1 Stunde zugedeckt kühl stellen.

■ Drei Backbleche einfetten. Vom Teig mit einem Teelöffel etwa haselnussgroße Stücke abstechen und zu Kugeln rollen. Die Kugeln in weiten Abständen auf die Backbleche legen und flach drücken.

■ Das erste Blech auf die mittlere Schiene des kalten Backofens schieben und bei 180 °C (Umluft 160 °C, Gas Stufe 2–3) etwa 15 Minuten backen. Die folgenden Bleche etwa 12 Minuten backen.

Arbeitszeit etwa
40 Minuten
Backzeit etwa
2 Stunden
1 Keks enthält:
97 kJ/23 kcal
6 mg Cholesterin
1 g Fett
1 g Eiweiß
2 g Kohlenhydrate

Da die Kekse rasch braun werden, sollte man während der Backzeit öfter in den Ofen sehen.

Walnusstorte

Arbeitszeit etwa
1 Stunde
Backzeit etwa
1 Stunde 10 Minuten
1 Stück enthält:
1709 kJ/407 kcal
129 mg Cholesterin
33 g Fett
8 g Eiweiß
17 g Kohlenhydrate

Zur Abwechslung kann man die Torte einmal quer durchschneiden und mit geschlagener Sahne füllen. Man kann sie auch mit der Hälfte der Nusscreme (Seite 298), der Bananencreme (Seite 288) oder einer Frischkäsecreme mit Früchten füllen.

Für 16 Stücke

Teig:

250 g Butter

1 unbehandelte Orange

4 Eier

75 g Zucker

1 Prise Salz

1 gestrichener TL gemahlene Vanille

2 EL Zitronensaft

250 g gemahlene Walnüsse

75 g ungesalzene, gehackte Pistazien

50 g gehackte Zartbitterschokolade

125 g Weizenvollkornmehl

25 g fein gemahlener Reis

1/2 Päckchen Backpulver

100 ml Buttermilch

Butter und Pergamentpapier für die Form

Guss und Verzierung:

Saft von 1 großen Orange

1 EL Zitronensaft

1/2 EL Honig

3 EL Nussmus

3 EL Schlagsahne

3 EL gemahlene Walnüsse

■ Für den Teig die Butter in einem Topf schmelzen, aber nicht bräunen, und so lange abkühlen lassen, bis sie lauwarm ist.

■ Die Orange waschen, abtrocknen und die Schale abreiben. Eier und Zucker zu einer dicken Creme aufschlagen. Salz, Vanille, Orangenschale und Zitronensaft darunter mischen.

■ Walnüsse und Pistazien mit Schokolade, Weizenmehl, gemahlenem Reis und Backpulver mischen. Abwechselnd mit flüssiger Butter und Buttermilch bei niedrigster Schaltstufe des Handrührgerätes unter die Eimasse rühren, bis sich alle Zutaten zu einem cremigen Teig verbunden haben.

■ Eine Springform mit 26 cm Ø mit gefettetem Pergamentpapier auslegen, den Teig darauf glatt streichen. Auf die untere Schiene des kalten Backofens stellen und bei 180 °C (Umluft 160 °C, Gas Stufe 2–3) etwa 1 Stunde und 10 Minuten backen. Herausnehmen und nach 10 Minuten aus der Form lösen. Auf ein Kuchengitter geben und abkühlen lassen. Mit einem Holzstäbchen mehrmals einstechen.

■ Orangensaft, Zitronensaft und Honig verrühren, teelöffelweise auf die Torte geben und jeweils einziehen lassen. Nussmus mit Sahne glatt rühren und die abgekühlte Torte rundherum damit bestreichen. Die Nüsse darüber streuen.

Süßes Walnussbrot

Für 20 Stücke

200 g Walnüsse

1 unbehandelte Orange

450 g Weizenvollkornmehl

75 g fein gemahlener Dinkel

75 g fein gemahlene Hirse

75 g Zuckerrohrgranulat

1 TL Salz

1 Päckchen Backpulver

1 TL gemahlene Vanille

1 TL Lebkuchengewürz

1 großes Ei

1/2 l Milch

Fett für die Form

4 EL Schlagsahne

1 EL Honig

■ Walnüsse grob hacken. Die Orange waschen, abtrocknen und die Hälfte der Schale abreiben.

■ Weizenmehl, Dinkel, Hirse, Zucker-rohrgranulat, Salz, Backpulver, Vanille, Lebkuchengewürz und Orangenschale in einer Schüssel mischen.

■ Das Ei mit der Milch verquirlen und zur Mehlmischung geben. Alles mit dem Knethaken des Handrührgerätes verrühren. Zum Schluss die Walnüsse mit den Händen unterkneten.

■ Eine etwa 25 × 15 cm große ofen-feste Form gut fetten und den Teig einfüllen. Den Teig in der Form 30 Minuten bei Zimmertemperatur ruhen lassen.

■ Die Sahne mit dem Honig unter Rühren erwärmen, bis sie sich verbunden haben. Das Walnussbrot damit bestreichen und auf die untere Schiene des kalten Backofens schieben. Bei 160 °C (Umluft 140 °C, Gas Stufe 2) etwa 1 Stunde backen.

Arbeitszeit etwa

1 Stunde

Gesamtzeit etwa

2 Stunden

1 Stück enthält:

878 kJ / 209 kcal

21 mg Cholesterin

9 g Fett

6 g Eiweiß

25 g Kohlenhydrate

Walnussernte im Herbst

Walnussbrötchen

Für 12 Stück

250 g Weizenvollkornmehl

250 g Weizenmehl Type 1050

1 Päckchen Trockenhefe

1/2 EL Salz

200 ml Wasser

300 g Dickmilch

1/4 TL gemahlener Kardamom

geriebene Muskatnuss

150 g grob gehackte Walnüsse

Fett für das Backblech

■ Mehl mit Hefe und Salz mischen. Wasser mit Dickmilch, Kardamom und einer kräftigen Prise Muskat lauwarm erhitzen und zur Mehlmischung geben.

■ Alles mit den Knethaken des Hand-rührgerätes etwa 5 Minuten rühren, bis der Teig Blasen bildet. Zugedeckt bei Zimmertemperatur etwa 1 1/4 Stunden gehen lassen, bis sich das Volumen des Teiges verdoppelt hat.

■ Die Arbeitsfläche mit Mehl bestreuen und den Teig darauf mit den Händen kräftig durchkneten, dabei die Nüsse untermischen. Ein Backblech einfetten. Zwölf Brötchen formen und auf dem Blech weitere 15 Minuten gehen lassen.

■ Die Brötchen auf die mittlere Schiene des kalten Backofens schieben und bei 180 °C (Umluft 160 °C, Gas Stufe 2–3) etwa 45 Minuten backen.

Arbeitszeit etwa

30 Minuten

Gesamtzeit etwa

2 1/2 Stunden

1 Stück enthält:

1050 kJ / 250 kcal

1 mg Cholesterin

10 g Fett

8 g Eiweiß

31 g Kohlenhydrate

Kokosnusstorte

Arbeitszeit etwa
1 Stunde
Backzeit etwa
1¹/₄ Stunden
1 Stück enthält:
1856 kJ/442 kcal
121 mg Cholesterin
28 g Fett
10 g Eiweiß
33 g Kohlenhydrate

Für 16 Stücke

Teig:
100 g Butter
50 g Carobtafel
4 Eier
100 g Zuckerrohrgranulat
1 unbehandelte Orange
1 Prise Salz
1 TL Lebkuchengewürz
300 g Kokosraspel
150 g Weizenvollkornmehl
¹/₂ Päckchen Backpulver
¹/₄ l Milch

Fett und Pergamentpapier
für die Form

Creme:
1 unbehandelte Orange
2 EL Zitronensaft
¹/₈ l ungesüßter Fruchtsaft
300 g entsteinte Trockenpflaumen
500 g Magerquark
1 EL Honig
eventuell 2 EL Orangenlikör
250 g Schlagsahne

Zum Bestreuen:
50 g Kokosraspel

gen Butter und der Milch unter den Teig rühren, bis sich alle Zutaten miteinander verbunden haben.

■ Eine Springform mit 26 cm Ø fetten und mit Pergamentpapier auslegen. Den Teig darin glatt streichen, auf die untere Schiene des kalten Backofens stellen und bei 180 °C (Umluft 160 °C, Gas Stufe 2–3) etwa 1 1/4 Stunden backen.

■ Den Tortenboden herausnehmen, nach 10 Minuten aus der Form lösen und auf einem Kuchengitter erkalten lassen.

■ Die Orange waschen, abtrocknen, die Schale abreiben und den Saft auspressen. Die Schale, Orangen-, Zitronen- und Fruchtsaft mischen, über die Trockenpflaumen gießen und 3 Stunden ziehen lassen.

■ Pflaumen mit dem Saft, der noch nicht aufgesogen ist, pürieren. Das Püree mit Quark, Honig und Likör vermischen. Die Sahne steif schlagen und etwa ein Drittel davon unter die Pflaumencreme ziehen.

■ Den Tortenboden zweimal quer durchschneiden, mit der Creme füllen, mit der restlichen Sahne bestreichen und mit den Kokosraspeln bestreuen.

Zur Abwechslung Tortenboden mit Zartbitterschokolade statt Carobtafel, gemahlenen Mandeln statt Kokosraspeln und Zucker zubereiten; die Creme mit pürierten Erdbeeren statt mit den Trockenpflaumen mischen.

■ Die Butter schmelzen, aber nicht bräunen, und lauwarm abkühlen lassen. Die Carobtafel fein hacken.

■ Die Eier mit dem Zuckerrohrgranulat etwa 5 Minuten kräftig verrühren, bis sich das Granulat aufgelöst hat.

■ Die Orange waschen, abtrocknen, von einer Hälfte die Schale abreiben und den Saft auspressen. Schale, Saft, Salz und Lebkuchengewürz unter die Masse mischen. Die Kokosraspel mit der gehackten Carobtafel, Mehl und Backpulver vermischen. Abwechselnd mit der flüssi-

Mandelmilch

Arbeitszeit etwa
10 Minuten

1 Portion enthält:
1331 kJ / 317 kcal
23 mg Cholesterin
19 g Fett
14 g Eiweiß
19 g Kohlenhydrate

Für 2 Portionen

50 g Mandeln

500 g Dickmilch

50 g Vanilleeiscreme

2 EL Orangensaft

■ Mandeln mit kochendem Wasser überbrühen, abschrecken und abziehen.
■ Dickmilch, Mandeln, Eis und Orangensaft in den Mixer geben und pürieren. In Portionsgläser füllen und sofort servieren.

Mandelschnitten

Arbeitszeit etwa
50 Minuten

Backzeit etwa
20 Minuten

1 Stück enthält:
630 kJ / 150 kcal
22 mg Cholesterin
12 g Fett
3 g Eiweiß
7 g Kohlenhydrate

Für 40 Stück

200 g weiche Butter

75 g Zucker

1 TL gemahlene Vanille

300 g fein gehackte Walnüsse

75 g Weizenvollkornmehl

125 g fein gemahlener Hafer

Fett für das Backblech

1 Ei

3 EL Schlagsahne

150 g Mandelstifte

50 g Honig

■ Butter mit Zucker und Vanille schaumig rühren. Nüsse mit den beiden Mehlsorten mischen und darunter kneten.
■ Ein Backblech einfetten. Den Teig darauf ausrollen. Ei mit Sahne verquirlen, die Teigplatte damit bestreichen und mit Mandeln bestreuen.
■ Kuchen auf die mittlere Schiene des kalten Backofens schieben und bei 200 °C (Umluft 180 °C, Gas Stufe 3) 15–20 Minuten backen. Noch heiß mit Honig beträufeln und in Schnitten teilen.

Mandelsouffé

Für 4 Portionen

Soufflé:

1 EL Butter für die Form

75 g Zuckerrohrgranulat

1 unbehandelte Zitrone

300 ml Milch

1 TL Vanillezucker

1 Prise Salz

50 g Mehl

4 Eier

100 g gemahlene Mandeln

Sauce:

300 g reife Aprikosen

1–2 EL Honig

5 EL heller Fruchtsaft

■ Eine hohe Auflaufform mit etwa 2 l Inhalt dünn und gleichmäßig mit Butter einfetten und mit 1 EL Zuckerrohrgranulat ausstreuen.

■ Zitrone waschen, abtrocknen und die Hälfte der Schale abreiben. Milch, Vanillezucker, Zitronenschale, Salz und Mehl in einem Topf mit dem Schneebesen kräftig verrühren, dann unter ständigem Rühren aufkochen, bis die Masse dick ist. In eine Schüssel geben, 1 Ei untermischen und die Masse abkühlen lassen.

■ Die restlichen Eier trennen. Eiweiße mit 1 EL Zuckerrohrgranulat steif schlagen. 1 EL Zuckerrohrgranulat auf einem Teller beiseite stellen.

■ Die Eigelbe, dann das restliche Zuckerrohrgranulat und zuletzt ein Viertel des Eischnees mit dem Schneebesen in die Soufflémasse rühren. Den restlichen Eischnee mit dem Spatel darauf setzen. Mandeln darüber streuen. Alles mit dem Schneebesen mischen und in die Form füllen. Beiseite gestellten Zucker darüber streuen.

■ Soufflé auf die untere Schiene des kalten Backofens stellen und bei 175 °C (Umluft 155 °C, Gas Stufe 2) etwa 45 Minuten backen, bis es hoch aufgegangen, an der Oberfläche aufgeplatzt und gebräunt ist.

■ Inzwischen die Aprikosen waschen, abtrocknen, halbieren und entsteinen. Mit Honig und Fruchtsaft im Mixer pürieren und zum Soufflé servieren.

Arbeitszeit etwa

1 Stunde

Backzeit etwa

45 Minuten

1 Portion enthält:

2201 kJ / 524 kcal

370 mg Cholesterin

27 g Fett

17 g Eiweiß

47 g Kohlenhydrate

Mandelbäume während der Ernte. Sie werden geschüttelt und die Früchte mit Tüchern aufgefangen.

Mandelbrötchen

Arbeitszeit etwa
30 Minuten
Ruhezeit etwa
1¹/4 Stunden
Backzeit etwa
30 Minuten
1 Stück enthält:
1688 kJ/402 kcal
135 mg Cholesterin
13 g Fett
11 g Eiweiß
57 g Kohlenhydrate

Mandeln in der Schale sind billiger und länger haltbar als bereits geschälte und zerkleinerte.

Für 12 Stück
750 g Weizenmehl Type 550
1 Päckchen Trockenhefe
1 TL Salz
¹/4 l Wasser
75 g Butter oder Margarine
4 zimmerwarme Eier
75 g gemahlene Mandeln
75 g Zuckerrohrgranulat
2 gestrichene TL Zimtpulver
4 EL Schlagsahne
Fett für das Backblech
100 g Johannisbeergelee

■ Mehl mit Hefe und Salz vermischen. Das Wasser erwärmen und das Fett darin schmelzen. Zur Mehlmischung geben und die Eier zufügen.

■ Alles mit den Knethaken des Handrührgerätes etwa 5 Minuten kneten, bis sich Blasen bilden. Zugedeckt etwa 1¹/4 Stunden gehen lassen, bis sich das Teigvolumen verdoppelt hat. Mandeln mit Zucker und Zimt vermischen.

■ Den Teig auf der bemehlten Arbeitsfläche mit den Händen noch einmal kräftig durchkneten. Zu einer etwa fingerdicken Platte ausrollen und mit 2 EL Sahne bestreichen. Die Mandelmischung auf den Teig streuen; dann aufrollen und in etwa 2 cm dicke Scheiben schneiden. Ein Backblech einfetten, die Scheiben zu Brötchen formen und darauf legen. Mit der restlichen Sahne bestreichen.

■ Die Brötchen auf die mittlere Schiene des kalten Backofens schieben und bei 180 °C (Umluft 160 °C, Gas Stufe 2–3) in etwa 30 Minuten goldbraun backen.

■ Mit dem Gelee bestreichen und auf einem Kuchengitter auskühlen lassen.

Pinienkuchen mit Anislikör

Arbeitszeit etwa
30 Minuten
Backzeit etwa
45 Minuten
1 Stück enthält:
1239 kJ/295 kcal
55 mg Cholesterin
18 g Fett
6 g Eiweiß
23 g Kohlenhydrate

Der Kuchen, mit Schlagsahne garniert, schmeckt gut zu Obstsalat.

Für 12 Stücke
Teig:
200 g Vollkornzwieback
80 g weiche Butter
Fett für die Form
Belag:
1 TL Anissamen
¹/2 unbehandelte Zitrone
100 g Honig
2 EL Zucker
1 Ei
3 EL Anislikör
1 TL gemahlene Vanille
einige Tropfen Bittermandelöl
1 Prise Salz
50 g Butter
175 g Pinienkerne

■ Den Zwieback fein zerkleinern und mit der Butter verkneten. Eine Springform mit 26 cm Ø einfetten, mit dem Teig auskleiden und einen 1 cm hohen Rand formen. Kühl stellen, bis der Belag fertig ist.

■ Die Anissamen im Mörser zerreiben.

■ Zitrone waschen, abtrocknen, die Schale abreiben und den Saft auspressen. Beides mit Honig, Zucker, Ei, Anissamen, Likör, Vanille, Bittermandelöl und Salz verrühren. Butter schmelzen und mit den Pinienkernen unter den Belag rühren. Auf dem Teigboden glatt streichen.

■ Kuchen auf die mittlere Schiene des kalten Backofens stellen und bei 200 °C (Umluft 180 °C, Gas Stufe 3) etwa 45 Minuten backen. In der Form kühl stellen.

Sesamkuchen

Für 16 Stücke

1 unbehandelte Zitrone
150 g weiche Butter
75 g Zuckerrohrgranulat
1 Prise Salz
1 TL gemahlene Vanille
4 Eier
350 g Magerquark
400 g Weizenvollkornmehl
200 g fein gemahlener Dinkel
1/2 Päckchen Backpulver
Fett für die Form
350 g beliebige Konfitüre
100 g Sesamsamen

■ Die Zitrone waschen, abtrocknen, die Schale abreiben und den Saft auspressen. Butter, Zuckerrohrgranulat, Salz, Vanille, Schale und Saft der Zitrone mit den Rührbesen des Handrührgerätes schaumig rühren. Die Eier, dann den Quark esslöffelweise darunter rühren.

■ Die beiden Mehlsorten sieben und mit dem Backpulver mischen. Die Hälfte davon unter den Teig rühren. Eine Springform mit 26 cm Ø ausfetten. Etwa zwei Drittel des Teiges in die Form füllen und mit der Konfitüre bestreichen.

■ Den restlichen Teig, das restliche Mehl und die Sesamsamen mit einer Gabel zu einer krümeligen Masse vermischen und über den Kuchen streuen.

■ Kuchen auf die untere Schiene des kalten Backofens stellen und bei 180 °C (Umluft 160 °C, Gas Stufe 2–3) etwa 1 1/4 Stunden backen.

Gesamtzeit etwa
2 Stunden
1 Stück enthält:
1315 kJ/313 kcal
110 mg Cholesterin
14 g Fett
9 g Eiweiß
36 g Kohlenhydrate

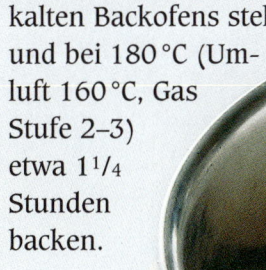

Sonnenblumenbrot

Arbeitszeit etwa
40 Minuten
Gesamtzeit etwa
2 Stunden
1 Scheibe enthält:
561 kJ / 134 kcal
0 mg Cholesterin
5 g Fett
5 g Eiweiß
18 g Kohlenhydrate

Für 20 Scheiben

250 g mehlig kochende Kartoffeln

¼ l Wasser

1 TL Salz

2 EL Sonnenblumenöl

300 g Weizenvollkornmehl

100 g zarte Haferflocken

100 g kernige Haferflocken

2 EL Anis

40 g Hefe

100 g Sonnenblumenkerne

Fett und Mehl für die Form

2 EL Sonnenblumenkerne zum Bestreuen

■ Die Kartoffeln schälen, waschen und in einem Topf mit Salzwasser kochen, bis sie weich sind. Dann pürieren, das Öl unterrühren und kühl stellen.

■ Das abgekühlte Kartoffelpüree in eine Schüssel geben und mit dem Mehl, den beiden Haferflockensorten und dem Anis verrühren. Die Hefe darüber bröseln. Alles zu einem glatten Teig kneten und zugedeckt 20 Minuten bei Zimmertemperatur gehen lassen.

■ Den Backofen auf 200 °C (Umluft 180 °C, Gas Stufe 3) vorheizen.

■ Den Teig noch einmal durchkneten und dabei die Sonnenblumenkerne untermischen.

■ Eine Kastenform mit 30 cm Länge einfetten und mit Mehl ausstreuen. Den Teig in die Form füllen und zugedeckt nochmals 15 Minuten gehen lassen. Dann mit Wasser bepinseln und die restlichen Sonnenblumenkerne darüber streuen.

■ Das Sonnenblumenbrot auf die untere Schiene des Backofens schieben und etwa 1 Stunde backen.

■ Herausnehmen und 20 Minuten in der Form stehen lassen. Zum Erkalten auf ein Kuchengitter stürzen.

Carobcreme mit Nüssen und Birnen

Für 4 Portionen

3/8 l Milch

1/2 TL gemahlene Vanille

1 Prise Salz

3 Eier

60 g Zuckerrohrgranulat oder Vollzucker

30 g Weizenvollkornmehl

30 g Carobpulver

1 TL Kakaopulver

125 g Magerquark

70 g Schlagsahne

3 EL Walnüsse

500 g Birnen

1 Carobtafel

■ Milch mit Vanille und Salz erhitzen.

■ Die Eier trennen. Eigelbe mit Zucker-rohrgranulat oder Vollzucker in einem Kochtopf zu einem festen Schaum schlagen. Das Mehl darunter mischen.

■ Die Vanillemilch zugießen, dabei ständig weiterschlagen. Alles unter Rühren aufkochen, bis die Masse dick ist. Den Topf in ein Gefäß mit kaltem Wasser und einigen Eiswürfeln stellen und die Creme rühren, bis sie kalt ist.

■ Carobpulver, Kakao und Quark darunter mischen. Eiweiße und Sahne getrennt steif schlagen und nacheinander unter die Creme ziehen.

■ Die Walnüsse grob hacken. Die Birnen schälen, vom Kerngehäuse befreien und vierteln. In Schnitze teilen.

■ Die Creme und die Birnen schichtweise in Dessertschälchen geben. Etwa 1 EL von der Carob-tafel abreiben und zusammen mit den gehackten Nüssen über die Creme streuen und servieren.

Arbeitszeit etwa
1 Stunde
1 Portion enthält:
1680 kJ/400 kcal
206 mg Cholesterin
19 g Fett
16 g Eiweiß
41 g Kohlenhydrate

Die Schoten des Johannisbrotbaumes liefern das Carobpulver.

Carobtorte

Für 12 Stücke

1 Carobtafel (100 g)

100 g Zucker

75 g dunkles Carobpulver

1/8 l Wasser

3 Eigelb

2 EL Orangensaft

50 g Korinthen

5 Eiweiß

50 g gemahlene Mandeln

40 g Weizenvollkornmehl

Fett und Pergamentpapier für die Form

Puderzucker zum Bestreuen

■ Die Carobtafel fein reiben. Mit drei Vierteln des Zuckers und dem Carob-pulver mischen. Wasser zugießen und

mit den Quirlen des Handrührgerätes glatt rühren. Die Eigelbe, Orangensaft und Korinthen unterrühren.

■ Die Eiweiße mit dem restlichen Zucker steif schlagen. Auf die Carobcreme geben, die Mandeln und das Mehl darauf streuen und mit dem Schneebesen vermischen.

■ Eine Springform mit 26 cm Ø mit gefettetem Pergamentpapier auslegen und den Teig darin glatt streichen. Den Tortenboden auf die mittlere Schiene des kalten Backofens schieben und bei 180 °C (Umluft 160 °C, Gas Stufe 2–3) etwa 45 Minuten backen. Auf einem Kuchengitter abkühlen lassen, mit Puderzucker bestreuen und servieren.

Arbeitszeit etwa
1 Stunde
Backzeit etwa
45 Minuten
1 Stück enthält:
827 kJ/197 kcal
103 mg Cholesterin
9 g Fett
6 g Eiweiß
21 g Kohlenhydrate

Kleines Wörterbuch

Bei den Namen einiger Lebensmittel und Gerichte gibt es regionale Unterschiede. Hier nur ein kurzer Überblick.

Deutsch	Schweizerisch	Österreichisch
Aprikosen	Aprikosen	Marillen
Auberginen	Auberginen	Melanzani
Blumenkohl	Blumenkohl	Karfiol
Bohnen	Bohnen	Fisolen
Brandteig	Brühteig	Brandteig
Eierkuchen, Pfannkuchen	Omeletten	Omeletten
Eierkuchen, dünne	Omeletten	Palatschinken
Eisbecher	Coupe	Eisbecher
Eiweiß	Eiweiß	Eiklar
Feldsalat, Rapunzel	Nüsslisalat	Vogerlsalat
Flädle	Flädli	Frittaten
Hefe	Hefe	Germ
Johannisbeeren	Johannisbeeren	Ribisel
Kartoffeln	Kartoffeln	Erdäpfel
Kartoffelpüree	Kartoffelstock	Kartoffelpüree
Kastenform	Cakeform	Kastenform
Klößchen	Klößchen	Nockerln
Kopfsalat	Kopfsalat	Häuptelsalat
Mais	Mais	Kukuruz
Meerrettich	Meerrettich	Kren
Möhren	Rüebli	Gelbe Rüben
Paprikaschoten	Peperoni	Paprikaschoten
Pellkartoffeln	Gschwellti	Kartoffeln in der Schale
Pflaumenmus	Pflaumenmus	Powidl
Pilze	Pilze	Schwammerln
Quark	Quark	Topfen
Radicchio	Ciccorino rosso	Zichoriensalat
Rosenkohl	Rosenkohl	Kohlsprossen
Rote Beten	Randen	Rote Rüben
Saft	Jus	Saft
Sahne, saure	Sauerrahm	Rahm, saurer
Sahne, Schlagsahne	Rahm, Schlagrahm	Obers, Schlagobers
Speiseeis	Glace	Gefrorenes
Tomaten	Tomaten	Paradeiser
Vorteig	Vorteig	Dampfl
Walnuss	Baumnuss	Walnuss
Weißkohl	Kabis	Weißkraut
Zucchini	Zucchetti	Zucchini
Zuckererbsen	Kefen	Schnee-Erbsen

Einkaufstipps

Carob gewinnt man aus den Schoten des Johannisbrotbaumes, die zu einem kakaoähnlichen Pulver gemahlen werden. Das Pulver wird auch zu Tafeln gepresst; sie enthalten Öl, Sojamehl, Malzextrakt, Lezithin und Vanille. Carobpulver und -tafeln werden in Reformhäusern und in Naturkostläden angeboten.

Vollzucker besteht aus getrocknetem Zuckerrübensaft, **Zuckerrohrgranulat** (auch unter den Namen Vollrohrzucker, oder Sucanat bekannt) aus dem getrockneten Saft des Zuckerrohrs. Beide Süßmittel sind nicht raffiniert, d.h. chemisch bearbeitet und enthalten deshalb noch den größten Teil der Vitamine und Mineralstoffe von Zuckerrüben und Zuckerrohr. Vollzucker und Zuckerrohrgranulat sind in Reformhäusern und Naturkostläden erhältlich.

Tahin oder **Sesammus** ist eine Creme aus Sesamkörnern, die der Erdnussbutter ähnelt, sie ist in Reformhäusern und Naturkostläden zu kaufen.

Bulgur, grob gemahlener, vorgekochter Weizen, wird schneller gar und ist leichter verdaulich als ganze Weizenkörner. Bulgur gibt es in Naturkostläden und türkischen Lebensmittelgeschäften.

Tofu sieht aus wie fester Quark, enthält viel Eiweiß, wenig Fett und kein Cholesterin. Er wird aus gelben Sojabohnen hergestellt und in Ostasien schon seit Jahrtausenden gegessen. Es gibt weißen, geräucherten und mit Kräutern, Gemüse und Algen gemischten Tofu. Die größte Auswahl finden Sie in Asienläden, weißen Tofu kann man aber auch in Reformhäusern, Naturkostläden und gut sortierten Supermärkten kaufen.

Gomasio, eine Mischung aus geschälten und gerösteten Sesamsamen und Meersalz, hat einen nussigen Geschmack und passt zu Gerichten mit Gemüse, Kartoffeln und Getreide. Es ist in Asienläden, Reformhäusern und Naturkostläden erhältlich.

Sojamilch wird wie Tofu aus Sojabohnen gemacht und enthält Eiweiß und Fettsäuren, jedoch keinen Milchzucker und kein Cholesterin. Sie ist für alle geeignet, die keine Milch vertragen oder auf den Cholesterinspiegel achten müssen. Verkauft wird sie als Sojadrink in Reformhäusern und Naturkostläden.

Sambal Oelek, eine scharfe Gewürzpaste aus Pfefferschoten, stammt aus Indonesien; man bekommt sie im Supermarkt.

Obstdicksaft oder **Obstkraut** ist der sirupartig eingekochte Saft von Äpfeln oder Birnen. Er schmeckt aromatischer und ist weniger süß als Zucker. Heute erhält man ihn in gut sortierten Supermärkten.

Agar-Agar ist ein Geliermittel aus einer bestimmten Algensorte und geliert sehr stark. Es ist in Reformhäusern und Naturkostläden zu kaufen.

Quinoa und Amaranth sind Samenkörnchen. Sie sind sehr nährstoffreich und dienen als wertvolle Ergänzung der vegetarischen Kost: Quinoa enthält mehr Eiweiß als Getreide, außerdem reichlich Kalzium und Eisen. Beide Sorten sind in Reformhäusern und Naturkostläden erhältlich.

Sprossen kann man selbst keimen lassen. Keimgeräte bekommt man in Drogerien sowie in Reformhäusern und Naturkostläden, die auch gemischte Sprossen in Beuteln aus der Kühltheke führen.

In den Rezepten sind gelegentlich Zutaten enthalten, die weniger bekannt sind. Um das Einkaufen zu erleichtern finden Sie hier Hinweise, wo sie erhältlich sind, sowie eine kurze Warenkunde.

Register

Bildnachweis

Foodfotografie: Fotostudio Teubner

8/9	Horst Schäfer/Silvestris
15	Horst Schäfer/Silvestris
20	Redaktionsbüro B. + S. Stein
24	Redaktionsbüro B. + S. Stein
31	Hans Reinhard/Okapia
35	Thomas Wober/StockFood
47	Manfred Ruckszio/Okapia
55	M. Radkai/Dziemballa
63	Karl-Heinz Eckhardt/Silvestris
67	Andrea Wachler/StockFood
71	Hans Jakobi/StockFood
76	Fotostudio Teubner
85	Picture Box/StockFood
93	Redaktionsbüro B. + S. Stein
103	Thorsten Klapp/Okapia
107	Uli Franz/Dziemballa
112	Uli Franz/Dziemballa
119	Redaktionsbüro B. + S. Stein
122	Silvestris
125	Martin Schönbach/Silvestris
128	Hans Jakobi/StockFood
133	Fotostudio Teubner
136	Fotostudio Teubner
143	Fotostudio Teubner
148	Agrarpress
153	Ilka Lüth/StockFood
156/157	Zabert Sandmann/StockFood
163	Zabert Sandmann/StockFood
167	Janicke/Dziemballa
172	Janicke/Dziemballa
179	BAV/Helga Lade
185	M. Oertel/ZEFA
189	Fotostudio Teubner
193	Fotostudio Teubner
195	Lange/Helga Lade
205	Janicke/Dziemballa
210	Fotostudio Teubner
217	Janicke/Dziemballa
220	A. M. Gross/Dziemballa
227	E. Bergmann/Helga Lade
231	Gerhard Bumann/StockFood
232/233	Ulrich Kerth/StockFood
237	Fotostudio Teubner
243	Silvestris
244	Fotostudio Teubner
251	Fritz Hanneforth/Okapia
257	Fotostudio Teubner
263	Silvestris
271	M. Trippel/Dziemballa
275	Uli Franz/Dziemballa
278	Ulrich Kerth/StockFood
285	Prato/Silvestris
291	Fotostudio Teubner
299	Ernst Schacke/Okapia
303	Fotostudio Teubner
307	Fotostudio Teubner
311	Fotostudio Teubner